W0014215

Der alte Mann lachte laut und fröhlich,
schüttelte dabei jeden Zoll seines Körpers
vom Scheitel bis zur Sohle ordentlich durch
und sagte schließlich,
ein solches Lachen ist bares Geld wert,
denn gute Lacher brauchen
keinen Arzt.

Mark Twain in *Tom Sawyer*

Dr. med. Raymond A. Moody

Lachen und Leiden

Über die heilende Kraft des Humors

Aus dem Amerikanischen
von Gustav Kilpper

Rowohlt

Für Aye Jaye
voller Zuneigung
(Gott segne Dich und alle,
die Du umarmst)
und für unseren Boss,
den Mann mit der Schaufel

Die Originalausgabe
erschien 1978 unter dem Titel
Laugh after Laugh –
The Healing Power of Humor
im Verlag Headwaters Press,
Jacksonville, Florida
Umschlagentwurf von
Werner Rebhuhn

1. Auflage August 1979

Gesamtherstellung Clausen & Bosse, Leck
ISBN 3 498 04264 5

Inhalt

Danksagungen
Seite 7

Einführung
Seite 11

I
Ein Arzt entdeckt die heilende
Kraft des Humors
Seite 17

II
Berichte über Heilungen
durch Humor
Seite 32

III
Humor und Gesundheit:
Die Geschichte einer Idee
Seite 45

IV
Lachen und Krankheit
Seite 59

V
Lachen und Wahnsinn
Seite 77

VI
Pathologie des Lachens:
Berufliche Risikofaktoren und
Kunstfehler der Ärzte
Seite 96

VII
Der organisierte Spott –
eine Gefahr für unsere Gesellschaft
Seite 116

VIII
Warum Humor uns hilft
Seite 128

IX
Der Humor und die Heilberufe:
Die Wiedergewinnung des Gleichgewichts
in der modernen Medizin
Seite 138

Anmerkungen
Seite 147

Danksagungen

Nur wenige Ärzte erfreuen sich wahrscheinlich, wie ich, des Privilegs, einen hauptberuflichen Clown zu ihren besten Freunden zu zählen, der Millionen von Kindern (und ihren Eltern!) immer wieder großes Vergnügen bereitet. Es gibt keinen Weg, ihm für alles zu danken, was er getan hat, um dieses Buch zu ermöglichen; es ihm zu widmen, war, obwohl auch das noch unzureichend ist, die beste Möglichkeit, die ich mir denken konnte, um meine Dankbarkeit zu zeigen.

Außerdem haben mir sehr viele Menschen bei diesem Unternehmen geholfen, und ich möchte ihnen hier dafür danken. Marilyn Mestayer und Sally Branam, meine Sekretärinnen (aber mehr noch meine Freunde), erledigten für mich meine Korrespondenz und gaben mir so die Möglichkeit zu schreiben. Susan Corbin führte unaufgefordert die Nachforschungen in den Bibliotheken durch. Durch meinen Freund Tom Hunter, M. D., erfuhr ich viel Ermutigung, und ich verdanke ihm während eines zwanglos-heiteren Zusammentreffens auf einem Flug wertvolle Hinweise und Einsichten. Reverend Bill Smith, unser Pfarrer, steuerte seine eigenen Gedanken über eine Theologie des Lachens bei. J. P. Jones (unter anderem mein Studienberater, Schwager, Anwalt, Freund und Manager) half auf so vielfältige Weise, daß man es buchstäblich nicht aufzählen kann. Rebekah Ben Verlyn vermittelte mir Hinweise, Anregungen und viel Lachen. Rosalind McKnight übernahm die Organisation des ersten Seminars über den Humor, das ich führte. Betty Ann Dobbins spürte in Bibliotheken Material auf und schrieb das Manuskript, über alle normalen Grenzen hinaus, während seines Entstehens immer wieder ab. Matilda McQuaid half beim Kopieren und Sammeln der Manuskripte. Peggy Williams bereitete das Manuskript für den Druck vor. John Egle muß ich, wie immer, für seinen vernünftigen Rat und die provozierenden Fragen danken. C. O. Plyler, M. D., und Schwester Catherine vom St. Vincents Medical Center, Jacksonville/Florida, überraschten mich, indem sie – fast über Nacht – eine aufnahmebereite, kluge und geduldige Zuhörerschaft versammelten, die liebenswürdigerweise ein Wochenende mit Zuhören und Nachdenken verbrachte, so daß ich aus ihrer Reaktion auf die Gedanken in diesem Buch Nutzen ziehen konnte. Die McDonalds Corporation gestattete mir, einem ihrer Clown-Seminare beizuwohnen. So hatte ich die einzigartige Gelegenheit zu erfahren, wie professionelle Humoristen untereinander fachsimpeln. Ian Stevenson, M. D., machte mich auf seine Entdeckungen aufmerksam, die er über die Beziehungen zwischen gewissen angenehmen Gemütszuständen und qualvollen organischen Symptomen gemacht hatte. Von Charlie Morgan erhielt ich wertvollen Rat im Hinblick auf die Publikation. Seine Frau Marabel half mir durch ihr begeistertes Zuhören. John Grove jr. steuerte seine große Erfahrung im Verlags- und Druckwesen bei. Die Mitarbeiter im Newcomb

Hall Bookstore beeilten sich, Bücher, die ich brauchte, zu besorgen, und John Herring nahm sich die Zeit zuzuhören und mir ein gutes Beispiel zu geben. Spencer Thornton, M. D., alter und neuer Freund, diskutierte mit mir über meinen Plan, und die Art, wie er ihn aufnahm, hatte viel Einfluß darauf, daß ich ihn weiterverfolgte.

Meine Frau Louise verdient ihren eigenen Doktortitel noch mehr durch die medizinischen Forschungen, die sie für dieses Buch durchführte. Schließlich möchte ich besonders meinen kleinen Jungen Avery und Palmer danken, weil sie mir ständig Grund zum Lachen geben.

Alle Fehler und Unzulänglichkeiten in diesem Buch sind nur mir anzulasten. Was daran wertvoll ist, entstammt ganz und gar der Freundlichkeit und Liebe all der sympathischen und reizenden Menschen, die ich hier aufgeführt habe.

Raymond A. Moody jr., Ph. D., M. D.,
Headwaters/Virginia

Einführung

Dieses Buch handelt davon, wie Lachen und Humor in der Medizin als Heilmittel angewendet werden können und welchen Einfluß sie auf unsere Gesundheit und unsere Krankheit nehmen können. Auf den ersten Blick mag es sonderbar erscheinen, daß jemand daran denkt, diese beiden anscheinend so gar nicht zueinander passenden Bereiche – Humor und Medizin – miteinander in Verbindung zu bringen. So ist es vielleicht angebracht, daß ich kurz erkläre, wie ich als Arzt darauf gekommen bin.

Ich war immer ein Mensch voller Humor, dessen Umgebung diese Neigung zu unterdrücken suchte. Als Kind gab es für mich keinen schöneren Beruf als den des Komikers. So hat der Humor in meinem Leben, bei meinen Reaktionen auf Menschen und Situationen, immer eine große Rolle gespielt. Ich mache leidenschaftlich gern Späße und Wortspielereien, und ich lache gern. Diese Neigung begleitete mich natürlich auch während meiner Ausbildung zum Arzt.

Im Laufe der Jahre stieß ich auf überraschend viele Fälle, wo sich die Patienten allem Anschein nach in die Gesundheit zurückgelacht oder zum mindesten ihren Humor als positive und günstige Reaktion auf ihre Krankheit eingesetzt haben. Diese bemerkenswerten Heilungen, über einige werde ich im nächsten Kapitel berichten, haben mich zu der Annahme veranlaßt, daß der Humor womöglich tatsächlich irgendeine therapeutische Wirkung haben könnte, wie es ja der Volksmund schon lange behauptet.

Während meines Medizinstudiums kam ich nach und nach zu einer wichtigen Einsicht. Ich mußte untersuchen, wie es um den Appetit, die sexuellen Funktionen, Schlafgewohnheiten, Ernährung und Ausscheidung der Patienten bestellt war. Man trug mir auf, alle Besonderheiten der Ausdrucksweise, Erscheinung, Gesichtsfarbe, Haltung und Gangart zu berücksichtigen. Großen Wert legte man darauf, daß ich sorgfältig in Diagrammen und auf Formularen die allgemeine Intelligenz des Patienten, Gewicht, Blutdruck, Pulsgeschwindigkeit, Atemlänge und viele andere Parameter festhielt, um jede dieser Größen daraufhin zu überprüfen, ob sie sich im Rahmen des Normalen bewegte oder davon abwich. Ja, man wies mich einmal sogar direkt an, überhaupt jede Art von Information über meine Patienten festzuhalten, von der ich mir vorstellen könnte, sie sei mir zugänglich. So weit ich mich erinnere, hat mir aber in all diesen Jahren meiner Ausbildung niemand gesagt, ich solle doch einmal den Humor der Patienten auf die Probe stellen oder beobachten und aufschreiben, wie weit sie lächeln oder lachen könnten. Ich habe mich jedoch im Laufe der Jahre davon überzeugen können, daß die Fähigkeit zu lachen und sich an lustigen Dingen zu erfreuen genauso ein Merkmal eines jeden Menschen und ein ebenso guter Indikator seines Gesundheitszustands ist wie alle jene anderen Dinge.

Als ich durch meine praktische Arbeit als Mediziner lernte, welche wertvolle Hilfe zur Feststellung der physischen und emotionalen Gesundheit eines Patienten der Humor ist, machte ich außerdem nach und nach die Erfahrung, daß Humor und Gesundheit durchaus in Beziehung zueinander stehen. Wie später ausführlich dargestellt wird, ist die Verbindung von Humor und Gesundheit eigentlich überall von Laien und Berufsmedizinern schon in alten Büchern, aber auch in den modernsten medizinischen Zeitschriften beschrieben worden. Der Grund, warum während meiner medizinischen Ausbildung auf diese Verbindung nicht ausdrücklich hingewiesen wurde, findet sich wahrscheinlich in ihrer Offenkundigkeit. Die Fähigkeit zu lachen ist eines der charakteristischsten Merkmale des Menschen. Viele Psychologen und Philosophen haben behauptet, daß der Mensch das einzige Geschöpf ist, das lacht und Humor hat; einige haben sogar die Meinung vertreten, daß der Mensch als das «zum Lachen fähige Tier» definiert werden kann. Der Sinn eines Menschen für Humor ist ein so wichtiger Aspekt seiner Persönlichkeit, daß man, ihn ohne viel darüber nachzudenken, wahrnimmt. Nur wenn das Lachen einer Person allzu heftig, unpassend oder unmotiviert erscheint, wird es den anderen bewußt.

Aber zweifellos haben die Ärzte, häufig vielleicht auch nur unbewußt, immer den Sinn ihrer Patienten für Humor bemerkt. Trotzdem wird die Rolle des Humors in der Gesundheit, wahrscheinlich wegen seiner offenkundigen und fast unbewußt erkannten Bedeutung, kaum je offen diskutiert. Soviel ich weiß, werden in keiner medizinischen Ausbildung Kurse oder Vorlesungen über dieses Thema angeboten. Vermutlich gibt es auch in unserer vom Papierkrieg beherrschten

Gesellschaft kein einziges Gesundheitsformular mit einer Rubrik für Angaben darüber, ob der Patient einen normal entwickelten Sinn für Humor hat.

Daß wir den Humor einer Person mehr unbewußt zur Kenntnis nehmen, erklärt jedoch wahrscheinlich nur teilweise, warum nicht offen über das Thema diskutiert wird. Liegt womöglich ein anderer Grund in dem, was der Psychologe Gordon Allport das «Zartheitstabu» genannt hat? Er hat darauf aufmerksam gemacht, daß Wissenschaftler im allgemeinen lieber negative Geisteszustände und Gemütsbewegungen untersuchen – Feindseligkeit, Aggression, Wut, Gier, Depression, Angst – anstatt positive wie Liebe, Freude, Altruismus, Sympathie, Großzügigkeit, Verständnis, Humor. Manchmal kommt es einem wirklich so vor, als sei die Psychologie ein wenig in Verlegenheit, wenn sie sich mit diesen glücklicheren Zuständen beschäftigen soll.

Es gibt in diesem Fall aber Gründe dafür, das Tabu zu brechen und das eigentlich Offenkundige klar auszusprechen. Unsere Gesellschaft befindet sich anscheinend in dem Glauben, wir würden nur eine Pille, eine Operation oder eine Maschine brauchen, um jede Krankheit behandeln zu können. Wir neigen zu der Auffassung, daß der Arzt in der Lage sein müsse, uns – am liebsten sofort – von jedem Leiden zu heilen. Und mehr noch erwarten wir, daß diese Heilung fast keine eigene Anstrengung oder Mitarbeit abfordert. Eine solche magische Einstellung gegenüber der Wirksamkeit der modernen technisierten Medizin führt zu einer Vernachlässigung der sehr realen Faktoren der Emotion und der geistigen Haltung, die eine Krankheit herbeiführen und ihren Verlauf, ihre Dauer und ihren Ausgang beeinflussen können. Sich eine Weile auf die Beziehungen zwischen Humor und Gesundheit zu konzentrieren, berechtigt jedoch zu der Hoffnung, daß dieses Ungleichgewicht wenigstens bis zu einem gewissen Grad korrigiert wird.

Aber ist es einerseits für die Beurteilung des Gesundheitszustands einer Person wichtig, wie weit sie Sinn für Humor hat, es ist für den Kliniker andererseits eine Hilfe, wenn er über ein Klassifizierungssystem der Bedingungen verfügt, die durch Veränderungen oder Funktionsstörungen des Lachens oder des Humors eine Krankheit anzeigen. Das erfordert eine reflektiertere und genauere Auseinandersetzung mit dem Thema, als sie bisher üblich war.

Außerdem geben uns die Krankheitsfälle, in denen es zu einer Heilung durch den Humor gekommen ist, einige Rätsel auf. Mit unseren bisherigen Methoden sind sie nur schwer erklärbar. Die Reaktion eines nach heutigen Maßstäben ausgebildeten Mediziners auf derartige Berichte kann ja eigentlich nicht anders sein als: «Das sind doch nur Anekdoten. Es liegen keine experimentellen Kontrollen vor», oder: «Diese Menschen waren wahrscheinlich sowieso auf dem Weg der Besserung!» Solche Einwände sind berechtigt und müssen ernst genommen werden.

Zunächst möchte ich auch nur behaupten, daß sowohl Beobachtungen dieser Art wie der althergebrachte Volksglauben an den Wert des Lachens als Heilmittel eine lohnende Auseinandersetzung mit den aufgeworfenen Fragen sehr nahelegen.

Wir werden sehen, daß zwar fast jedermann der sprichwörtlichen heilenden Kraft von Humor und Lachen Lippendienste leistet, daß sich aber noch fast niemand die Zeit genommen hat, dieses Phänomen zu untersuchen. Es sollte öffentlich diskutiert werden, um so vielleicht die Forscher zu ermutigen, entsprechende Untersuchungen in Angriff zu nehmen.

Aus diesem und auch aus anderen Gründen, auf die ich später eingehen werde, habe ich ein Buch über die medizinischen Aspekte des Lachens geschrieben. Es ist kein Buch der Patentlösungen, sondern der Beobachtungen und der Forschungen. Es will zum Ausdruck bringen, daß wir uns vielleicht mit einigen ungewöhnlichen Tatsachen befassen müssen, die wir bisher noch nicht zu erklären versucht haben. Ich hoffe, daß dieses Buch als Anstoß aufgenommen wird, neue Wege zu gehen und neue Problemlösungen zu finden. Uns Ärzten wünsche ich, daß es uns anregen wird, neue Methoden zu suchen, um die Energie, die die Menschen beim Lachen aufwenden, auszuwerten und sie für ihre Genesung einzusetzen.

I

Ein Arzt entdeckt die heilende Kraft des Humors

Bevor wir mit unserer Forschungsreise beginnen, wollen wir zunächst das Lachen und den Humor definieren oder wenigstens deutlicher charakterisieren. So werden hier einige Tatsachen über das Lachen und den Humor Erwähnung finden, die den Leser erstaunen dürften. Sie sind wichtig für das Verständnis bestimmter Punkte und Beobachtungen, die wir im weiteren Verlauf erörtern werden.

Die erste Frage über einen neuen Diskussionsgegenstand lautet: «Was *ist* es?» In unserem Fall ist diese Frage trügerisch einfach. Weil wir so sehr daran gewöhnt sind, das Lachen als automatische, spontane Reaktion zu erfahren, sind wir uns selten wirklich bewußt, was für eine komplexe Tätigkeit es im psychologischen Sinne ist. Wie komplex unser Gegenstand ist, erkennen wir, wenn wir das Lachen wörtlich beschreiben sollen. Zur Verdeutlichung braucht man nur die folgende Darstellung aus einem Artikel einer wissenschaftlichen Zeitschrift um die Jahrhundertwende zu zitieren:

«Beim Lachen und mehr oder weniger auch beim Lächeln gibt es klonische Spasmen des Zwerchfells, gewöhnlich etwa achtzehn an der Zahl, und eine Kontraktion der meisten Gesichtsmuskeln. Der obere Teil der Mundes und die Mundwinkel werden nach oben gezogen. Das obere Augenlid wird hochgehoben, wie in einem gewissen Maß auch die Brauen, die Haut über der mittleren Fläche des Stirnbeins und die Oberlippe, während die Haut an den äußeren Augenwinkeln sich charakteristisch runzelt. Die Nüstern sind mäßig erweitert und nach oben gezogen, die Zunge ist etwas gestreckt, und die Wangen sind gebläht und leicht nach oben gezogen; bei Personen mit stark entwickelten Ohrmuschelmuskeln tendieren die Ohrmuscheln nach vorn. Der Unterkiefer vibriert oder ist zurückgezogen (zweifellos, um möglichst viel Luft in die sich aufblähenden Lungen zu lassen), und der Kopf wird bei sehr starkem Gelächter zurückgeworfen; der Oberkörper streckt sich und neigt sich sogar etwas zurück, bis (und das tritt bald ein) Ermattung und Schmerz im Zwerchfell und der Bauchmuskulatur den Körper sich zur Entlastung deutlich beugen lassen. Das ganze arterielle Gefäßsystem weitet sich, so daß durch die Wirkung der Hautkapillaren Erröten des Gesichts und des Halses und manchmal auch der Kopfhaut und der Hände eintritt. Aus demselben Grund treten die Augen oft etwas hervor, und die Tränendrüse tritt in Aktion, aber gewöhnlich nur so weit, daß die Augen ‹glänzen›, oft jedoch auch so stark, daß die Tränen ihre Kanäle ganz überschwemmen.»[1]

Den «Humor» zu definieren ist viel schwieriger. Dieser Begriff hat eine Anzahl verschiedener, wenn auch verwandter Bedeutungen, die meiner Meinung nach ein weites Spektrum umfassen. Es reicht von Interpretationen, die mehr die egozentrischen Aspekte aufgreifen, bis hin zu denjenigen, die die universaleren Merkmale beschreiben. Ich möchte das durch sechs verschiedene Typisierungen veranschaulichen, mit denen man jemand durch den einfachen Satz, «er habe Sinn für Humor», charakterisieren kann. Ich beginne mit dem «egozentrischsten» Typ und ende mit dem «universalsten».

1. *Der «Er-merkt-wie-spaßig-ich-bin»-Typ.* Wenn ich sage, daß jemand Humor hat, bedeutet das vielleicht nur, daß ich ihn jederzeit leicht zum Lachen bringen kann. Das mag zwar für mein Ego schmeichelhaft sein, ist aber von ganz geringem Interesse für den medizinischen Aspekt von Lachen und Humor.

2. *Der konventionelle Typ.* Wenn ich jemandem einen Sinn für Humor nachsage, meine ich damit, daß er nicht unbedingt *über* mich lacht, sondern vielmehr über dieselbe *Art* von Scherzen, Filmen, Karikaturen usw., die mir spaßig vorkommen; oder, noch universaler, meine ich, daß er leicht über die Dinge lacht, die andere Leute seiner Subkultur, Gesellschaft oder Kultur für amüsant und erheiternd halten. Wie wir später sehen werden, hat dieser Sinn etwas mehr mit unserem Thema Medizin und Humor zu tun, insbesondere wenn man an den Nutzen von Abnormitäten des Lachens für die Diagnose der einen oder anderen Krankheit denkt.

3. *Der «Party-Löwe»-Typ.* Das will sagen, daß der Betreffende über ein hervorragendes Repertoire von guten Scherzen verfügt, daß er eine große Zahl lustiger Geschichten im Kopf hat und daß er es gut versteht, sie zum Vergnügen der anderen zum besten zu geben. Ich meine damit, daß er andere und auch mich mit seinen Geschichten und Späßen zum Lachen bringen kann.

4. *Der schöpferische Typ.* Jemand, der «einen Sinn für Humor» im schöpferischen Sinne hat, wird neue, originelle, humoristische Anekdoten, Geschichten, Stücke usw. erfinden. Berufsmäßige Verfasser von witzigen und humoristischen Sachen entfalten dieses Talent auffälliger als die meisten anderen Menschen, aber Leute mit dieser Gabe findet man zweifellos in allen Schichten.

5. *Der «Kein-Spielverderber»-Typ.* Damit ist eine Person gemeint, die, wie man sagt, Spaß versteht, sich über sich selbst lustig machen kann oder einen Scherz, dessen Opfer sie selbst ist, erheiternd finden kann. In gewissem Sinn meint man, wenn man das von jemandem sagt, daß er etwas *nicht* tut; er zerspringt nämlich nicht vor Ärger und Wut oder wird abwehrend und feindselig, wenn ein anderer ihn verulkt. Wir werden später sehen, daß auch dieser Typ in der Psychiatrie von einiger diagnostischer Bedeutung ist.

6. *Der «Kosmische-Perspektive»-Typ.* Schließlich gibt es noch eine weitere, breiter ausgreifende Bedeutung des Humors, die meiner Meinung nach letzten Endes die wichtigste ist, wenn wir uns der Erklärung des «gesundheitsfördernden» Nutzens der Heiterkeit zuwenden. In diesem Sinn hat jemand einen «Sinn für Humor», wenn er sich und die anderen auf eine etwas distanzierte Weise sehen kann. Er betrachtet das Leben aus einer veränderten Perspektive, in der er über Menschen und Begebenheiten lachen kann und trotzdem mit ihnen in emotionalem Kontakt bleibt. Ein solcher Mensch kann das Leben komisch finden, ohne dadurch die Liebe und Achtung für sich selbst und die Menschheit im allgemeinen zu verlieren.

Lachen und Humor sind Phänomene, die man, um sie zu

verstehen, aus zahlreichen miteinander verwandten Perspektiven beurteilen muß. Für unseren Zweck empfiehlt es sich, die Tatsachen und Beobachtungen über Humor und Lachen unter physiologischen, psychologischen und sozialen Aspekten zu betrachten.

Physiologische Aspekte

Lachen und Muskeltonus. An Hand von Laborversuchen hat man nachgewiesen, daß das Lachen zu einer Abnahme des Tonus (der Spannung) der Skelettmuskeln des Körpers führt.[2] Wenn wir plötzlich heftig und herzhaft lachen müssen, haben wir manchmal den Eindruck, ganz schwach zu werden, ja, gelegentlich sogar das Gefühl, wir würden zusammenbrechen. Sicher hat mancher schon beobachtet, daß es ihm schwerfällt, einen Gegenstand festzuhalten, wenn er kräftig lacht. In diesem Zusammenhang sprechen wir auch davon, daß wir vor Lachen «vergehen» würden. Daß wir manchmal beim Lachen das Gefühl haben, die Muskeln seien plötzlich lahm geworden, erklärt wohl auch zum Teil, daß seit Jahren viele Theoretiker darauf hingewiesen haben, daß sich beim Lachen Spannungen und überschüssige Energien lösen. So charakterisierte zum Beispiel der englische Philosoph Herbert Spencer[3] das Lachen als eine «Entladung übergroßer nervöser Erregung», und Sigmund Freud[4] machte eine ähnliche Vorstellung zum Eckstein seiner Theorie des Lachens.

«Reflex»-Lachen beim Kitzeln. Ein Reflex ist eine auf einen bestimmten Reiz hin immer wiederkehrende unwillkürliche Reaktion. Er ist nicht eine Funktion des Bewußtseins

oder des Willens, sondern entsteht vielmehr durch die Art und Weise, wie die Zellen des Nervensystems strukturell angeordnet sind und arbeiten. Der Kniereflex ist das klassische Beispiel dafür: Ein Schlag auf eine bestimmte Stelle am Knie läßt das Bein nach oben zucken. Untersuchungen über Reflexe dieser Art gehören in das Gebiet der Physiologie.

Nicht nur humoristische Dinge allein reizen uns zum Lachen. An diese Stelle gehört insbesondere das Kitzeln. Jemand, der gekitzelt wird, macht automatisch ähnliche Bewegungen, wie wenn er sich gegen einen Angriff wehrt. Er leistet Widerstand und bemüht sich, die Hände der anderen Person wegzustoßen; der Teil seines Körpers, der gekitzelt wird, zieht sich ruckartig zurück. Außerdem lacht er oft schallend und unkontrolliert. Da das bewußte Element fehlt, das bei der Reaktion auf einen Scherz, zumindest oberflächlich, vorhanden ist, nennt man das Lachen als Reaktion auf Kitzeln einen Reflex.

Lachen und andere Phänomene des Zwerchfells. Das Zwerchfell – der große Atmungsmuskel, der die Brusthöhle von der Bauchhöhle trennt – ist an den physiologischen Vorgängen des Lachens aktiv beteiligt. Es ist von gewisser Bedeutung, daß Lachen manchmal auf interessante Weise mit anderen Phänomenen des Zwerchfells verwandt ist. Herzhaftes Lachen ruft bei bestimmten Menschen häufig einen Schluckauf oder Husten hervor. Meine beiden Kinder zum Beispiel bekommen nach gewaltigen Lachanfällen den Schluckauf.

Freude am Humor und physiologische Erregung. Eine bekannte Studie hat herausgefunden, daß Freude am Humor und physische Erregung in einer sehr interessanten Weise miteinander verknüpft sind.[5] Eine Gruppe von Versuchspersonen wurde in drei Untergruppen unterteilt. Die eine Untergruppe erhielt eine Injektion des Hormons Epinephrin (Adrenalin), die zweite eine mit schwacher Salzlösung, die dritte mit der Droge Chlorpromazin (einem starken Beruhigungsmittel). Keine der Versuchspersonen erfuhr natürlich, welche Substanz sie erhielt oder ob sie überhaupt von derjenigen, die die anderen bekamen, verschieden war. Nun wirkt Epinephrin stimulierend auf den Körper und erhöht den Erregungsspiegel. Salzlösung ist in dieser Hinsicht neutral und kann den Erregungsspiegel weder erhöhen noch senken. Chlorpromazin schließlich muß als Beruhigungsmittel den Erregungsspiegel senken. Allen Versuchspersonen wurde ein Film vorgeführt, und man forderte sie nachher auf, ein Urteil darüber abzugeben, ob der Film lustig gewesen sei. Die Personen, die Epinephrin erhalten hatten, bezeichneten den Film als sehr lustig, während die mit der Salzlösung ihn als weniger lustig einstuften. Als überhaupt nicht lustig bezeichnete ihn die Versuchsgruppe, der man Chlorpromazin verabreicht hatte. Die verblüffendste Erkenntnis aus diesen Ergebnissen ist, daß sogar der Humor, dessen Wurzeln wir doch im allgemeinen ganz klar im Psychologischen und Emotionalen suchen, eine enge Verbindung mit dem physiologischen Zustand des Körpers hat.

Psychologische Aspekte

Humor, Lachen und Regression. «Regression» ist ein Begriff, der in der Psychologie und Psychiatrie häufig verwandt wird. Es handelt sich um einen geistigen Mechanismus, durch den eine Person auf eine frühere Stufe geistiger und emotionaler

Reaktionen zurückfällt, um, wie es gewöhnlich der Fall ist, bewußt oder unbewußt den Versuch zu machen, einer schmerzlichen oder erdrückenden Realität, der sie nicht gewachsen ist, zu entfliehen. Eine schwere Regression ist ein auffälliges Merkmal bestimmter Geisteskrankheiten, wie zum Beispiel der Schizophrenie. In gewisser Weise tritt sie aber bei fast allen Krankheiten auf. Wenn wir krank sind, kehren wir normalerweise zu Verhaltensweisen zurück, die wir mit dem Übergang von der Kindheit zum Erwachsenendasein entwicklungsgeschichtlich bereits hinter uns gelassen hatten. Wenn wir im Verlauf einer Krankheit die gewohnten Aufgaben, die an uns gestellt sind, nicht mehr ausführen können, ist es ganz normal und natürlich, daß wir auf eine frühere Stufe unserer Verhaltensweise zurückfallen; unser Verhalten sagt nun den anderen: «Sorgt für mich.»

Auf eine Weise, auf die wir später noch eingehen werden, ist der Humor mit der Regression verknüpft. Scherze können zum Beispiel mit einem falschen Gebrauch von Wörtern verbunden sein, wie er bei Kindern vorkommt. Es gibt Wissenschaftler, die die Possen der Clowns mit dem kindischen Verhalten psychotisch gestörter Personen vergleichen.

Eine harmlose Regression ist vielleicht auch der Grund für eine sonderbare Beobachtung, die ich – wie sicher auch viele andere – bei zahlreichen Gelegenheiten machte und die ich mir nicht leicht erklären konnte. Manchmal werden Menschen, die übermüdet sind, zu richtigen Kindsköpfen. Äußerungen und Vorfälle, die ihnen um vier Uhr nachmittags keineswegs lustig vorgekommen wären, werden um ein Uhr nachts Anlaß zur übertriebenen Heiterkeit. Es gibt eine weitere Form der Regression zu früheren Entwicklungsstufen, die vom Mangel an Schlaf begleitet wird. Wenn man allmählich tiefer in Schlaf versinkt, erscheinen Dinge, die dem wachen Sinn unvernünftig oder unlogisch erscheinen, plötzlich sinnvoll.

Es ist zwar nur eine Spekulation, aber man könnte vermuten, daß diese «spätnächtliche Heiterkeit» ebenfalls eine durch den Mangel an Schlaf verursachte Regression ist. Das heißt, das nicht ganz wache Bewußtsein gleitet zurück in frühere, primitivere und kindlichere Weisen der Freude am Humor. Freilich darf man andere Möglichkeiten der physiologischen Interpretation solchen Benehmens nicht außer acht lassen. Womöglich ist es nur so, daß der Körper, wie beim Gähnen, versucht, sich durch viel Lachen mehr Sauerstoff zu verschaffen.

Lachen als expressiver Vorgang. Denkt man an die Äußerungsformen des Lachens, hat man den Eindruck, daß das Lachen einen fast explosiven Charakter hat, daß mit ihm Gefühle und Emotionen aus unserem Inneren in die Außenwelt getragen werden. Bedenkt man, wie notwendig es manchmal ist, seine Heiterkeit für sich zu behalten, wird einem dieser Vorgang besonders deutlich. Denn es gibt Momente, wo das Lachen nicht in das soziale Umfeld und die damit verbundenen Situationen paßt. So kann es zum Beispiel unangebracht sein zu lachen, weil die betreffende Person als herzlos erscheint oder durch ihr Lachen ihre Gegenwart verrät. Lachen verbietet sich aber auch da, wo es andere dazu veranlaßt, den Lacher zu bestrafen. In solchen Situationen, in denen man das Lachen nur mühsam unterdrücken kann, tritt seine expressive Kraft stark zum Vorschein.

Die Menschen haben verschiedene Methoden entwickelt,

um das zu erreichen. Viele berichten, daß sie sich auf die Lippen oder das Innere der Wangen beißen, um das Lachen zurückzuhalten. Ein mir befreundeter Psychiater erzählte mir, daß er in solch mißlichen Situationen mit dem übergeschlagenen Bein heftig wippe, um auf diese Weise die in ihm sich aufstauende Energie zur Entladung zu bringen. Die Begleiter des wahnsinnigen römischen Kaisers Commodus amüsierten sich manchmal so sehr über seine verrückten Possen, daß sie in Gefahr waren, lauthals zu lachen. In seiner Gegenwart jedoch die Kontrolle darüber zu verlieren, hätte sehr wohl ihre sofortige Hinrichtung zur Folge haben können. So verfielen sie auf die Methode, die Blätter ihrer Lorbeerkränze zu kauen, um der aufsteigenden Heiterkeit Herr zu werden.

Der expressiv-explosive Zug des Lachens ist alles in allem ein Phänomen. Wie ich vermute, hat es mit einem Problem zu tun, das meiner Meinung nach noch nie gründlich untersucht wurde: Warum lächeln manche Menschen oder brechen sogar in lautes Lachen aus, wenn sie eine Lüge auftischen wollen oder bei einer Schwindelei ertappt werden?

Die Verwandtschaft von Lachen und Weinen. Im allgemeinen sind Lachen und Weinen für uns Gegensätze. So verwenden wir im Theater die lachende Maske als Symbol für die Komödie und die schmerzliche für die Tragödie. In Wirklichkeit ist jedoch die Beziehung zwischen dem Lachen und Weinen keineswegs so einfach. Das Lachen kann von Weinen begleitet sein, oder Weinen kann ihm folgen, und es ist gerade der Fluß der Tränen, der den Augen den glänzenden, glitzernden Ausdruck verleiht, der so charakteristisch für ein herzhaftes Lachen ist.

Manche Gemütsbewegungen können Lachen oder Tränen

hervorrufen, oder auch beides. In den vergangenen Jahren bin ich verschiedentlich als halbprofessioneller Komiker aufgetreten. Bei einem dieser Auftritte sah ich zu meiner Überraschung, daß zwei Frauen in der ersten Reihe weinten. Tränen liefen ihnen die Wangen hinab. Da das übrige Publikum sich offenbar amüsierte, war ich zunächst sehr verblüfft, bis ich merkte, daß ihre Tränen von Freude herrührten und nicht von Trauer.

Lachen als Vermeidungsverhalten. Obwohl man das nicht mit allzu großer Sicherheit behaupten kann, gibt es doch Grund für die Annahme, daß Humor, Lachen und Fröhlichkeit tatsächlich die Polarisation gewisser negativer Gemütszustände wie Ärger, Rachegefühle oder Aggressivität sind. Eine humorvolle Haltung gegenüber bestimmten Situationen kann sogar verhindern, daß man sich ausgesprochen gehässig verhält.

Eltern geben sicher zu, daß es für sie schwierig oder gar unmöglich ist, ihre Kinder zu bestrafen, wenn sie im ersten Moment über das, was ihre Sprößlinge angestellt haben, lachen mußten. Menschen mit einem kreativen Humor setzen diese Fähigkeit oft ein, um drohende heftige Zusammenstöße zu vermeiden. Dafür könnte man viele Beispiele zitieren. Das folgende, aus einem Buch über den berühmten Hofnarr der Königin Elisabeth I., Richard Tarlton, illustriert das sehr treffend.

«Wie Tarlton mit einigen anderen die Fleet Street hinuntergeht, erspäht er einen geschniegelten jungen Kavalier von dunkler Hautfarbe, mit langem, über die Ohren herabhängendem Haar, den Bart nach italienischer Manier gestutzt, in weißem Satin von ausgefallenem Schnitt, und alles so steif gestärkt, daß er sich nicht einmal nach Gold hätte bücken können. Als Tarlton dieses Wunderwesen kommen sieht, trippelt er auf ihn zu, und als er diesem Kavalier begegnet, nimmt er ihm die Häuserseite des Gehwegs weg, wohlwissend, daß ein so stolzer Herr auf jeden Fall Wert auf dieses Privileg legen würde. Der Kavalier, voll Zorn, daß ein Komödiant an der Häuserseite geht und ihn damit demütigt, dreht sich um und zieht seinen Degen. Tarlton tut dasselbe. Der Kavalier macht einen Ausfall; aber Tarlton tänzelt hin und her und starrt ihn mit weit offenem Mund an, worüber die Leute lachen. Der Kavalier hält ein und fragt, warum er ihn so anstarre. Je nun, sagt dieser, in der Hoffnung, Sie verschlingen zu können; denn bei meiner Ehre, Sie kommen mir vor wie eine Pflaume in einer Schüssel mit weißer Suppe. Daraufhin trennten die Leute die beiden. Der Kavalier staunte über diesen tollen Humor und ging befriedigt weiter seines Weges.» [6]

Soziale Aspekte

Lachen ist ansteckend. Wie jeder Komiker und Grundschullehrer weiß, ist Lachen in Gesellschaft ansteckend. Wenn in einer Grundschulklasse eines oder zwei der Kinder zu kichern anfangen, dauert es nicht lange, bis die anderen einfallen. Es gibt kaum ein Mittel, um eine solche «Mini-Epidemie» zu stoppen; sie muß sich von selbst legen. Ein anderes sehr schönes Beispiel, wie ansteckend Lachen sein kann, ist das Party-Spiel «Bauchlachen». Die Teilnehmer bilden eine Kette, wobei jeder den Kopf auf den Bauch eines anderen legt. Bald fängt jemand zu lachen an, und das Lachen setzt sich in einer Welle der Ansteckung fort; in kürzester Zeit lachen alle.

Ein weiterer interessanter Aspekt ist die Frage, warum bestimmte automatische Reaktionen des Zwerchfells oder des Atemapparats gleichfalls ansteckend wirken und andere wiederum nicht. Der Schluckauf ist unter normalen Umständen zweifellos nicht ansteckend. Andererseits wirkt, wie Schauspieler bezeugen können, Husten ansteckend; es braucht nur eine Person in einer großen Zuhörerschaft zu husten, und bald hallt ein Hustenchor durch das Theater. Ebenso ist es mit dem Gähnen; kaum gähnt jemand in einer Gesellschaft, folgen ihm andere nach. Ein Mittel, das ich immer angewendet habe, um meinen Kindern abends zum Einschlafen zu verhelfen, ist, sie eine Weile zu schaukeln und dann laut zu gähnen. Alsbald gähnen sie auch, werden schläfrig, und ich kann sie ohne Proteste ins Bett stecken.

Die soziale Macht des Lachens. Wenn das Lachen als Spott und Satire mobilisiert wird, stellt es immer eine starke soziale Kraft dar. Einst waren Spottduelle eine verbreitete Sitte bei den Eskimos von Grönland. Anstatt ihre Differenzen durch körperliche Auseinandersetzungen und Blutvergießen auszutragen, verspotteten und beleidigten sich die erbosten Parteien gegenseitig. Vor den Augen der versammelten Stammesgemeinschaft und zum Dröhnen der Trommeln verhöhnten, beschimpften und verlachten die Beteiligten einander. Die Zuschauer amüsierten sich köstlich und bekundeten ihren Beifall durch fröhliches Gelächter. Die Kraftprobe wurde sehr ernst genommen, und der Verlierer wurde manchmal so gedemütigt, daß er in die Verbannung gehen mußte. Die Japaner drohen ihren Kindern damit, daß andere Leute sie auslachen würden, wenn sie bestimmte unerwünschte Dinge tun. Bei vielen anderen Völkern, zum Beispiel auch bei den Pygmäen, ist verlacht zu werden eine der gefürchtetsten Strafen von seiten der Gemeinschaft.

Humor und Kommunikation. Eine sehr wichtige soziale Funktion des Humors wird oft vergessen. Der Humor ist ein Mittel der Kommunikation und wird oft ein «soziales Schmiermittel» genannt. Mit einer humoristischen Bemerkung, «das Eis zu brechen», ist ein hervorragendes Mittel, um die Kommunikation mit einem Fremden aufzunehmen oder sie mit einem Freund wiederherzustellen. Dieser Weg, die Heiterkeit sozial zu nutzen, wurde von dem viktorianischen Schriftsteller George Meredith in seinen Schriften über die Komödie beschrieben:

«Wenn zwei Menschen sich sehr zugetan sind, so wollen sie zwar, wie man sagt, gerne für einander sterben, aber sie sind nicht bereit, im richtigen Moment ein freundliches Wort zu sagen; aber wenn sie verständig genug wären, um einzusehen, daß sie sich in einer komischen Situation befinden, wie es bei liebenden Menschen sein muß, wenn sie sich streiten, so würden sie nicht auf den Mond oder den Kalender warten . . . um sich die Flutwelle ihrer zarten Gefühle wiederzuschenken und Hände und Lippen zu vereinigen.»[7]

Dieser Katalog der physiologischen, psychologischen und sozialen Aspekte von Humor und Lachen ist eine bequeme, aber auch sehr künstliche Weise, um die vorstehend geschilderten Tatsachen über die Fröhlichkeit geordnet zu präsentieren. Denn diese drei Dimensionen von Lachen und Humor lassen sich keineswegs klar trennen. Sie sind vielmehr in einer komplizierten und verwirrenden Weise miteinander verwoben und verwandt. Um nur ein Beispiel zu nennen: In dem obigen Schema wurde das durch Kitzeln verursachte Lachen als «Reflex» bezeichnet und daher als ein physiologisches Faktum gewertet. Man darf sich nicht einbilden, daß die Dinge in Wirklichkeit so einfach sind. Denn das Kitzeln hat auch psychologische und soziale Aspekte. Untersuchungen haben ergeben, daß Kleinkinder viel eher mit Lachen reagieren, wenn sie von einer vertrauten, liebenden Person (Mutter oder Vater) gekitzelt werden, als von jemand, den sie nicht kennen. Ja, wenn ein Fremder ein Baby kitzelt, wird es wahrscheinlich mit Weinen reagieren.

Abschließend möchten wir sagen: Das Lachen hat die Menschheit durch die ganze Geschichte beschäftigt und hat Hunderte von Abhandlungen und Büchern hervorgebracht. Die meisten dieser Schriften fragten sich: «Was bringt die Menschen zum Lachen?» Diese altehrwürdige Debatte ist bisher ziemlich fruchtlos geblieben. Laufend werden neue Theorien gebildet und diskutiert und von den einen als bewiesen akzeptiert, von den anderen dagegen als irrtümlich und unbegründet verspottet. Im folgenden versuche ich, diese Art der Kontroverse zu vermeiden. Statt dessen möchte ich mich einer Frage von viel größerer praktischer Bedeutung zuwenden. Denn in all diesen Jahrhunderten akademischer Debatten über die Ursachen und Anlässe des Lachens hat uns immer schon die Stimme der Volksweisheit und des gesunden Menschenverstands zugeflüstert: «Lachen ist gesund!» Der Zweck dieses Buches ist nichts anderes, als zu fragen, ob und in welchem Ausmaß das wirklich so ist.

II

Berichte über Heilungen durch Humor

Während meiner medizinischen Ausbildung behandelte ich einen Mann, der an chronischer Depression litt. Er hatte fast immer Kopfweh und klagte, wie es depressive Menschen oft tun, über Schlaflosigkeit und daß er in den frühen Morgenstunden aufwache, ohne wieder einschlafen zu können. Es war ihm nie möglich, nein zu anderen Menschen zu sagen, wenn sie Unzumutbares von ihm verlangten. Dieser Mann hatte keine abgeschlossene Ausbildung und konnte daher keine befriedigende Arbeit finden. Zu jener Zeit arbeitete er unter unerträglichen Bedingungen in einer Keksfabrik.

Bei unseren ersten psychotherapeutischen Sitzungen verstand er es, seinen melancholischen Gesichtsausdruck in allen Situationen aufrechtzuerhalten. Wochenlang kam er zu mir, lächelte nie und erzählte mir Geschichten über Geschichten von seinen ärgerlichen Erlebnissen, während ich vergeblich versuchte, ihn zum Besuch der Volkshochschule zu bewegen, die ihn nichts kostete. Ich merkte, daß seine Depression weitgehend mit seiner ungünstigen beruflichen Situation zusammenhing und daß eine Weiterbildung ihm mehr Selbstvertrauen verleihen und es ihm ermöglichen würde, eine bessere Arbeit zu bekommen. Aber er hatte sich bisher meinen Bemühungen standhaft widersetzt.

Als er eines Tages wieder einmal zu mir kam, erzählte er in klagendem Ton, daß ein neuer Werkmeister in seiner Fabrik eingestellt worden sei. Der neue Boss hatte sich bald ein Urteil über den Stand der Dinge gebildet, seine Unzufriedenheit mit dem Umfang der Keksproduktion zum Ausdruck gebracht und von einer Steigerung gesprochen. Mein Patient hatte nur schwach protestiert und eingewandt, daß die Verpackungsmaschine nicht schneller arbeiten könnte, aber er fand kein Gehör. Der Entschluß wurde gefaßt, die Anordnung getroffen und die Keksproduktion beschleunigt. Ganz wie mein Patient es vorausgesagt hatte, ging die Verpackungsmaschine zu Bruch, und bald ergoß sich eine nicht aufzuhaltende Kekslawine in die Halle. Hilflos gegenüber dieser Keksflut stand mein Patient eine Weile daneben, während der Boss auf ihn losschimpfte, obwohl er doch der einzige war, der gegen den Plan Einspruch erhoben hatte.

Als er so dasaß und mir die Geschichte erzählte, stellte ich mir bildhaft die Situation in der Fabrik vor. Bei der Betrachtung dieser Szenerie tat ich, obwohl ich mich sehr dagegen wehrte, etwas, was ich, wie man mir früher immer gesagt hatte, nie hätte tun dürfen. Obwohl ich mich in die Wangen biß, merkte ich, daß sich meine Mundwinkel zu einem Lächeln verzogen. Überraschenderweise begann auch mein Patient zu lächeln und brach schließlich in ein schallendes Gelächter aus.

Dieses Ereignis verhalf der therapeutischen Beziehung zwischen uns zu einem neuen Start. Von da an ging es ihm, glaube ich, besser. In diesem Augenblick, als er sich von seiner

Lebenssituation distanzierte und sie aus einer komischen – vielleicht sogar kosmischen – Perspektive sah, merkte er wohl, daß er sich selbst genarrt hatte. Es lag nun wirklich an ihm, aus dieser üblen Lage herauszukommen. Er beschloß, etwas zu unternehmen. Er ging zu einem Fortbildungskurs, um später zu versuchen, eine befriedigendere Arbeit zu finden.

Es gibt sowohl in der Fachliteratur als auch in Anekdoten und im Volksglauben Berichte darüber, wie Personen in zahlreichen medizinischen und psychologischen Situationen durch Lachen und Humor Heilung oder zumindest Linderung zuteil wurde.

Besonders bemerkenswert ist ein in dem konservativen *New England Journal of Medicine*, einer der angesehensten medizinischen Zeitschriften der Welt, abgedruckter Bericht. In ihm beschreibt Mr. Norman Cousins, damals Herausgeber der Zeitschrift *The Saturday Review*, eingehend seine erstaunliche Genesung von einer schweren und möglicherweise lebensbedrohenden Krankheit.[1] Am Ende einer Auslandsreise befand sich Mr. Cousins in einem emotionellen und physischen Erschöpfungszustand. Während des Heimflugs in die Vereinigten Staaten wurde er von einem Fieberanfall, Schmerzen und allgemeinem Unwohlsein überrascht. Sein Zustand verschlimmerte sich, und bald nach seiner Rückkehr wurde er in ein Krankenhaus gebracht. Klinische und Laborbefunde zeigten, daß er an einer ernsten Kollagenerkrankung litt, die durch eine faserige Entartung der Grundsubstanz des Bindegewebes gekennzeichnet ist. Im Fall von Mr. Cousins war die Erkrankung so schwerwiegend, daß er bald nur noch unter großen Schwierigkeiten und Schmerzen seine Gelenke bewegen konnte, und man mußte ihm sagen, daß die Aussicht auf Heilung keineswegs günstig sei.

Diese erschreckende Prognose wollte er nicht akzeptieren, und mit der verständnisvollen Zustimmung seines Arztes beschloß er, seine Behandlung selbst mit in die Hand zu nehmen. Er erinnerte sich an eine Darstellung, die er gelesen hatte, über die Rolle des innersekretorischen Systems bei der Bekämpfung von Krankheiten und über den ungünstigen Einfluß negativer Gemütszustände auf das chemische Gleichgewicht des Körpers. Daraus schloß er, daß seine Anfälligkeit für die Krankheit durch negative Emotionen mitverursacht war und positive Emotionen das Gleichgewicht wiederherstellen und seine Genesung unterstützen könnten.

Er hatte einen unbändigen Lebenswillen und beschloß, durch Fröhlichkeit noch ein übriges zu tun. Er beschaffte sich lustige Filme und ließ sie sich von seiner Krankenschwester vorführen. Dabei entdeckte er, daß Lachen ein starkes Schmerzbekämpfungsmittel ist; ein zehn Minuten dauerndes Zwischenspiel aus Heiterkeit und Lachen verhalf ihm zu zwei Stunden schmerzfreiem Schlaf. Am bemerkenswertesten war aber die Tatsache, daß darüber hinaus ein zuverlässiger medizinischer Test auf Entzündungen, der jeweils vor und nach jedem dieser Zwischenspiele durchgeführt wurde, eine ständige Besserung anzeigte.

Mr. Cousins' Selbsthilfeprogramm erstreckte sich aber auch noch auf andere Dinge. Verärgert über das wenig nahrhafte Krankenhausessen und die seiner Meinung nach ungerechtfertigten und allzu häufigen Blutentnahmen für Laboruntersuchungen, entließ er sich selbst aus dem Krankenhaus und zog in ein Hotel, dessen Atmosphäre freundlicher und das zudem auch noch billiger war. Hier setzte er seine Humortherapie fort und brauchte sich nicht mehr zu fragen, ob sein Lachen Mitpatienten stören würde. Seine Genesung machte Fortschritte, und zehn Jahre später, als er den Bericht schrieb, war er noch überaus aktiv – trotz der realistischen und begründeten gegenteiligen Prognose der Ärzte.

Natürlich kann man einwenden, daß Mr. Cousins auf jeden Fall geheilt worden wäre, auch ohne Lachen. Oder man könnte mit einigem Recht sagen, daß das Ergebnis wissenschaftlich nicht relevant sei, weil es sich nur um Beobachtungen über einen Einzelfall handelte. Mr. Cousins selbst aber ist zweifellos der Meinung, daß das Lachen eine bedeutende Rolle bei seiner Heilung gespielt hat. Ich persönlich habe – aus anderen als wissenschaftlichen Gründen – keinerlei Skrupel, ihm beizupflichten.

Über eine der interessantesten Möglichkeiten, den Humor medizinisch nutzbar zu machen, ist, soviel ich weiß, noch nie in der entsprechenden Fachliteratur berichtet worden. Ja, wenn ich die Heilerfolge, über die ich hier berichten will, nicht selber miterlebt und viele Berichte darüber gesammelt hätte, würde ich zögern, sie zu erwähnen. Es gibt Situationen, in denen es einem Clown gelingt, mit seinen Possen einen Menschen, der sich in krankhafter Weise völlig aus seiner Umwelt und auf sich selbst zurückgezogen hat, in die beherrschende Realität zurückzuholen. Und dies ist um so beeindruckender, wenn zuvor alle Versuche der Ärzte und Krankenschwestern fehlgeschlagen sind. Häufig sind sich Clowns dieser Tatsache sehr wohl bewußt. Alle Clowns meiner Bekanntschaft, die schon längere Zeit diesen Beruf ausüben und häufig in Kostüm und Maske Krankenhäuser besuchen, können über dieses Phänomen berichten. Die Ärzteschaft hingegen hatte diese Möglichkeit bisher nicht erkannt.

Ein Clown, dessen Gesicht den meisten amerikanischen Kindern vertraut ist, berichtete mir folgende Begebenheit. Während des Besuchs eines großen Krankenhauses sah er ein kleines Mädchen mit einer ihm nachgebildeten Puppe im Bett liegen, das gerade von einer Schwester gefüttert wurde. Er trat in das Zimmer – und plötzlich sagte das Kind seinen Namen, worauf die Schwester den Löffel fallen ließ und davonstürzte, um den Arzt zu rufen. Denn das Kind, von dem man fürchtete, daß es katatonisch sei, war seit sechs Monaten stumm und teilnahmslos. Dem Arzt gelang es, dieser ersten Reaktion auf die Umwelt weitere folgen zu lassen. Nach diesem Durchbruch begann sich der Zustand des Kindes zu bessern.

In einem anderen Fall wurde ein fünfundneunzigjähriger Mann, der unter schweren Depressionen litt, ins Krankenhaus eingeliefert. Seit mehreren Tagen hatte er weder etwas gegessen noch ein einziges Wort gesprochen. Die Ärzte waren sehr beunruhigt, da sie fürchteten, er würde bald sterben. Da betrat ein Clown das Krankenzimmer, und nach einer halben Stunde hatte er den Mann so weit gebracht, daß er wieder sprach, lachte und aß. Dieser Mann lebte noch mehrere Jahre, und der Clown hielt den Kontakt mit ihm während der ganzen Zeit aufrecht.

Einmal begleitete ich einen international bekannten Clown durch ein Kinderkrankenhaus. In einem der Zimmer sahen wir einen drei Jahre alten Jungen, der so ängstlich und verzweifelt darüber war, in einem Krankenhaus zu sein, daß er seit drei Wochen mit niemandem gesprochen hatte – weder mit den Ärzten noch den Schwestern, ja nicht einmal mit seinen Eltern. Aber auf die komischen Kunststücke des Clowns reagierte er sofort mit Worten, und er sagte uns Lebewohl, als wir gingen. Auch nach diesem Ereignis verhielt sich dieses Kind dann normal.

Dieses Phänomen ist keineswegs neu, denn einen ähnlichen Bericht fand ich in einem Buch, das mehr als ein Jahrhundert alt ist. Joseph Grimaldi, geboren 1779, war einer der beliebtesten humoristischen Unterhalter, den die Welt je gesehen hat. Als Clown war er unter dem Namen Joey bekannt, und sein Können hat bis heute einen entscheidenden Einfluß auf die Entwicklung der Clownrolle ausgeübt. Nach dem Zeugnis seiner Zeitgenossen war er ein unglaublich humorvoller und witziger Mensch. In seinen von Charles Dickens herausgegebenen Memoiren erzählt er die folgende Geschichte:

«Im Juli dieses Jahres kam es in Sadler's Wells zu einem ganz außergewöhnlichen Ereignis, das in weitem Umkreis für längere Zeit Gesprächsthema blieb:

Captain George Harris von der Royal Navy war von einer langen Reise zurückgekehrt. Nachdem die Mannschaft entlohnt worden war, folgten viele Männer ihrem Kommandeur nach London, um sich auf die übliche Seemannsweise zu amüsieren. Sadler's Wells war zu dieser Zeit ein berühmter Treffpunkt der Blaujacken, und die Galerie war manchmal fast ausschließlich von Seeleuten und ihren Mädchen besetzt. Eines Abends ging ein großer Teil von Captain Harris' Leuten dorthin. Unter ihnen befand sich auch ein seit vielen Jahren taubstummer Mann. Seine Kameraden setzten ihn in die erste Reihe der Galerie. Grimaldi war an diesem Abend in Hochform, und wenn auch die ganze Zuhörerschaft vor Lachen brüllte, hatte anscheinend doch niemand mehr Freude an den Späßen des Clowns als gerade dieser arme Kerl. Seine Kameraden kümmerten sich gutmütig um ihn, und einer, der sehr gut mit den Fingern sprechen konnte, fragte ihn, wie ihm der Clown gefalle. Der taubstumme Mann antwortete auf dieselbe Weise mit vielen entzückten Gesten, daß er noch nie etwas nur halb so Komisches gesehen habe.

Im weiteren Verlauf des Abends wurden Grimaldis Possen und Späße immer unwiderstehlicher; und nach einem gewaltigen Lach- und Beifallssturm, der das Theater erschütterte, wandte sich der Taubstumme an den neben ihm sitzenden Kameraden und schrie voller Freude: ‹Was für ein verdammt spaßiger Bursche!›

‹Hallo, Jack›, rief der andere voller Überraschung, ‹kannst du denn auf einmal sprechen?›

‹Sprechen!› erwiderte der bisher Stumme. ‹Und ob ich das kann! Und auch hören!›

Daraufhin ließ ihn die ganze Mannschaft dreimal hochleben, und als die Vorstellung zu Ende war, begaben sie sich mit dem geheilten Mann, den ein halbes Dutzend Freunde auf den Schultern trugen, in die Mitte des Saals. Eine große Menschenmenge versammelte sich an der Tür, unter der sich eine große Erregung und Neugierde ausbreitete, als sich die Kunde von dem Taubstummen, der durch die Kunst von Joey Grimaldi, seine Fähigkeit, zu sprechen und zu hören wiedererlangt hatte, von Mund zu Mund verbreitete.

Die Gastwirtin, die glaubte, daß Grimaldi seinen ‹Patienten› gern sehen würde, sagte dem Mann, daß er ihn am nächsten Morgen bei ihr treffen könnte. Grimaldi, den man von dem Vorfall unterrichtet hatte, erschien auch zu dem vereinbarten

Zeitpunkt in dem Gasthaus und traf mit dem Mann und einigen seiner Kameraden zusammen, die alle noch das lebhafteste Interesse an der plötzlichen Veränderung ihres Freundes bekundeten. Sie lärmten und tranken und hielten als Zeichen ihrer Freude alle im Hause frei. Der Mann, der sich als gescheiter Bursche mit guten Manieren erwies, berichtete, daß er früher sowohl sehr gut hören als auch sprechen konnte und daß er den Verlust dieser beiden Sinne der intensiven Sonnenhitze in dem Teil der Welt zuschrieb, in welchem er gelebt hatte und aus dem er erst kürzlich zurückgekehrt war. Er fügte hinzu, daß er am vorangegangenen Abend lange Zeit ein ganz starkes Verlangen danach gehabt hätte, sein Vergnügen über das, was auf der Bühne vorging, auszudrücken. Nach einem Meisterstück von Grimaldi, das ihn ganz besonders amüsiert hatte, hätte er eine große Anstrengung gemacht, um seine Gefühle zu äußern, was dann auch zu seinem und seiner Kameraden größten Erstaunen gelang. Mr. Charles Dibdin, der zugegen war, stellte dem Mann einige Fragen; seine Antworten waren für jeden Anwesenden ein Beweis dafür, daß er die Wahrheit gesagt hatte. Ja, seine Geschichte wurde in gewisser Weise noch durch Captain Harris selbst bestätigt. Denn als sechs Monate später Grimaldi eines Abends das Ereignis im Künstlerzimmer von Covent Garden erzählte, bemerkte jener Herr, der zufällig anwesend war, spontan, daß das Verhalten des Mannes, so lange er unter ihm gedient, keine Veranlassung zu dem Verdacht gegeben hätte, er sei ein Schwindler, und daß er ihn an jenem Tag im Vollbesitz seiner Sinne erlebt hätte.» [2]

So können also Personen, die anscheinend völlig unansprechbar geworden sind, manchmal von einem Clown aus diesem

Zustand herausgerissen werden. Diese Tatsache ist meiner Meinung nach nicht zuletzt deswegen bedeutsam, weil die Unansprechbarkeit eines Patienten die notwendige medizinische Behandlung erheblich kompliziert. Wenn ein Patient sich nicht mitteilen will oder kann, ist es für seinen Arzt viel schwieriger, manchmal sogar unmöglich zu sagen, was ihm fehlt, und ihn zu behandeln.

Eine weitere Erforschung dieses Gebiets ist dringend notwendig. Wir müssen in Erfahrung bringen, welche Formen der Katatonie und der seelischen Isolation unter welchen allgemeinen Bedingungen durch die Mitwirkung von Clowns gebessert oder korrigiert werden können. Die Unansprechbarkeit der Kranken rührte in zwei der Fallbeispiele sicherlich von einer schweren Depression her, während es sich beim ersten Beispiel um einen Fall von Katatonie handelt. Der Fall Grimaldi ist nicht ganz klar, aber der Seemann kann an Hysterie gelitten haben. Auf diese verschiedenen Möglichkeiten werden wir später in dem Kapitel über Heiterkeit bei Geisteskrankheiten besonders eingehen; an dieser Stelle kann der Hinweis genügen, daß sie eine breite Vielfalt psychologischer Probleme repräsentieren.

Auf meine Behauptung, daß es Clowns gelegentlich gelingt, einen Patienten aus einem schon lange andauernden Zustand der Unansprechbarkeit zurückzuholen, werden manche Ärzte mit einem gesunden Skeptizismus reagieren. Ärzten, die diesen Zweifel hegen, möchte ich empfehlen, einmal einen erfahrenen professionellen Clown in ihr Krankenhaus einzuladen. Erst nachdem sie ihn während seines Besuchs beobachtet haben, sollten sie sich eine Meinung bilden.

Es gibt bestimmte medizinische Umstände, bei denen der

Humor, obwohl nicht eigentlich als Heilmittel, so doch als wichtige, gesunde und wünschenswerte Reaktion weithin anerkannt ist. Das zeigt sich besonders deutlich in Fällen von körperlicher Verunstaltung, wie zum Beispiel bei schweren Gesichtsmißbildungen oder -verletzungen.

Eine der furchtbarsten seelischen Katastrophen, die einen Menschen treffen können, ist eine entstellende Gesichtsverletzung. Es hat mich sehr beeindruckt, daß diejenigen Patienten, die am erfolgreichsten mit diesen Verletzungen fertig geworden sind, einen starken Sinn für Humor haben. Sie haben in doppelter Weise Rückhalt am Humor gefunden. Zum einen haben sie mit seiner Hilfe einen Standpunkt gewonnen, von dem aus ihr schreckliches Unglück erträglicher erscheint. Zum anderen wenden sie den Humor erfolgreich an, um das Problem der zwischenmenschlichen Beziehungen zu lösen, in das sie durch ihre mißliche Lage geraten sind. Die Aufnahme und Gestaltung unserer zwischenmenschlichen Beziehungen hängen sehr stark von dem Gesichtsausdruck unseres Gegenübers ab, aus dem wir erkennen, was er fühlt und denkt. Wenn das Gesicht eines Menschen durch eine Verletzung entstellt oder erstarrt ist, ist es für andere überaus schwer, unbefangen mit ihm umzugehen.

Die verunstalteten Patienten, von denen ich spreche – diejenigen nämlich, die sich erfolgreich angepaßt haben –, lösen dieses Dilemma im Umgang mit anderen, indem sie sich ihnen durch erheiternde Redewendungen vorstellen. Sie haben herausgefunden, daß sie die wachsende Spannung in einer Situation, die für alle Beteiligten peinlich zu werden droht, zerstreuen können, wenn sie die Unterhaltung mit einer witzigen Bemerkung über ihr Aussehen beginnen. Was der Humor hier für Menschen leisten kann, die eine solche Bürde tragen müssen, macht ihn zu einer der größten Gaben des menschlichen Geistes.

Die Bedeutung, die der Humor möglicherweise für ein weiteres großes medizinisches Problem hat, darf nicht übersehen werden. Im Bericht von Mr. Cousins fand die schmerzlindernde Wirkung des Lachens bereits Erwähnung, und es gibt weitere Hinweise auf eine enge Beziehung zwischen Humor und Schmerz. In einer bekannten anthropologischen Studie werden die verschiedenen Arten verglichen, wie Patienten mannigfaltiger ethnischer Herkunft Schmerz hinnehmen und damit fertig werden.[3] Der Forscher entdeckt, daß heute noch lebende Angehörige der von ihm so genannten alten amerikanischen Bevölkerung weithin glauben, daß es eine unerläßliche Hilfe in der Bewältigung chronischer Schmerzen ist, den Humor zu behalten. Ich kenne einen Arzt, der das bestätigen könnte; es gelingt ihm oft, seine Patienten einfach dadurch von ihrem Spannungskopfweh zu heilen, indem er sie dazu zwingt, über ihn zu lachen.

Schließlich wird der Humor – einer alten Tradition zufolge – mit Langlebigkeit in Verbindung gebracht. Ein mir bekannter Arzt, ein Spezialist für geriatrische Medizin, kam zu dem Schluß, daß alle seine Patienten, die alt und von besonders guter Gesundheit waren, etwas gemeinsam hatten: ihren guten Humor. Natürlich darf man aus solchen Beobachtungen keine allzu verallgemeinernden Schlüsse ziehen, denn der Prozeß des Alterns ist noch weithin ein ungelöstes Geheimnis. Bevor dieses gelüftet ist, verbleibt uns aber doch als eine Möglichkeit, daß die geistige Haltung, die ein lebhafter Sinn für Humor widerspiegelt, ein wichtiger Faktor ist, um den Menschen für ein langes Leben zu prädisponieren.

Wie wir gesehen haben, lassen also die Beobachtungen vermuten, daß es wohl eine positive Beziehung zwischen gutem Humor und guter Gesundheit gibt. Wir müssen jedoch noch weitergehen. Es ist nötig, diese Entdeckungen in den weiteren Rahmen eines vorläufigen Erklärungsschemas einzufügen. Dadurch würden die Tatsachen verständlicher, und es würden sich möglicherweise Marschrouten für weitere Forschungen und Entdeckungen ergeben. Wir wollen diese Suche damit beginnen, daß wir uns einige historische Quellen ansehen, die die Beispiele aus unserer Zeit erhärten.

III

Humor und Gesundheit: Die Geschichte einer Idee

Lachen und Humor werden seit langer Zeit als gesundheitsfördernde Kräfte betrachtet. Über den Glauben, daß eine humorvolle Lebenssicht Krankheit sowohl verhindern als auch heilen kann, gibt es eine Kette von Zeugnissen, die aus der Antike bis in unsere Gegenwart reicht. Auch in der Bibel taucht dieser Gedanke auf. In den Sprüchen (17,22) heißt es: «Ein fröhlich Herz macht das Leben lustig; aber ein betrübter Mut vertrocknet das Gebein.»

Diese Lehre haben auch die Schriften von Gelehrten und Ärzten zu allen Zeiten vertreten und zur Grundlage medizinischer Behandlung in zahlreichen Kulturkreisen gemacht. Einige Arten der Humortherapie erfreuten sich im Mittelalter großer Beliebtheit.

Der große mittelalterliche Professor der Wundarzneikunst Henri de Mondeville, der von 1260 bis 1320 lebte, war ein Befürworter der Heiterkeit als Hilfsmittel für die Genesung wundärztlicher Patienten. In der klassischen Abhandlung über sein Fachgebiet schreibt er: «Der Wundarzt muß die ganze Lebensweise des Patienten auf Freude und Glück hin ausrichten.»[1]

Über die Methoden zur Erreichung dieses Ziels schreibt er: «Man muß die Verwandten und Freunde des Patienten zu ihm lassen, um ihn aufzumuntern und ihm lustige Dinge zu erzählen. Die Stimmung des Patienten muß man mit Musik von Violen und zehnsaitigen Psaltern gut erhalten.» [2]

Schließlich warnt de Mondeville seine Leser, daß keine negativen Gemütsbewegungen die Genesung des Patienten beeinträchtigen dürfen. «Der Wundarzt muß dem Patienten Ärger, Haß und Traurigkeit verbieten und ihm einschärfen, daß der Körper von Freude dick, von Traurigkeit jedoch dünn wird.» [3]

Obwohl die Gewohnheit, sich einen Hofnarren zu halten, ihre Wurzeln in einer früheren Zeit hat, hält man sie doch gewöhnlich für eine Einrichtung des Mittelalters. Zu den am wenigsten beachteten Funktionen des Narren gehört seine Aufgabe, die physische und emotionale Gesundheit des Monarchen zu erhalten (oder manchmal sogar wiederherzustellen). Will Somers, der König Heinrich VIII. als Hofnarr diente, ist ein treffendes Beispiel. Der komische Schauspieler Robert Armin aus der Zeit Shakespeares berichtet über Somers:

> «Schief war er, hohläugig, wie alle sagen,
> Und bucklig ging er auch; aber beim Hof
> Gab's wenige, die beliebter waren als dieser Narr
> Dessen heiteres Gerede dem König Kraft gab
> Wenn der König traurig war, sangen sie zusammen:
> So verbannte Will die Traurigkeit viele Male.» [4]

Der Hofnarr Richard Tarlton, der Königin Elisabeth I. diente, war offenbar von derselben Art. Nach einem Bericht war Tarlton «ein Meistes seines Fachs. Wenn Königin Elisabeth ernst, um nicht zu sagen mürrisch und schlechter Laune war, konnte er sie nach Belieben aufheitern. Er hielt der Königin mehr Fehler vor als die meisten ihrer Kaplane und kurierte ihre Melancholie besser als alle ihre Ärzte.» [5]

Der erfolgreichste Hofnarr und Heiler war jedoch wohl der italienische Narr Bernardino (Il Matello), der im späten 15. Jahrhundert in den Diensten von Isabella d'Este stand. Als Isabellas Bruder Alfonso (der Mann der berüchtigten Lucrezia Borgia) krank wurde, sandte Isabella ihm Matello, um ihn aufzumuntern. Als Alfonso nach einigen Monaten den Narr zurückschickte, gab er ihm einen begeisterten Dankesbrief an seinen Schwager mit, in dem er schrieb:

«Ich glaube, niemand kann sich vorstellen, wieviel Entzükken, Zerstreuung und Vergnügen mir dieser Hanswurst bereitet hat, vor allem, weil er es fertigbrachte, daß die Bürde meiner Krankheit während seines Aufenthalts leichter, ja sogar gering war.» [6]

Es ist eine Ironie, daß Matellos bizarrer Humor zwar die Leiden anderer während ihrer Krankheit linderte, aber seine medizinische Behandlung, während er selbst ernstlich krank war, erschwerte. Matellos Herren beauftragten einen Arzt, ihn, koste es, was es wolle, zu heilen, aber Matello stellte die Geduld seines Arztes auf eine harte Probe. Er weigerte sich hartnäckig, die verschriebenen Arzneien einzunehmen und setzte während der ganzen Zeit seine Clownerien fort.

Richard Mulcaster (1530 bis 1611), ein Erzieher, empfahl Lachen mit Maß als «Übung», die zum Besten der Schüler angewendet werden sollte. Heute muten seine Bemerkungen, die in die Begriffe einer veralteten medizinischen Theorie gefaßt sind, selbst komisch an.

«Aber kann es dafür, daß das Lachen als eine Übung gesund ist, einen besseren Beweis geben, als daß es wärmt, dann die Röte des Gesichts und das Glühen in leuchtender Farbe, wenn man von Herzen lacht und nicht nur durch die Zähne lächelt? Oder daß es das Herz und die benachbarten Partien anregt, und dann das Prickeln und Keuchen eben dieser Partien? Was beides bezeugt, daß eine Hitzeaufwallung stattfindet, die das Blut beschleunigt. Das Lachen muß also notwendigerweise für diejenigen gut sein, die einen kalten Kopf, eine kalte Brust haben und die von Melancholie geplagt sind, die schwindlig sind wegen einer kalten Untertemperatur des Gehirns, die infolge von Trauer und Sorge Pein empfinden, die soeben diniert oder soupiert haben; die Kopfweh haben. Denn dort, wo eine kalte Untertemperatur der Grund der Krankheit ist, muß das Lachen eine Hilfe sein, da es viel Luft in die Brust befördert und die wärmeren Lebensgeister nach draußen sendet. Diese Art von Hilfe ist um so wirkungsvoller, wenn diejenigen, die es wünschen, sich in den Achselhöhlen kitzeln lassen, denn dort sind sehr viele kleine Venen und Arterien, die, wenn sie gekitzelt werden, sich erwärmen und von dort aus die Hitze durch den ganzen Körper verströmen. Aber so, wie mäßiges Lachen gesund ist und keine zu großen Veränderungen bewirkt, so ist zu viel gefährlich und wird zum Übel . . . Außerdem wird niemand leugnen, daß diese

Art von Lachen sowohl dem Kopf weh tut als auch dem Rumpf und der Rücken selbst Schaden nimmt. Und was sagst du zu denen, die vor Lachen gestorben sind? Wo die Fröhlichkeit des Geistes den Körper zu stark beansprucht und ihm das Leben geraubt hat?»[7]

Als Robert Burton (1577 bis 1640), ein englischer Pastor und Gelehrter, seine ‹*Anatomy of Melancholy*›, eines der frühesten Lehrbücher der Psychiatrie, schrieb, konnte er schon eine große Zahl gelehrter Autoritäten zur Unterstützung der Theorie vom Lachen als therapeutischer Maßnahme zitieren. Über die Bedeutung der Heiterkeit als Heilmittel gegen die Melancholie sagt er:

«Heiterkeit und fröhliche Gesellschaft dürfen nicht von Musik getrennt werden, denn beide sind hier unbedingt erforderlich. ‹Heiterkeit› (sagt Vives) ‹reinigt das Blut, kräftigt die Gesundheit, ruft eine frische, angenehme und schöne Hautfarbe hervor›, verlängert das Leben, schärft den Geist, macht den Körper jung, lebendig und tauglich für alle Arten von Beschäftigung. Je fröhlicher das Herz, desto länger das Leben; ‹ein gütiges Herz ist des Leibes Leben› (Sprüche 14,30); und das sind die drei salernitanischen Doctores, Dr. Fröhlich, Dr. Ernährung, Dr. Ruhe, die alle Krankheiten heilen . . . Gomesius . . . ist ein großer Verherrlicher ehrbarer Heiterkeit, durch die (sagt er) ‹wir viele Leiden des Geistes bei uns selbst und unseren Freunden heilen können› . . . Magninus meint, ein fröhlicher Geselle ist besser als jede Musik . . . Aus diesem Grund verschreiben unsere Ärzte dies im allgemeinen als hauptsächlichen Rammbock, um den Wall der Melancholie zu zertrümmern, das wichtigste Gegenmittel und an sich schon ein ausreichendes Heilmittel. ‹Mit allen Mitteln (sagt Mesue) muß man diesen Menschen Heiterkeit bringen . . . ihren Geist von Furcht und Sorge und den Dingen, auf die sie so festgelegt und versessen sind, befreien.› ‹Laßt sie jagen, spielen, Späße machen, fröhliche Gesellen haben›, wie Rhasis verschreibt, ‹was verhindert, daß der Geist beschwert wird; ab und zu ein Becher eines guten Getränks, Musik und Gesellschaft von besonders sympathischen Leuten . . .› und man darf auf keinen Fall dulden, daß sie allein sind . . . Possen treiben hin und wieder, ist nicht schlecht, alles zu seiner Zeit. Dies und viele ähnliche Mittel, um das Herz der Menschen zu erfreuen, sind zu allen Zeiten praktiziert worden, und man weiß nichts Besseres, um das Leben des Menschen zu erhalten. Ich werde also zu jedem Melancholiker nur sagen: Feiere oft Feste und bevorzuge Freunde, die nicht traurig sind, deren Scherze und Erheiterungen dich froh machen. ‹Wieder und wieder bitte ich dich, fröhlich zu sein, wenn irgend etwas dein Herz bekümmert oder deine Seele bedrückt, achte nicht darauf, verlache es, laß es vorübergehen. Und das schärfe ich dir ein, nicht nur als Geistlicher, sondern auch als Arzt; denn ohne diese Heiterkeit, die das Leben und die Quintessenz der Medizin ist, sind Arzneien und was auch immer zur Verlängerung des Menschenlebens angewandt wird, stumpf, tot und wirkungslos.› – Es gibt nichts Besseres als Heiterkeit und fröhliche Gesellschaft bei dieser Krankheit. ‹Es beginnt mit Kummer und Sorge (sagt Montanus), aber es muß mit Fröhlichkeit vertrieben werden.›»[8]

Der deutsche Philosoph Immanuel Kant (1724 bis 1804) glaubte fest, daß Lachen ein psychosomatisches Phänomen ist; gewisse gedankliche Vorstellungen bewirken eine körperliche Reaktion – Lachen –, das eine wohltuende physiologische Wirkung hat. Er führt seine Gedanken darüber in einem Abschnitt seiner ‹*Kritik der Urteilskraft*› aus:

«Hingegen Musik und Stoff zum Lachen sind zweierlei Arten des Spiels mit ästhetischen Ideen oder auch Verstandesvorstellungen, wodurch am Ende nichts gedacht wird, und die bloß durch ihren Wechsel und dennoch lebhaft vergnügen können; wodurch sie ziemlich klar zu erkennen geben, daß die Belebung in beiden bloß körperlich sei, ob sie gleich von Ideen des Gemüts erregt wird, und daß das Gefühl der Gesundheit, durch eine jedem Spiele korrespondierende Bewegung der Eingeweide, das ganze, für so fein und geistvoll gepriesene Vergnügen einer aufgeweckten Gesellschaft ausmacht. Nicht die Beurteilung der Harmonie in Tönen oder Witzeinfällen, die mit ihrer Schönheit nur zum notwendigen Vehikel dient, sondern das beförderte Lebensgeschäft im Körper, der Affekt, der die Eingeweide und das Zwerchfell bewegt, mit einem Worte das Gefühl der Gesundheit macht das Vergnügen aus, welches man daran findet, daß man dem Körper auch durch die Seele beikommen und diese zum Arzt von jenem brauchen kann . . . Im Scherze hebt das Spiel von Gedanken an, die insgesamt, sofern sie sich sinnlich ausdrücken wollen, auch den Körper beschäftigen; und indem der Verstand in dieser Darstellung, worin er das Erwartete nicht findet, plötzlich nachläßt, so fühlt man die Wirkung dieser Nachlassung im Körper durch die Schwingung der Organe, welche die

Herstellung ihres Gleichgewichts befördert und auf die Gesundheit einen wohltätigen Einfluß hat . . . Voltaire sagte, der Himmel habe uns zum Gegengewicht gegen die vielen Mühseligkeiten des Lebens zwei Dinge gegeben: die Hoffnung und den Schlaf. Er hätte noch das Lachen dazurechnen können . . .»[9]

Dr. William Battie, ein englischer Arzt und Vorkämpfer für eine medizinische Behandlung der «Irren», setzte seinen Humor in seiner eigenen Praxis ein. Der folgende Bericht stammt von Dr. Doran, einem Historiker des 19. Jahrhunderts.

«Während der Regierungszeit Georgs III. finden wir das Beispiel eines Mannes, der in guter Absicht und zu nützlichem Zweck den Narren spielte. Es handelt sich um den gelehrten und das Lachen liebenden Dr. William Battie, der unter Georg II. und seinem Nachfolger ein sehr bekannter Arzt war. Man erzählt, daß er einmal einen jungen Patienten hatte, der durch eine hartnäckige Mandelentzündung dem fast unabwendbaren Tod entgegensah. Battie hatte alle Heilmittel außer seinem Talent zur Clownerie ausprobiert. Als letzten Ausweg griff er schließlich zu dieser Fähigkeit. Er setzte seine Perücke umgekehrt auf, verzog das Gesicht zu einer umwerfend komischen Grimasse, steckte den Kopf zwischen den Vorhängen hervor, riß solche Possen, trieb so herrlichen Schabernack und war einfach unwiderstehlich, so daß sein Patient, nachdem er ihn einen Augenblick lang voller Verblüffung angestarrt hatte, in ein gewaltiges Gelächter ausbrach, wodurch der Abszeß aufbrach und der Leidende vor dem drohenden Tod errettet war.»[10]

James Sully, der zu Beginn des 20. Jahrhunderts ein umfassendes Buch über das Lachen veröffentlichte, rühmt den physiologischen Nutzen des Lachens:

«Wie viel Wahrheit steckt in der Behauptung, daß das Lachen segensreiche physiologische Wirkungen hat?... Zunächst ist zu sagen, daß die Ungebildeten immer die weise Überzeugung hatten, daß das Lachen die Lebensströme antreibt. Sprichwörter wie ‹lache und werde dick› bezeugen diesen Glauben. Diejenigen, die den Freunden des Lachens schmeichelten, haben natürlich viel von diesem heilsamen Einfluß gehalten . . . Diese volkstümliche Auffassung wurde durch das Gewicht gelehrter Autoritäten unterstützt. Vokale Übungen, zu denen das Lachen unbedingt gehört, wurden von Experten als Mittel zur Stärkung der Lungen und zur Förderung der Gesundheit und des ganzen Organismus empfohlen. Sowohl durch die kräftige Verstärkung der Tätigkeit der großen Atemmuskeln als auch noch mehr durch die wohltuende Wirkung dieser verstärkten Tätigkeit auf die Funktion der Lungen und des Blutkreislaufs hat das Lachen zu Recht einen Platz unter den ‹körperlichen Übungen›... Inwieweit diese heilsame Wirkung auf die Gesundheit, die die modernen Ärzte ebenso wie ihre Vorgänger anerkennen, auf die durch das Lachen hervorgerufene Verstärkung der Atmung und des Blutkreislaufs zurückzuführen ist, läßt sich nicht leicht sagen... Wir dürfen auch die Möglichkeit nicht außer acht lassen, daß das Lachen auf andere Weise heilsam auf unseren stark beanspruchten Zustand einwirkt. Wie oben erwähnt, ist ein kräftiges Lachen der natürliche Weg, Fröhlichkeit auszudrücken – eine plötzliche Zunahme des Vergnügens. Nun glauben die Psychologen, daß angenehme Gefühle vermutlich allen organischen Funktionen förderlich sind, indem sie die Nervenkraft verstärken, die sie in Gang hält. Das Lachen übt seinen wohltätigen Einfluß auf unseren körperlichen Zustand zum Teil dadurch aus, daß es über eine erhöhte Stimulation der Nerven eine beträchtliche Steigerung der vitalen Aktivität bewirkt.»[11]

William McDougall, früher Professor der Psychologie in Harvard, schrieb einen Artikel, in dem er die Meinung vertrat, daß die Erhaltung der seelischen Gesundheit die eigentliche biologische Funktion des Lachens sei. Er sah in ihm einen eingebauten Regelmechanismus, der die menschliche Eigenschaft, Sympathie für andere zu empfinden – eine der Voraussetzungen für ein zivilisiertes und soziales Leben –, daran hindert, übermächtig zu werden. Ohne die Kontrolle des Lachens würde ein Übermaß an Sympathie die Menschen chronisch depressiv machen. Er stellte fest, daß das Lachen zwei Wirkungen auf den Lacher hat:

«Erstens: Das Lachen unterbricht den Fluß der Geistestätigkeit; die Aufmerksamkeit wird abgelenkt oder vielmehr entspannt; so wird verhindert, daß der Geist sich weiter mit dem humoristischen Thema beschäftigt.

Zweitens: Die Körperbewegungen beim Lachen beschleunigen die Blutzirkulation und die Atmung und erhöhen den Blutdruck; sie erzeugen damit einen Zustand der Euphorie oder des allgemeinen Wohlbefindens, der dem Bewußtsein eine angenehme Spannung verleiht.

Wir sind jetzt in der Lage zu sehen, was das Lachen für uns

tun kann und welche Vorteile uns die Fähigkeit zu lachen als Teil unserer naturgegebenen Verfassung verleihen kann. Diese spezielle Veranlagung schützt uns vor den deprimierenden Einflüssen, die die vielen kleineren Mißgeschicke und Fehler unserer Mitmenschen ausüben würden, wenn wir diesen Schutz nicht hätten... Sie hindert uns nicht nur daran, über solche deprimierenden Dinge zu grübeln, sondern verwandelt diese sogar in Anreize, die unser körperliches und geistiges Wohlbefinden fördern, anstatt uns durch sympathischen Schmerz und Kummer niederzudrücken. Das Lachen ist in erster Linie ein fundamentales Gegenmittel gegen sympathischen Schmerz. Die sympathischen Tendenzen sind für das Leben der Gesellschaft von allergrößter Bedeutung... Aber obwohl es wichtig ist, daß wir an den Freuden unserer Mitmenschen sympathisch teilnehmen und Mitgefühl für ihre wirklichen Kümmernisse haben, wäre es ein großer Schaden für die Spezies, wenn jeder Mensch sympathisch alle kleineren Kümmernisse seiner Mitmenschen miterleiden müßte. Denn diese kleineren Kümmernisse sind in einer solchen Vielzahl um ihn herum vorhanden, daß er fast unausgesetzt ihrem deprimierenden Einfluß ausgesetzt wäre, so daß seine eigene Lebenskraft durch den kumulativen Effekt so vieler kleiner Kümmernisse ernsthaft beeinträchtigt würde. Daher wurde ein Gegenmittel, ein Schutz gegen diese allzu häufigen, unnützen kleineren sympathischen Kümmernisse notwendig; so erwarb sich der Mensch als Schutzreaktion gegen sie die Fähigkeit zu lachen.»[12]

Die wahrscheinlich enthusiastischste Rechtfertigung der Rolle des Lebens in bezug auf die Gesundheit, die je geschrieben wurde, ist das Buch ‹*Lachen und Gesundheit*› des amerikanischen Arztes James J. Walsh (1928). Walsh meint, daß die gesundheitsfördernde Wirkung des Lachens in erster Linie von einem stimulierenden, mechanischen Effekt auf die inneren Organe herrührt, obwohl er auch die Wichtigkeit gewisser psychischer Faktoren in Betracht zieht:

«Die beste Formel für die Gesundheit des Menschen kommt in der mathematischen Gleichung zum Ausdruck ‹die Gesundheit ist proportional zu der Häufigkeit und Intensität des Lachens›.

Wenn auch das Lachen vom geistigen Aspekt her gesehen ein Rätsel ist, so kann man doch leicht seine weitreichenden physischen Wirkungen ermessen. Das Zwerchfell als das beim Lachen am meisten beteiligte Organ steht in inniger anatomischer Beziehung zu den Organen, die das physische Leben gewährleisten. Wenn im Zwerchfell krampfartige Bewegungen stattfinden, werden diese Organe zweifellos beeinflußt. Da wir uns nach dem Lachen immer wohler fühlen, ist es einleuchtend, daß die Bewegungen des Zwerchfells und der großen Organe in seiner Nachbarschaft von vorteilhafter Wirkung sind.

Es besteht kein Zweifel, daß herzhaftes Lachen praktisch alle großen Organe anregt. Durch die heftigen Körperbewegungen kommt es zu einer verstärkten Blutzirkulation, die die Funktion der Organe verbessert. Auf diese Weise wird die Widerstandskraft des Organismus gegen Krankheit erhöht. Außerdem fegt die Wirkung auf das Gemüt die Ängste und Befürchtungen hinweg, die die Grundlage so vieler Krankheiten und Leiden sind, und hebt die Menschen über den Sumpf der Verzweiflung hinaus, in dem sie so leicht versinken, wenn sie sich allzu ernst nehmen.

Das Lachen verleiht einem eine großzügigere Sicht der Dinge und das Gefühl, daß die Zukunft nicht unbedingt so viel Sorge verdient, wie man ihr meistens zumißt.

Das Lachen vermag die Spannungszustände des Gemüts herabzusetzen, und die Anfälligkeit für Ängste und die Sorgen vor der Zukunft zu mindern.»[13]

Derartige Überzeugungen und Methoden beschränken sich übrigens nicht auf die kulturelle und wissenschaftliche Tradition des Westens. Zahlreiche amerikanische Stämme, zum Beispiel die Pueblo, Hopi, Zuni und Cree, hatten Zünfte von zeremoniellen Clowns, die die wichtige Aufgabe hatten, ihre Stammesgenossen in Heiterkeit zu versetzen. Sie taten dies, genau wie ihre Ebenbilder in unserer Gesellschaft, durch komische Kleidung und absonderliches Verhalten. Sie hatten aber auch noch andere soziale Funktionen, zum Beispiel eigenartigerweise die der Polizei, indem sie während gewisser zeremonieller Anlässe für die Aufrechterhaltung der Ordnung sorgten. Für das Thema unseres Buches ist die wichtigste dieser weiteren Rollen die des Heilens. Die Clown-Ärzte der Plains Ojibway hießen die *windigokan*. Ihre traditionelle Freiheit, Heiterkeit zu verbreiten, war so groß, daß sie auch ihr Verhalten gegenüber Kranken, zu denen sie gerufen wurden, bestimmte.

«Wenn der Fall einer kranken Person von dem Medizinmann oder Seher als Infektion durch Krankheitsdämonen erkannt war, wurde der Anführer der *windigokan* benachrichtigt, der mit seiner Truppe in das Wigwam des Patienten kam, wo sie vor diesem tanzten, ihre Rasseln auf den Boden schlugen, sangen und pfiffen. Sie kamen näher, betrachteten den Leidenden, gingen zurück, liefen weg und näherten sich wieder mit ihrem ganzen Repertoire an grotesken und phantastischen Gebärden, bis die Dämonen der Krankheit erschreckt das Weite suchten.» [14]

Daß Lachen für die Gesundheit gut ist, hat also eine Tradition im Volksglauben, die durch Generationen von Gelehrten unterstützt wird. Es gibt jedoch Gründe für die Annahme, daß die Sache nicht ganz so einfach ist. Was vor allem bei den historischen Quellen fehlt, ist eine eindeutige Erklärung dafür, warum Heiterkeit so segensreich ist. Außerdem können, wie wir in den folgenden drei Kapiteln sehen werden, Humor und Lachen auch sehr eng mit Krankheit verbunden sein.

IV

Lachen und Krankheit

Es gibt Fälle, wo das Lachen nicht so erheiternd ist; dann nämlich, wenn es kein Zeichen für Gesundheit, sondern ein Symptom von Krankheit ist. Zunächst mag es sonderbar erscheinen, daß es Krankheiten gibt, die mit Lachen verbunden sind, oder Leiden, die den Sinn für Humor beeinflussen, aber ihre Zahl ist nicht unerheblich. Das ist aus verschiedenen Gründen für die Medizin sehr wichtig, nicht zuletzt, weil der Arzt so die Möglichkeit hat, Beobachtungen über die Heiterkeit eines Patienten auszuwerten. So ist der Umstand, daß charakteristische Funktionsstörungen von Humor und Lachen zum Bild mehrerer organischer Erkrankungen des Nervensystems gehören, insofern bedeutsam, als der Arzt damit ein weiteres Hilfsmittel an die Hand bekommt, um genau festzustellen, was dem Patienten fehlt.

Lachen als besonderes Krankheitssymptom findet man bei drei neurologischen Krankheiten: Pseudobulbärparalyse, amyothrophischer Lateralsklerose (Muskelatrophie) und multipler Sklerose. Pseudobulbärparalyse ist ein Zustand, der besonders häufig durch eine Reihe von Infarkten oder Hirnschlägen verursacht wird, die beide Hemisphären des Großhirns befallen. Menschen mit dieser Krankheit können im allgemeinen nicht deutlich sprechen – ihre Sprachlaute sind verstümmelt und unklar –, und sie haben Schwierigkeiten beim Schlucken. Außerdem können sie an einer Lähmung der Arme oder Beine oder der einen oder anderen Seite ihres Körpers leiden. Plötzliche Ausbrüche unkontrollierten Lachens sind ein so charakteristischer Zug der Pseudobulbärparalyse, daß man sie einst sogar die «Lachkrankheit» nannte.

Derselbe Zustand gehört häufig auch zum Krankheitsbild der Muskelatrophie. Muskelatrophie ist fast immer eine Krankheit des mittleren oder höheren Alters. Männer sind häufiger betroffen als Frauen. Zunächst kann sie ganz harmlos in Erscheinung treten; der Patient klagt vielleicht nur über Schmerzen in den Beinen. Es stellt sich aber dann heraus, daß die Beinmuskeln schmerzen, weil sie unbewußt stärker beansprucht werden, um ihren normalen Dienst zu tun, denn sie werden ständig schwächer. Der Muskelschwund schreitet immer weiter fort und dehnt sich auf andere Körperteile aus. Wenn er schließlich die Muskeln im Gesicht, Gaumen, Schlund und in der Zunge befällt, kann der Patient nicht mehr deutlich sprechen und nicht mehr schlucken, er muß dann durch einen Schlauch ernährt werden.

Wenn die schrumpfenden Muskeln des Körpers schwächer und schwächer werden, treten unwillkürliche Zuckungen auf, die manchmal so stark sind, daß ganze Segmente der Körpermuskulatur aussehen wie eine gewellte Fläche. Diese Patienten werden am Ende ihres Leidens oft von gewaltigen Lachanfällen heimgesucht, die sie nicht verhindern können. Der Verlauf der Krankheit ist unaufhaltsam, und es gibt noch keine Möglichkeit der Behandlung oder Heilung. Ihre Opfer werden immer schwächer, bis sie gewöhnlich an einer Infektion der Atemwege, der ihr geschwächter und unterernährter Körper keinen Widerstand mehr leisten kann, sterben.

Man weiß, daß das Grundproblem der Muskelatrophie eine Degeneration der Nervenzellen im Rückenmark und Hirnstamm ist, die die Bewegungen der Muskeln kontrollieren. Bisher hat man aber noch nicht herausgefunden, warum die Nervenzellen auf diese Weise degenerieren. Es gibt die Vermutungen, daß eine Ernährungsstörung, möglicherweise auch eine Infektion oder eine Vergiftung die Ursachen sein können.

Eine andere Krankheit, deren Ursache unbekannt ist, nämlich die multiple Sklerose, steht in mancher Hinsicht in scharfem Gegensatz zur Muskelatrophie, weil sie in erster Linie ein Leiden junger Erwachsener ist und aus unbekannten Gründen häufiger bei jungen Frauen als bei jungen Männern vorkommt. Außerdem ist sie, obwohl sie normalerweise über eine lange Zeit fortschreitet, durch markante Verschlimmerungen und Ausbrüche gekennzeichnet, denen manchmal für eine längere Periode eine Besserung folgt. Ja, Menschen mit multipler Sklerose leben oft jahrelang – sogar jahrzehntelang – mit ihrem Leiden. Die multiple Sklerose hat verblüffende geographische Vorlieben ; aus irgendeinem Grund kommt sie in tropischen oder subtropischen Gebieten kaum vor, während sie in kühleren Klimazonen häufiger anzutreffen ist.

Das charakteristische Syndrom dieser Krankheit ist höchst verwirrend. Zuerst hat die Patientin vielleicht Schwierigkeiten mit den Augen: sie sieht doppelt oder hat im Gesichtsfeld einen blinden Fleck oder sieht verschwommen. Später setzt Schwäche der Beine oder, weniger häufig, der Arme ein. Aber der Grad der Schwäche variiert von Fall zu Fall sehr stark. Die Patienten haben Schwierigkeiten bei der Koordinierung der Bewegungen ihrer Arme und können sehr unbeholfen bei der Bewältigung ganz einfacher Arbeiten sein.

Bei einem erheblichen Prozentsatz der an dieser Krankheit Leidenden finden seltsame subjektive Veränderungen des Bewußtseinszustands statt – Veränderungen, die nach Aussage der Patienten anderen sehr schwer oder gar nicht beschrieben oder erklärt werden können. Außerdem sind die Patienten häufig heiterer, fast euphorischer Stimmung. Die Menschen in ihrer Umgebung bemerken oft, wie fröhlich sie trotz des ernsten Charakters ihrer Krankheit zu sein scheinen.

Die pathologischen Veränderungen im Nervensystem bei der multiplen Sklerose betreffen eine fettige Substanz, die man Myelin nennt. Myelin umgibt die langen Fasern der Nervenzellen und hat die Funktion, den Widerstand dieser Fasern zu verringern, so daß die elektrischen Impulse, die die Informationen im Nervensystem befördern, schneller an ihr Ziel kommen. Bei der multiplen Sklerose degeneriert dieses Myelin. Bisher konnte noch niemand erklären, warum dieser Verfall einsetzt, aber man ist der Auffassung, daß ein nur wenig erforschtes Virus oder eine allergische Reaktion schuld sein könnte. Die Opfer der multiplen Sklerose sind den gleichen periodischen Anfällen von krankhaftem, unwiderstehlichem Gelächter ausgesetzt.

In einer Hinsicht ist dies bei allen drei beschriebenen Krankheiten auftretende Gelächter normal; insbesondere ist sich der Patient seines Lachanfalls bewußt und kann sich auch später daran erinnern. In anderer Hinsicht unterscheidet es sich jedoch von einem gesunden Lachen. Das krankhafte Lachen steht nicht unter der Kontrolle des Patienten. Er will nicht lachen; es überfällt ihn einfach, und er kann es nicht aufhalten. Ein solcher Lachanfall kann sich über mehrere Minuten erstrecken und mehrmals am Tag wiederholen. Manchmal führt er zu unangenehmen oder sogar qualvollen psychologischen Nachwirkungen: Die Pulsgeschwindigkeit kann sich erhöhen, oder der Patient hat Schwierigkeiten, normal zu atmen. Es gibt auch Fälle, wo dieses Lachen von gleich unkontrollierbaren und länger anhaltenden Weinkrämpfen begleitet wird.

Krankhafte Lachanfälle unterscheiden sich von normaler Heiterkeit am deutlichsten dadurch, daß sie nicht die wahre Stimmung des Patienten widerspiegeln. Während eines Anfalls kann der Betroffene möglicherweise sogar artikulieren, daß er überhaupt nicht fröhlich oder glücklich ist; er muß einfach lachen, unwillkürlich. Die heiter-lebhafte Stimmung der an multipler Sklerose Leidenden stellt keine Ausnahme von der eben gemachten Feststellung dar; die euphorische Stimmung und das unbeherrschte Gelächter sind bei diesem Zustand getrennte Phänomene mit verschiedenen Ursachen.

Manchmal ergibt sich aber bei diesem Typ von Lachen ein sehr interessanter psychischer Effekt. Patienten berichten, daß ihre Stimmung nach einem kräftigen Ausbruch forcierten Lachens tatsächlich mitgerissen wird. Das heißt, daß sie sich zwar nicht fröhlich fühlen, wenn der Anfall beginnt, daß sie aber in seinem Verlauf Heiterkeit in sich aufsteigen spüren. Dasselbe gilt für das anscheinend unmotivierte Weinen, das bei allen drei Krankheiten vorkommt. Anfangs bedeutet es keine traurige Stimmung, aber wenn es lang und nachhaltig genug ist, ruft es eine solche hervor.

Ein ähnliches unmotiviertes Lachen tritt auch im Zusammenhang mit einem bestimmten Erbleiden auf – der Wilsonschen Krankheit. Das Krankheitsbild ist aber durch das Auftreten ungewöhnlicher psychischer Symptome noch komplizierter.

Wenn man sich die Gebrauchsanweisung hochpotenzierter Vitamin- und Mineralstoffpillen näher ansieht, findet man in der Rubrik Kontraindikationen den Hinweis, daß dieses Präparat bei einer schon bestehenden Wilsonschen Krankheit nicht genommen werden sollte. Der Grund für diese Warnung ist ganz interessant. Kupfer, das zu den Mineralstoffen in den Kapseln gehört, ist für die Ernährung normaler Menschen notwendig. Diese müssen kleinste Mengen von Kupfer mit ihrer Nahrung aufnehmen, weil es eine lebenswichtige Rolle bei gewissen Stoffwechselvorgängen im Körper spielt.

Personen mit der Wilsonschen Krankheit haben demgegenüber einen erheblichen Mangel an einer bestimmten chemischen Substanz, die bei normalen Menschen dazu dient, das Kupfer durch den Blutkreislauf zu befördern. Bei dieser Krankheit wird daher der Körper langsam, aber unaufhaltsam durch die winzigen Spuren von Kupfer, die in der Nahrung enthalten sind, vergiftet. Anstatt richtig verteilt zu werden, lagert sich das Kupfer in den Körpergeweben, besonders in der Leber, ab, wo die allmähliche Kumulierung im Laufe der Jahre zur Folge hat, daß die Leber schrumpft und Knoten bildet, was zu den Symptomen von Zirrhose führt.

Es kommen auch ungewöhnliche Veränderungen der Pigmentierung, Entfärbungen der Haut oder anderer Gewebe vor, die von den Kupferablagerungen herrühren. So nehmen zum Beispiel die Nägel eine mattblaue Farbe an, und es bildet sich ein grünlicher Ring um die Iris des Auges, wo diese an das Weiße des Auges grenzt.

Das sich ansammelnde Kupfer schädigt auch das Nervensystem, und es zeigen sich Symptome wie das sogenannte Flügelschlagenzucken, eine unwillkürliche, schlagende Bewegung der Arme. Die Stimmung der Patienten bewegt sich manchmal in Extremen, und manche klagen über unkontrolliertes Lächeln und forciertes Lachen als einen lästigen Zug ihres Leidens. Einige Kliniker haben bei der Beschreibung der Wilsonschen Krankheit erwähnt, daß ihre Patienten gelegentlich einen starren, törichten Ausdruck haben, als wären ihre Gesichtszüge zu einer komisch-grotesken Grimasse erstarrt. Diese ungewöhnlichen emotionalen Äußerungen sind manchmal daran schuld, daß ein junger Mensch, bei dem zum erstenmal diese Symptome entdeckt werden, fälschlicherweise als schizophren diagnostiziert wird. Erst später stellt sich dann heraus, daß die korrekte Diagnose auf die Wilsonsche Krankheit hätte lauten müssen.

Die ersten Anzeichen der Wilsonschen Krankheit zeigen sich schon früh im Leben. Wenn sie bald erkannt wird, können therapeutische Maßnahmen den Schaden eng begrenzen, der von einer unbehandelten Krankheit sonst verursacht wird. Die Menge an Kupfer in der Nahrung des Patienten kann genau reguliert werden. Es gibt auch ein Medikament, das vom Kranken während des Essens eingenommen wird und eine Absorption des Kupfers in der Nahrung durch den Magen-Darm-Trakt verhindert. Es gibt auch eine medizinische Therapie, die zu einer erhöhten Ausscheidung des Kupfers durch die Nieren führt.

Krankhaftes Lachen einer ganz ungewöhnlichen Art kann

auch Symptom, manchmal sogar das einzige, der Epilepsie sein. Eltern, deren Kind an einer solchen Störung leidet, bringen es dann zum Arzt und berichten, daß es hin und wieder ohne ersichtlichen Grund plötzlich zu lachen anfängt. Die Eltern bezeichnen das Lachen als dumm, hohl und unpassend. Der Anfall kann mit anderen epileptischen Symptomen verbunden sein; das Kind fällt gleichzeitig zu Boden oder gerät in Zuckungen. Diesem epileptischen Lachen fehlt die Ansteckungskraft normaler, glücklicher Fröhlichkeit; der Patient bestreitet, daß er sich während der Lachanfälle froh gestimmt fühlt, oder sagt sogar, daß er sich hinterher überhaupt nicht mehr daran erinnert. Glücklicherweise können in manchen Fällen diese sogenannten «gelastischen» Anfälle durch die regelmäßige Einnahme von Medikamenten verhindert werden, mit denen wir seit neuestem die Epilepsie so gut in Grenzen halten können.

Kuru ist vielleicht die unheimlichste der organischen Krankheiten, die mit einem krankhaften Lachen einhergehen.[1] Diese Krankheit beschränkt sich zum Glück auf eine bestimmte geographische Region, nämlich gewisse Hochlandgebiete in Neu-Guinea, wo sie nur bei den Angehörigen des Foro-Stamms vorkommt. Kuru, das auch mit dem grausigen Namen «lachender Tod» bezeichnet wird, beginnt schleichend mit Zuckungen und unkoordinierten Bewegungen und führt unweigerlich zum Tod. Hemmungsloses, fröhliches und schallendes Gelächter ist ein böses Zeichen, denn es kündigt an, daß das Endstadium erreicht ist.

Kulturelle Faktoren gehören eng zu dem Bild von Kuru, denn die Stammesangehörigen glauben, es werde durch Zauberei bewirkt. Die Verwandten eines an Kuru Gestorbenen suchen herauszufinden, wer für den feindlichen Zauber verantwortlich ist. Glauben sie, den Betreffenden entdeckt zu haben, so wird er von ihnen aus Rache erschlagen. Interessanterweise haben die von der Krankheit Befallenen offenbar ein ausgesprochenes Vergnügen an ihrer Unfähigkeit, ihre Bewegungen zu koordinieren. Sie lachen über ihren unbeholfenen Gang, ihre undeutliche Sprechweise und darüber, daß sie auch leichte Arbeiten nicht verrichten können. Andere, gesunde Mitglieder der Gemeinschaft – sogar Freunde und Verwandte der Sterbenden – stimmen in die Heiterkeit und den Spaß ein und hänseln und verlachen sie.

Wissenschaftler, die sich mit dieser Krankheit beschäftigt haben, glauben aus verschiedenen Gründen, daß es sich um eine spezifische Form der Infektion handelt, bei der nicht die üblichen Folgeerscheinung von Infektionen, nämlich Fieber, auftritt. Man glaubt, daß der Träger der Infektion ein Virus ist, das auf eine einzigartige Weise übertragen wird. Die Stammesleute der Foro sind Kannibalen, und es scheint, daß das Virus bei dem rituellen Verspeisen von Hirngewebe übertragen wird. Nachdem nun der Stamm unter den Einfluß westlicher Sitten und Verbote gekommen ist, ist die Praxis des Kannibalismus glücklicherweise im Aussterben begriffen, und Kuru, das bisher eine der Hauptursachen der Todesfälle bei diesen Eingeborenen war, verschwindet langsam.

Vergiftungen und Rauschzustände durch verschiedene Drogen und chemische Substanzen können übermäßiges, unkontrolliertes und anscheinend unmotiviertes Lachen zur Folge haben. In unserer zivilisierten Gesellschaft ist der Alkohol die bekannteste und am meisten mißbrauchte Droge. Personen mit akuter Alkoholvergiftung durchlaufen verschiedene

Stadien. Zunächst sind sie anscheinend fröhlich, glücklich und heiter. Sie sind wie Clowns – wenn es auch eine Art von Clownerie ist, die sie am nächsten Tag, wenn die Party vorbei ist, vielleicht bedauern. Später werden sie traurig, kleinmütig und verzweifelt. Danach sind sie manchmal kriegerisch oder wütend und brechen einen Streit vom Zaum. Schließlich verfallen sie in einen unansprechbaren Zustand und verlieren die Besinnung.

Alkohol wirkt bekanntlich dämpfend auf das Zentralnervensystem. Angesichts des in Kapitel I beschriebenen Experiments, bei dem Stimulantien die Reaktion auf Humor steigern, während Beruhigungsmittel sie vermindern, könnte es schwierig erscheinen zu erklären, warum der Alkohol gesteigerte Fröhlichkeit hervorrufen kann. Die Antwort darauf ist, daß die anfänglich dämpfende Wirkung des Alkohols sich auf die Prozesse bezieht, die normalerweise ein Verhalten verhindern, das der Betreffende für sozial unschicklich hält. Paradoxerweise werden also seine Hemmungen gelockert, und es offenbart sich eine humoristische Ader, die sonst im Zaum gehalten wird.

Eine andere Droge, die einen leicht zum Lachen bringt, ist Marihuana. Menschen unter seinem Einfluß berichten häufig, daß eine heitere Fröhlichkeit durch Bemerkungen oder Vorfälle bewirkt wird, die zwar in dieser Situation lustig erscheinen, es aber unter normalen Umständen durchaus nicht sind.

Lachen ist eine so weithin bekannte Nebenwirkung eines Betäubungsmittels, daß es der betreffenden Droge den volkstümlichen Namen gegeben hat. Stickoxydul, auch Lachgas genannt, war eines der ersten Hilfsmittel, um in der Chirurgie Schmerzen zu verhindern. Tatsächlich war aber seine Fähigkeit, Lachstürme hervorzurufen, schon lange bekannt und wurde in großem Maßstab angewendet, bevor man es allgemein als Schmerztöter einsetzte.

Um die Mitte des 19. Jahrhunderts verstand es ein Mann namens Colton, den durch Einatmen dieses Gases sofort einsetzenden Jubel kommerziell auszuwerten. Er reiste durch die Dörfer und Städte von New England mit einer Wanderschau, wie sie Amerika noch nie zuvor gesehen hatte. Bei seinen Vorführungen versammelte er die Stadtbewohner und verabreichte ihnen das Gas für 25 Cent pro Atemzug. Bei einer Vorstellung in Connecticut teilte er einen höchst interessanten Handzettel als Ankündigung aus:

«Eine großartige Vorführung der Wirkungen, zu denen es durch das Einatmen von Stickoxydul oder Lachgas kommt, wird an diesem Abend (Dienstag), dem 10. Dezember 1844, in der Union Hall stattfinden.

Etwa 200 Liter Gas stehen zur Verfügung und werden an jeden aus dem Publikum verabreicht, der das Gas einatmen will.

Zwölf junge Männer haben sich schon freiwillig bereit erklärt, das Gas einzuatmen, damit das Spektakel beginnen kann.

Acht starke Männer werden in der ersten Reihe sitzen, um diejenigen, die unter dem Einfluß des Gases stehen, davor zu schützen, sich oder andere zu verletzen. Diese Vorsorge ist getroffen worden, um irgendwelchen Befürchtungen entgegenzutreten. Wahrscheinlich wird niemand eine Rauferei anfangen wollen.

Die Wirkung des Gases auf diejenigen, die es einatmen,

wird sein, daß sie je nach ihrer Veranlagung lachen, singen, tanzen, sprechen oder raufen usw. Sie behalten aber so viel Kontrolle über sich, daß sie nichts sagen oder tun, was sie später bereuen müßten.

N. B. Das Gas wird nur an Herren von bestem Stand ausgeteilt. Damit soll erreicht werden, daß das Spektakel in jeder Hinsicht anständig bleibt.» [2]

Auch Vergiftungen durch das Metall Mangan bewirken unkontrolliertes Lachen. Diese Art von Vergiftung beschränkt sich aber ganz auf Menschen, deren tägliche Arbeit sich mit der Herstellung und Verwendung dieses Metalls befaßt. Am häufigsten findet man sie bei Mangan-Bergleuten, aber gelegentlich auch bei Personen, die mit der Herstellung von Trockenbatterien beschäftigt sind. [3]

Die Vergiftung erfolgt gewöhnlich durch Einatmen des Staubs. Nach einer gewissen Zeit werden die Vergifteten von Kopfweh geplagt und einer krankhaften Unfähigkeit, munter zu bleiben, sie sind ständig schläfrig und müde. Im Laufe der Zeit verschlimmern sich diese Symptome, und die Patienten leiden unter alptraumartigen Visionen. Eine besonders markante Verzerrung des Gesichtsausdrucks – ein spaßig-dümmliches Grinsen – ist für diese Krankheit so charakteristisch, daß man von einer «Manganmaske» spricht. Die Lachanfälle dieser Patienten entsprechen ihrer Stimmung, denn es wird berichtet, daß sie immerzu euphorisch seien. Interessanterweise ist ihr Gelächter, wie das normale, sehr ansteckend. Wenn mehrere an der Krankheit Leidende beisammen sind, löst das Lachen eines von ihnen eine Kettenreaktion aus, die alle erfaßt. Trotzdem fällt das Gelächter einem Beobachter als unpassend und unmäßig auf, da auch fade und dumme Witze gewaltige Lachsalven hervorrufen.

Der Ausdruck «sardonisches Gelächter» bedeutet für uns ein höhnisches, zynisches Lachen der Verachtung oder, mit den Worten von Dr. Samuel Johnson, «eine Verzerrung des Gesichts ohne Fröhlichkeit des Herzens». Ursprünglich war dieser Ausdruck jedoch geprägt worden, um eine bestimmte Art von krankhaftem Lachen infolge von Vergiftung zu bezeichnen. Mehrere antike Autoren schreiben über eine giftige Pflanze, die auf Sardinien wächst. Menschen, die sie aßen, wurden von einem konvulsiven, ungewollten Lachen befallen, das erst mit dem Tode endete. Daher kommt der Ausdruck «sardinisches Gelächter» oder *risus sardonicus*, und dieses schreckliche Gelächter beobachtet man heute noch bei zwei bekannten Vergiftungserscheinungen.

Strychninvergiftung ist bedauerlicherweise immer noch manchmal ein Problem. Ab und zu essen Kinder nichtsahnend Rattengift, das das Präparat enthält. Es kommen auch gelegentlich Vergiftungen bei Sektenangehörigen vor, die ihren Glauben dadurch beweisen wollen, daß sie diese Substanz absichtlich in Zubereitungen, die man «Heilscocktails» nennt, zu sich nehmen.

Strychnin übt seine Wirkung auf den Körper aus, indem es das Zentralnervensystem anregt. Die Opfer werden von intensiven Krämpfen gequält; ihre Atmung ist erheblich gestört, und infolge der Blutstauungen in den Adern nehmen sie eine erschreckende blauschwarze Farbe an. Sie bleiben bei vollem Bewußtsein, aber ihr Orientierungssinn funktioniert nicht mehr; sie haben das Gefühl, als werden sie von unkontrollierten Kräften durch den Raum gestoßen. Während des ganzen

Strychninkrampfs haben sie das Gefühl drohenden Unheils. Die Verkrampfungen der Gesichtsmuskeln verleihen ihnen den schrecklichen, grinsenden Ausdruck des *risus sardonicus*.

Der *risus sardonicus* tritt auch beim Starrkrampf auf. Bei dieser Krankheit werden die Krämpfe der Gesichtsmuskeln von einem Gift verursacht, das über eine verschmutzte Wunde in den Körper gelangt ist.

Nachdem wir nun die wichtigsten Vergiftungsfälle untersucht haben, die von unnatürlichem Lachen begleitet sein können, wollen wir noch drei weitere Zustände näher betrachten, die zu unserem gegenwärtigen Thema gehören. Bei diesen Zuständen – präsenilem Irresein, Kleine-Levin-Syndrom und Todesfällen infolge von Heiterkeit – finden wir sogar noch überraschendere und unverständlichere Ausdrücke von Fröhlichkeit, als wir sie bisher schon angetroffen haben.

Eine sehr ungewöhnliche Störung des Humors kommt bei Patienten vor, die vom sogenannten präsenilen Irresein befallen sind. Bei dieser Krankheit, auch Alzheimers Krankheit und Picks Krankheit genannt, tritt die Senilität, im Vergleich zum häufigsten Erscheinungsbild, vorzeitig ein, manchmal schon, wenn der Patient in den vierziger Jahren ist. Es kommt zu progressiven Veränderungen im Gehirn des Patienten, deren Ursachen und Mechanismus unbekannt sind. Äußerlich wird dieser Prozeß dadurch sichtbar, daß der Kranke anscheinend sehr schnell altert. Das kann sich zuerst durch Nachlassen des Kurzzeitgedächtnisses zeigen; der Patient kann sich nicht mehr erinnern, was gestern oder heute morgen geschah, obwohl er sich an weit zurückliegende Ereignisse sehr wohl erinnern kann.

Das bei diesen Zuständen beobachtete Fehlverhalten des

Humors ist als Moria bekannt. Das ist eine Art von Scherzhaftigkeit, eine Neigung zum Witzereißen und die Unfähigkeit, ernste Dinge ernst zu nehmen. Das Verhalten des Patienten ist seiner Situation überhaupt nicht angemessen; es ist fast so, als sei er sich nicht klar darüber – oder unfähig, sich klarzuwerden –, wie ernst und verhängnisvoll seine Krankheit ist. Seine unaufhörliche, unergründliche Lustigkeit macht fast den Eindruck, als würde er sie als Abwehrverhalten einsetzen, um sich seines eigentlichen geistigen Zustands nicht bewußt zu werden.

Das Kleine-Levin-Syndrom ist eine seltene, mysteriöse Störung des Schlafs, der Ernährung und der geistigen Funktionen, die nur heranwachsende männliche Personen befällt. Bei dieser Krankheit haben die Patienten einen nagenden Hunger oder essen zum mindesten übermäßig. Sie stopfen sich mit Essen voll, holen es sich vom Teller, während ihnen noch serviert wird, und schlingen es gierig hinunter. Nach einem solchen Anfall, alles zu essen, das sich in ihrer Reichweite befindet, werden sie schläfrig. Manchmal schlafen sie dann tagelang und wachen nur ab und zu auf, um zur Toilette zu gehen.

Das Kleine-Levin-Syndrom ist eine krampfartige Störung. Sie tritt im allgemeinen mit Attacken auf, von denen sich der Patient nach ein paar Tagen oder Wochen erholt. Darauf folgt eine lange Pause, während der er keinerlei Symptome zeigt. Wochen oder Monate später folgt dann ohne Vorwarnung ein weiterer Anfall.

Während der Anfälle erscheint das Verhalten des Patienten fast psychotisch. Zu den hervorstechendsten psychischen Symptomen gehören seltsame Verirrungen des Humors oder des Lachens. In einem klassischen Artikel über diese Krankheit wird festgestellt, daß ein Patient während des Anfalls zwanghaft und unbändig lachte.[4] Ein anderer Patient begab sich in eine selbstauferlegte Isolation im Krankenhaus und führte für sich komische Szenen auf, die Charlie Chaplin in seinen Filmen berühmt gemacht hatten. Es wird auch berichtet, daß ein Patient, als er sich von einer Attacke der Krankheit erholte, von dem unerklärlichen und krankhaft dringenden Wunsch besessen war, anderen Streiche zu spielen.

Die Ursache dieser merkwürdigen Krankheit ist unbekannt, und es gibt auch keine Behandlung, außer den Patienten während dieser periodischen Krisen in einer Klinik zu internieren und zu beobachten, damit er sich selbst und anderen keinen Schaden zufügt. Angesichts der Tatsache, daß die Krankheit nicht heilbar ist, ist es eine Beruhigung, daß sie schließlich von selbst vergeht. Wenn die Jugendzeit des Patienten ihrem Ende zugeht, verschwindet das Kleine-Levin-Syndrom von allein und hinterläßt keine Dauerschäden. Das Ende der Krankheit ist genauso mysteriös wie ihr Beginn.

Es ist vielleicht angebracht, dieses Kapitel mit ein paar Beispielen abzuschließen, die dafür sprechen, daß der Ausdruck «vor Lachen sterben» manchmal mehr als nur eine Übertreibung sein kann. Denn manche Quellen beschreiben Fälle, wo der Tod durch – oder wenigstens während – heftigen übermäßigen Gelächters eintrat. Ein medizinischer Text aus dem 19. Jahrhundert erwähnt zahlreiche Fälle von «Tod durch heftiges Lachen», die aus klassischen und zeitgenössischen Schriften zitiert sind; aber die Autoren sind der Meinung, daß es in diesen Fällen sehr wahrscheinlich sei, daß der Tod nicht durch die Gemütsbewegung, sondern durch die extreme Verkrampfung und Anstrengung durch das Lachen verursacht wurde.[5]

Die gleichen Ärzte machen dann auf eine abscheuliche Methode der Hinrichtung durch Gelächter aufmerksam, wie sie bei Mitgliedern einer protestantischen Sekte des 16. Jahrhunderts Brauch gewesen sein soll. So seltsam es auch erscheinen mag, Saint-Foix sagt, daß die Herrnhuter Brüdergemeinde, eine Wiedertäufersekte, wegen ihres großen Abscheus vor Blutvergießen ihre verurteilten Mitbrüder dadurch hinrichteten, daß sie sie zu Tode kitzelten.[6]

In einem Artikel über ihre Forschungen über das Lachen beschreiben zwei Psychologen ein weiteres Beispiel, in welchem überwältigend starke psychische Faktoren ebenfalls von großer Bedeutung waren:

«Ein Grenzer kam, wie zuverlässig verbürgt ist, nach Hause und fand seine geliebte Frau und seine Kinder von Indianern getötet, skalpiert und verstümmelt am Boden liegend. Er brach in einen Lachkrampf aus und rief immer wieder: ‹Das ist doch die komischste Sache, von der ich je gehört habe.› Er lachte krampfhaft und unbändig weiter, bis er an einem geplatzten Blutgefäß starb.»[7]

Ein anderer Psychologe berichtet, wie Gladiatoren, die tödliche Verwundungen des Zwerchfells erhalten hatten, im Sterben von Lachkrämpfen geschüttelt wurden.[8] Er meint, daß das eher ein Reflexphänomen als die Folge einer besonderen seelischen Belastung war.

Zusammenfassend muß an dieser Stelle gesagt werden, daß die Walshsche Gleichung, «die beste Formel für die Gesundheit des einzelnen ist in dem mathematischen Ausdruck enthalten: Gesundheit ist proportional zu der Menge des Lachens», nicht vorschnell übernommen werden sollte. Wie das letzte Kapitel zeigte, handelt es sich bei dieser Gleichung um ein stark vereinfachtes Bild der Verwandtschaft zwischen Gesundheit und Lachen. Denn es gibt auch Fälle, wo das Lachen eng mit Krankheit verbunden ist. Wir haben ja sogar gesehen, daß das Lachen – und das ist eine der größten Ironien des Lebens – ein schlimmer Vorbote des Todes sein kann.

Für den gesunden Menschenverstand erscheint es zwar äußerst unnatürlich, Lachen mit organischen Krankheiten in Verbindung zu bringen, aber andererseits erscheint das ganz natürlich bei Geisteskrankheiten. Dieser überraschenden Tatsache wollen wir uns nun zuwenden.

V

Lachen und Wahnsinn

Der griechische Arzt Hippokrates, der Vater der modernen Medizin, hinterließ uns in seinen Schriften ein Vermächtnis trefflicher klinischer Beobachtung und Beurteilung, wovon auch heute, nach über zweitausend Jahren, noch vieles gültig und wertvoll ist. Die Geschichte seiner Begegnung mit dem Philosophen Demokrit paßt gut zu unserem Thema. Der Philosoph Heraklit war, nachdem er sich gedanklich tief in das traurige Los der Menschheit versenkt hatte, in eine schwere Depression geraten. Er weinte und haderte mit dem Himmel wegen der Torheit, der Qual und des Wahnsinns seiner Mitmenschen. Demokrit andererseits lachte als Reaktion auf ähnliche Überlegungen über die Torheit, die nutzlose Qual und den verbreiteten Wahnsinn. Die Leute seiner Heimatstadt Abdera glaubten, er sei verrückt, und sandten Boten zu Hippokrates mit der dringenden Bitte, der berühmte Arzt möge baldigst ihren Mitbürger heilen.

Als Hippokrates in Abdera ankam, umringten ihn die Bürger, teils weinend vor Sorge, teils aus Dankbarkeit, und baten ihn, sein Bestes zu tun. Robert Burton greift hier die Geschichte auf:

«Nachdem er etwas gegessen hatte, ging er, um Demokrit zu besuchen, und die Leute folgten ihm. Er traf ihn in seinem Garten an ... Nach einer kleinen Weile grüßte er ihn ... Hippokrates lobte sein Werk und bewunderte sein Glück und seine Muße. ‹Und warum›, fragte Demokrit, ‹hast du diese Muße nicht auch?› Hippokrates antwortete: ‹Weil häusliche Angelegenheiten uns daran hindern, das zu tun, was nötig wäre für uns selbst, unsere Nachbarn und Freunde; Geldausgaben, Krankheiten, Schwächen, Todesfälle passieren, Frau, Kinder, Diener und mancherlei Geschäfte stehlen uns die Zeit.› Auf diese Worte lachte Demokrit schallend (seine Freunde und die anderen Leute standen dabei und weinten und klagten über solchen Wahnsinn). Hippokrates fragte nach dem Grund seines Gelächters. Er sagte: ‹Wegen der Eitelkeiten und Narreteien der Zeit, wegen der Menschen, die so bar aller rechtschaffenen Taten sind und so gierig nach Gold ohne Ende; die so unendliche Mühen für ein wenig Ruhm auf sich nehmen und nach der Gunst der Menschen suchen; die so tiefe Minen nach Gold in die Erde treiben und oft nichts finden und dabei Leben und Vermögen verlieren ... Ist dieses Verhalten nicht der Ausdruck ihrer unerträglichen Torheit? Wo Menschen in Frieden leben, trachten sie nach Krieg, verabscheuen die Ruhe, entthronen Könige und setzen andere an ihre Stelle ... Wenn sie arm und bedürftig sind, suchen sie nach Reichtum, und wenn sie diesen erlangt haben, erfreuen sie sich nicht daran, sondern verstecken ihn unter dem Boden oder verschwenden ihn. O weiser Hippokrates, ich lache, wenn all das geschieht, aber noch viel mehr, wenn nichts Gutes dabei herauskommt und der Zweck so schlecht ist. Wahrheit und Gerechtigkeit sind bei ihnen nicht zu finden, denn sie streiten Tag für Tag miteinander, der Sohn mit dem Vater und der Mutter, der Bruder gegen den Bruder, den Verwandten, den Freund; und all das wegen Reichtümer, die sie nach dem Tod nicht mehr besitzen können. Und trotzdem verleumden und töten sie einander und begehen gesetzlose Taten und verachten Gott und die Menschen, Freunde und ihr Land. Sie machen viel von manchen sinnlosen Dingen her und halten sie für einen großen Schatz: Statuen, Bilder und ähnliche Gegenstände, teuer gekauft und so geschickt gearbeitet, daß ihnen nichts fehlt als die Sprache, und sie hassen es, wenn lebende Personen zu ihnen sprechen. Andere lieben das Schwierige; leben sie auf dem Festland, so ziehen sie auf eine Insel um und dann wieder auf das Land, da sie ganz unbeständig in ihren Wünschen sind. Sie treten für Mut und Stärke bei Kriegen ein und lassen sich doch von der Lust und der Habsucht beherrschen ... Und nun scheint es mir, o würdigster Hippokrates, daß du mein Lachen nicht tadeln darfst, wenn du so viel Torheit bei den Menschen findest; denn niemand spottet über seine eigene Torheit, sondern über die, die er bei einem anderen sieht, und ist es so nicht nur logisch, daß sie über einander spotten ... Wenn ich sehe, wie die Menschen so launenhaft, so albern, so zügellos sind, warum sollte ich nicht über sie lachen, die Torheit für Weisheit halten, sich nicht belehren lassen und es gar nicht bemerken?›

Es wurde spät. Hippokrates verließ ihn, und kaum war er etwas entfernt, strömten die Leute zu ihm her, um zu erfahren, wie er ihm gefallen habe. Er sagte ihnen kurz, daß die Welt, trotz jener kleinen Nachlässigkeiten bei der Kleidung, der Körperpflege, der Nahrung, keinen weiseren, gelehrteren, redlicheren Mann besitze und daß sie sich sehr täuschten, wenn sie ihn für verrückt hielten.»[1]

Diese Geschichte veranschaulicht sehr gut zwei Punkte. Die Diskussion über den zweiten Punkt wollen wir bis zum Ende des Kapitels aufschieben; der erste Punkt ist der folgende: Schon vor Jahrhunderten war, genau wie heute, krankhaftes, übermäßiges Gelächter für die allgemeine Meinung ein Zeichen der Verrücktheit. Charles Baudelaire beschrieb diese Haltung mit der Bemerkung: «Gelächter ist eines der häufigsten Anzeichen von Wahnsinn.»[2] Die praktischen Folgen aus dieser Auffassung sind nicht zu übersehen. Patienten, die an einer der im vorhergehenden Kapitel behandelten organischen Erkrankung des Nervensystems leiden, befürchten häufig, daß man sie wegen ihres unkontrollierten Gelächters für verrückt hält.

Dieser Glaube ist sogar in die Ausdrucksweise eingegangen, mit der wir geistige Störungen beschreiben und beurteilen. Es besteht eine erstaunliche Überschneidung in der Umgangssprache zwischen den Wörtern, mit denen wir ein Verhalten als geistig gestört beschreiben, und denen, die wir zur Charakterisierung eines komischen Verhaltens anwenden. Diese Zweideutigkeit erstreckt sich sogar auf das Wort «komisch» selbst. Ein «komisches Verhalten» kann genausogut ein gestörtes wie ein lustiges Verhalten bezeichnen. Komische Personen, Handlungen oder Vorfälle werden als «spinnig», «blöd», «verrückt», «hysterisch», «wahnsinnig», «irre» usw. charakterisiert. Dieselben Bezeichnungen verwendet man manchmal auch im Alltagsgespräch, um Handlungen und Vorstellungen als geistig gestört zu charakterisieren.

Die Bedeutung solcher Zusammenhänge kann kaum überschätzt werden. Ja, das Wechselspiel zwischen diesen beiden Begriffen – dem Verrückten und dem Komischen – hatte schon immer einen großen Reiz für den Menschen, sowohl im Leben als auch in der Literatur und der Wissenschaft.

Dramatiker, Dichter und Romanautoren haben eine endlose Reihe von literarischen Werken hervorgebracht, in denen der «Narr» – der Verrückte, der geistig Behinderte oder der Berufskomiker – paradoxerweise das Sprachrohr für Weisheit und Wahrheit ist. Ein dem wirklichen Leben entnommener Charakter wurde von Künstlern verwandelt zum symbolischen Interpreten tiefsinniger philosophischer Probleme des Lebens und der beherrschenden Wirklichkeit. Shakespeare hat zum Beispiel auf großartige und schöpferische Weise in seinem ‹*König Lear*› von dieser Technik Gebrauch gemacht.

Man darf indessen nicht glauben, daß der Zusammenhang von Geisteskrankheit und Heiterkeit nur dem nichtmedizinischen Publikum und der dichterischen Phantasie bekannt sei. Er ist genauso in der Fachliteratur der Psychologie, Psychiatrie und Medizin zu finden. So wie Bühnenschriftsteller den Typ des Verrückten aus dem wirklichen Leben übernommen und für dramatische Zwecke verwendet haben, so erfuhr auch der Clown in umgekehrter Richtung das gleiche Schicksal. Er wurde benutzt als eine Schöpfung der Phantasie, der eigentlich im «wirklichen», alltäglichen Leben kein Platz zukommt, aber durch die das Verhalten des Wahnsinnigen beschrieben wurde. Karl Kahlbaum, der Psychiater, der als erster die katatonische Schizophrenie erwähnte, sprach von der «Clownerie» der an Manie Leidenden.[3]

Auch in den modernsten Lehrbüchern der Psychiatrie werden verschiedene geistige Störungen mit genau denselben Begriffen beschrieben und definiert, die man verwendet, um Menschen, Ereignisse und Bemerkungen als lustig, humoristisch oder zum Lachen reizend zu charakterisieren. In vielen Texten sind Abschnitte, die das Verhalten von Personen mit geistigen Störungen beschreiben, voll von Wörtern wie «spaßig», «blöd», «schrullig», «absurd», «lächerlich» und «witzig».

In grausameren und weniger aufgeklärten Zeiten wurden diese Zusammenhänge völlig pervertiert. So wurden einst Menschen mit geistigen Störungen zur Ergötzung und Erheiterung des Publikums öffentlich ausgestellt, sogar in Institutionen, die angeblich dafür eingerichtet worden waren, um für sie zu sorgen. Verrückte und geistig Behinderte wurden im Altertum und im Mittelalter als Hofnarren gehalten, damit der Herrscher und sein Gefolge sich an ihrer Komik ergötzen konnten.

Heute sind wir entsetzt darüber, daß so etwas jemals möglich war. Unser Entsetzen sollte uns immer an etwas sehr Wichtiges erinnern: Die Ähnlichkeit der Symptome bei Humor und Wahnsinn bedeuten nicht, daß eine Psychose eine lustige Angelegenheit ist oder daß man sich im Recht fühlen dürfte, wenn man über Psychotiker lacht. Eine Psychose gehört zu den bedrückendsten Formen menschlichen Leidens, und der Psychotiker selbst ist mehr als alle anderen Menschen verletzt, wenn über ihn gelacht wird.

Das deutet auf eine ganz wichtige Unterscheidung hin, die – wie wir hoffen wollen – einen wirklichen sozialen Fortschritt widerspiegelt. Es ist ein großer Unterschied, ob eine Gesellschaft böses und herzloses Gelächter über Verrückte erlaubt oder sogar fördert, oder ob in Lehrbüchern Ausdrücke wie «lächerlich» und «spaßig» zur Charakterisierung von Geisteskrankheiten gebraucht werden. Solche Ausdrücke sollen in diesen Büchern die Patienten nicht lächerlich machen, sondern sie beschreiben und damit dem Arzt dazu verhelfen, seine Patienten zu diagnostizieren und schließlich zu behandeln und zu heilen.

Die Schizophrenie, die man früher *Dementia praecox* nannte, stellt in Wirklichkeit eine ganze Gruppe von Geisteskrankheiten dar, deren Charakteristika verlorengegangener Kontakt mit der Wirklichkeit, akustische und optische Halluzinationen und schwerwiegende Störungen des Denkens und Fühlens sind. Die Schizophrenie wurde lange mit einer gewissen Art von krankhaftem Lachen in Verbindung gebracht, sogar schon von den Klinikern, die sie zuerst klassifizierten. Emil Kraepelin, eine einflußreiche Figur in der Entwicklungsgeschichte der modernen Psychiatrie, schrieb von «dem leeren, läppischen Lachen, das wir in der Dementia praecox unendlich oft beobachten. Diesem Lachen entspricht keine heitere Stimmung; einzelne Kranke beklagen sich geradezu, daß sie lachen müßten, ohne daß ihnen lächerlich zumute sei.»[4]

Sein Zeitgenosse Eugen Bleuler bemerkte über die Schizophrenie:

«Von affektiven Störungen ist namentlich zwangsmäßiges Lachen häufig; es hat selten den Charakter des hysterischen Lachkrampfs, sondern den einer seelenlosen mimischen Äußerung, hinter der man kein Gefühl bemerkt . . . Manchmal fühlen die Kranken nur die Bewegungen der Gesichtsmuskeln (‹das ziehende Lachen›).»[5]

Es erscheint paradox, daß Schizophrene über Situationen, die die meisten von uns nicht für lustig halten würden, übermäßig lachen, während sie sich aber über wirklich humoristische Ereignisse oder Scherze nicht freuen können. Tatsächlich ist ein weiteres Merkmal der Schizophrenie die «Anhedonie», eine krankhafte Unfähigkeit zu echter Freude und Heiterkeit.

Ich habe in den Gemeinschaftsräumen psychiatrischer Anstalten Patienten mit akuter Schizophrenie gesehen, die trübselig vor dem Fernsehgerät saßen und, ohne zu lachen oder zu lächeln, auf die abendliche Dosis an Situationskomik starrten. Ihr Gesichtsausdruck bei der Betrachtung dieser doch als humorvoll geltenden Sendungen war ernst und angespannt, vielleicht sogar noch mehr, als wenn sie die unerfreulichen, üblen Rührstücke des Nachmittagsprogramms ansahen.

Von den speziellen Arten der Schizophrenie ist die Hebephrenie am stärksten durch Fehlfunktionen des Lachens und des Humors gekennzeichnet. Die hebephrene Schizophrenie beginnt im jugendlichen Alter und ist meist durch Verhaltensstörungen und Ausdrucksverzerrungen sowie abrupte Stimmungsschwankungen gekennzeichnet.

Fragt man hebephrene Patienten, warum sie lachen oder worüber sie lachen, so haben sie möglicherweise genug Einsicht, um zu erwidern, daß sie wissen, daß ihr Lachen ein Symptom ihrer Krankheit ist. Manchmal berichten sie auch, daß das Lachen bei ihnen eine gewisse Lösung von Spannungen bewirkt; nach dem Lachen fühlen sie sich nicht mehr ganz so angstvoll wie vorher. Es scheint also, als benützten sie ihr Gelächter als Mechanismus zur Entladung von Angstzuständen.

Schließlich darf man nicht vergessen, daß zwar unmotivierte Heiterkeit ein Symptom dieser Krankheit ist, daß aber die Rückkehr zu normalen Reaktionen der Heiterkeit die Heilung des Patienten von seiner Psychose ankündigen oder offenbaren kann. Ich erinnere mich gut an meine erste schizophrene Patientin, die ich behandelte, und wie enttäuschend es war, so viele Tage und sogar Wochen weiterzumachen, ohne eine echte Kommunikation mit dieser Frau herstellen zu können. Sie hatte sich anscheinend aus der Wirklichkeit sehr weit entfernt, und was sie sagte, blieb mir unverständlich. Ich denke noch an meine Freude, als diese Frau mir schließlich zulächelte, und zwar nicht mit jenem «leeren» Lächeln der Schizophrenie, sondern einem Lächeln echter menschlicher, humorvoller Wärme.

Paranoia, eine als selbständige Wahnkrankheit aufgefaßte Seelenstörung, wird heute als eine spezifische Form der Schizophrenie aufgefaßt. Menschen, die an dieser Krankheit leiden, sind manchmal außergewöhnlich empfindlich und mißtrauisch. Das hervorstechendste und häufig einzige Merkmal der Krankheit ist der Wahn, der sich als Liebes-, Größen- und Verfolgungswahn äußern kann. Er ist meist zu einem in sich logischen System ausgebaut und durch Gegeneinwände nicht zu entkräften.

Paranoiden Menschen fehlt ganz der Sinn für Humor. Sie können nicht über sich und ihre Schwächen lachen; Witze, die man über sie macht, nehmen sie zu ernst. Sie empfinden einen solchen Scherz gern als einen offen feindseligen Angriff, als einen unverzeihlichen Affront oder gar als Bedrohung ihres Lebens oder Wohlergehens. Andererseits kann man sagen, daß paranoide Menschen nicht fähig sind, jene Perspektive zu gewinnen, von der aus manche Dinge in dieser Welt einen leicht komischen Aspekt bekommen. Im Seelenleben des Paranoiden scheint es kaum Bereiche zu geben, die ein gesundes, herzhaftes Lachen verdienen würden.

Die Manie ist ein Zustand, der sich in mancher Hinsicht als das Gegenteil der Depression erweist. Manische Patienten scheinen über ein fast unbegreifbar großes Energiereservoir zu verfügen. Hastig und voller Aktivität stürmen sie ständig umher und schwatzen in einer aufgeregten, frohen Weise. So stark ist dieser «Rededrang», diese Notwendigkeit, die vielen übersprudelnden großartigen Gedanken und Gefühle in Worte zu bringen, daß sie geradezu heiser werden und die Stimme fast verlieren.

Es ist in ihrem eigenen Interesse wichtig, daß manische Patienten während ihrer Höhenflüge im Zaum gehalten werden. Sie neigen dazu, extravagante Pläne zu entwerfen, um die Welt zu retten oder riesige Summen Geldes zu gewinnen, und da ihr Kritikvermögen während dieser Perioden stark verringert ist, könnten sie versuchen, ihre unrealistischen Absichten in die Tat umzusetzen, wenn man sie nicht zurückhält.

Ausgeprägte und hemmungslose gute Laune ist ein Kennzeichen der Manie. Diese Patienten reißen ständig Witze und schäumen über von witzigen Bemerkungen, und sie lachen gern. Im allgemeinen ist ihr Humor, wenigstens anfangs, angenehm und erfreulich. Wer sich aber in den Fängen der Manie befindet, kann kaum die Geduld zu seinen Tugenden rechnen. Wenn also die geringste Enttäuschung oder ein Hindernis die Absichten des Kranken durchkreuzen, wird sein Humor rasch sardonisch, beißend und beleidigend.

Die gute Laune und das frohe und lustige Verhalten der an Manie Leidenden können überaus ansteckend sein. Aus diesem Grund ist es interessant, Videobänder von Sitzungen zu betrachten, in denen Psychotherapeuten Menschen mit manischen Störungen befragen. In solchen Situationen kommt es vor, daß der Arzt, wenn der Patient in seiner Euphorie durch das Zimmer hüpft, wie angesteckt selbst spritzig, heiter und fröhlich wird. Das Gelächter manischer Patienten hat ganz charakteristische Züge. Obwohl es als eine Reaktion auf situationsbedingte Momente entsteht, klingt es doch hastig, gezwungen, laut und ungeduldig.

Die Hysterie gehört zu den klassischen Geisteskrankheiten, die große Klassifizierungsprobleme aufwerfen. Diese Schwierigkeit entsteht durch die Vielfalt der Symptome, die diese Krankheit dem Arzt anbietet. Typisch ist zum Beispiel, daß der Patient mit einer ganzen Liste von Beschwerden ankommt, für die man keine organische Ursache finden kann. Der Patient leidet vielleicht unter einer unerklärlichen Lähmung einer seiner Extremitäten oder dem Ausfall einer Sinnesfunktion, wie etwa dem Gehör. Die Untersuchung ergibt dann im allgemeinen, daß diese rätselhaften Symptome die Folge emotionaler Konflikte sind, deren sich der Patient nicht völlig bewußt ist, Konflikte, die in das Unterbewußte verdrängt wurden, weil die emotionale Qual einer bewußten Konfrontation vom Patienten nicht hätte ertragen werden können.

Auch die Bewußtseinsspaltung kann ein hervorstechendes Merkmal der Hysterie sein. Bei der Bewußtseinsspaltung werden ganze Aspekte der Persönlichkeit oder des Verhaltens sozusagen vom Bewußtsein der Person abgetrennt und der Kontrolle durch ihre Willenskraft entzogen. Das wohl am häufigsten dramatisierte und popularisierte Beispiel dafür ist die sogenannte «mehrfache Persönlichkeit», bei der sich zwei oder mehrere verschiedene «Personen» durch denselben Körper manifestieren. Aber es gibt auch noch andere Formen der Bewußtseinsspaltung: Fluchtzustände, bei denen Menschen ihr Zuhause verlassen und schließlich weit weg in fremder Umgebung «ankommen» und sich nicht erinnern können, wie sie dorthingelangt sind; und auch gewisse dramatische Fälle von Gedächtnisverlust.

Leicht ausgelöste, häufige und theatralische Ausbrüche von Lachen und Weinen kennt man schon lange als Zeichen der Hysterie. Dr. Eugen Bleuler schreibt in seinem *‹Lehrbuch der Psychiatrie›*: «Lach- und Weinkrämpfe ohne klare Motivierung sind nicht selten.»[6] Gelegentlich hört man von Personen, die von unstillbarem Lachen überwältigt werden, das geradezu unglaublich lange Zeit anhalten kann. Robert Burton zitiert Wolfius, der einen Mann beschreibt, der «zufällig bei einer Predigt anwesend war und eine Frau halb im Schlaf von ihrer Bank fallen sah, worüber die meisten Anwesenden lachten, während er seinerseits so sehr davon irritiert war, daß er die folgenden drei Tage unentwegt lachte, wodurch er sehr geschwächt wurde und lange Zeit übel daran war»[7].

Der amerikanische Physiologe Walter Cannon berichtet von einem Mann, der um zehn Uhr morgens zu lachen begann und bis vier Uhr nachmittags nicht mehr aufhören konnte.

Lachanfälle dieser Art wird man als «hysterisches Lachen» bezeichnen, und das trifft vermutlich auch zu. Dr. Franz Alexander, einer der Pioniere auf dem Gebiet der psychosomatischen Medizin, gab eine interessante Erklärung für das hysterische Lachen als Bewußtseinsspaltung.[8] Er meinte, daß

Lachen dazu dient, Emotionen auszudrücken und gleichzeitig emotionale Spannungen abzuführen. Da beim hysterischen Lachen der Lacher gerade die Emotionen unterdrückt hat, die das Lachen normalerweise ausdrücken möchte, hat der Betroffene bewußt keine Vorstellung davon, warum er lacht. Infolge dieser Abspaltung des Lachens von den unterdrückten Emotionen kommt es bei der betreffenden Person auch nicht zu einer Abfuhr der Spannung, die im allgemeinen beim Lachen stattfindet. Das ist der Grund für die Unkontrolliertheit und beträchtliche Dauer des Lachens.

Wir haben also gesehen, daß manche der klassischen Typen geistiger Störungen Mängel, Veränderungen oder Absonderlichkeiten beim Lachen und Humor mit sich bringen. Aber hier ist so vieles im Spiel, das man schwer, wenn überhaupt, mit Worten beschreiben kann. Man kann zum Beispiel die Eigenart des schizophrenen Lachens kaum in Worte fassen. Man muß es hören, um solche Beschreibungen nachfühlen zu können. In gewisser Weise kann der Eindruck, den die beschriebenen Formen des Gelächters machen, besser von Dichtern und Schriftstellern beschworen werden als von der nüchternen, wissenschaftlichen Prosa der Lehrbücher. Vielleicht ist es das hohle Gelächter der Schizophrenie, das Edgar Allen Poe in einer besonders eindrucksvollen Zeile beschreibt. In einem Gedicht im Text seiner Geschichte ‹*Der Fall des Hauses Usher*› schreibt er über ein verhextes Schloß, aus dem «. . . ein abscheuliches Gedränge ewig herausstürmt und lacht, nur nicht mehr lächelt». Auch Thomas Gray hatte wohl das manische Gelächter im Sinn, als er von «übelgelauntem Wahnsinn, wildem Lachen» schrieb.

Es genügt jedoch nicht, die krankhaft erscheinenden

Bilder der Heiterkeit bei den eklatanteren Störungen des Denkens, Fühlens und Verhaltens zu betrachten, die bei den sogenannten Geisteskrankheiten vorkommen. Denn es gibt keine scharfe Trennungslinie zwischen den Verhaltensweisen, die wir den Geisteskrankheiten zuordnen, und denjenigen, die wir als normal empfinden; die Grenzen sind hier fließend.

In dieser Grauzone gibt es zahlreiche Zustände, die man insofern als Krankheiten bezeichnen kann, als sie den Menschen, die unter ihnen leiden, Qualen und Kummer bereiten. Man könnte zwar einwenden, daß Leiden von dieser Art nicht in den Bereich der Medizin gehören, aber in der Praxis ist es doch so, daß die Menschen auch mit solchen Klagen zum Arzt kommen. Es ist daher schon berechtigt, solche Zustände im medizinischen Zusammenhang zu erörtern.

Drei Störungen, die zu dieser Kategorie gehören, sind für uns von besonderem Interesse, weil sie auf verschiedene Weise mit unmotiviert erscheinender Heiterkeit einhergehen. Zwei davon – Schüchternheit und Langeweile – sind ebenso weit verbreitet wie bekannt. Die dritte, die ich «konträres Lachen» nenne, ist gleichfalls verbreitet, aber weder in der medizinischen Literatur noch in der Öffentlichkeit sehr bekannt.

Schüchternheit ist ein Zustand, den man nur schwer genau definieren kann, obwohl fast jedermann in der Lage dazu ist, ein gewisses Verhalten als bezeichnend dafür zu erkennen. Ich glaube, daß wegen dieses Problems mehr Kinderärzte als andere Spezialärzte konsultiert werden. Eltern bringen vielleicht ihr Kind wegen einer Routineuntersuchung zum Arzt, und in deren Verlauf erwähnt die Mutter oder der Vater mit einiger Sorge, daß das Kind ungewöhnlich schüchtern sei. Auch Psychiater und Psychologen hören häufig Klagen ihrer Patienten, sie seien schüchtern.

Es ist interessant, daß Patienten, die zugeben, daß sie wegen ihrer Schüchternheit Schwierigkeiten haben, mit anderen Menschen in Verbindung zu kommen, oft beiläufig bemerken, daß sie befürchten, die anderen würden über sie lachen. Sie führen vielleicht sogar ihre Schüchternheit darauf zurück, daß sie in ihrem früheren Leben gehänselt und verlacht worden seien und berichten manchmal schmerzliche Kindheitserinnerungen an solche Vorfälle.

Eigentlich ist es nicht wahrscheinlich, daß Menschen, die viel lachen und scherzen, von anderen für schüchtern gehalten werden; aber man darf nicht vergessen, daß der Schein trügen kann. Meistens glaubt man, daß Komiker aus sich herausgehende, selbstsichere Leute sind, und doch hat eine Studie dieser Gruppe ergeben, daß viele von ihnen sich als sensible, schüchterne Menschen bezeichnen.

Sowohl gelangweilt als auch langweilig zu sein, sind Zustände, die in gewisser Weise auf einen Mangel an Humor schließen lassen. Es gibt Leute, die bei ihrem Arzt darüber klagen, daß sie sich immerzu langweilen. Obwohl man sich natürlich darüber klarsein muß, daß solche Klagen einfach eine getarnte Depression oder, schlimmer noch, ein Vorbote von Anhedonie oder beginnender Schizophrenie sein können, besteht kein Zweifel, daß es viele Menschen gibt, für die die Langeweile selbst das Hauptproblem ist. Einer chronisch gelangweilten Person fehlt die Gabe, sich zu freuen, sich zu amüsieren, Spaß zu haben und zu lachen.

Da ein immer größerer Teil der Bevölkerung über mehr und mehr Freizeit verfügt, wird das Problem für diejenigen, die einfach nicht wissen, was sie mit ihrer Zeit anfangen sollen, immer größer. Dieses Dilemma ist so drückend geworden, daß kommerzielle Beratungsinstitute entstanden sind, die nichts anderes tun, als arbeitswütigen Personen dabei behilflich zu sein, unterhaltsame Dinge zu finden, die sie in ihrer Freizeit tun können.

Dem Gelangweilten fehlt der Humor insofern, als er sich und seine Interessen zu ernst nimmt. Aber der Endeffekt ist hier, daß andere sein Leiden zu spüren bekommen. Er ist nicht fähig, anderen Freude zu machen oder sie zu animieren, mit ihm zusammen zu lachen. (Natürlich ist es möglich, daß sie *über* ihn lachen, und zwar gewöhnlich hinter seinem Rücken.)

Schließlich gibt es in dieser Grauzone des nicht ganz normalen Humors eine Gruppe von Menschen, die von konträrem Lachen heimgesucht werden. Auf traurige Nachrichten, Ereignisse und Situationen, bei denen man normalerweise Weinen als Reaktion erwarten würde, brechen diese Menschen in Lachen aus. Personen mit konträrem Lachen berichten zum Beispiel, daß sie bei Begräbnissen lachen oder wenn sie den Tod eines Freundes oder Verwandten oder sonstige betrübliche Nachrichten erhalten. Sie sagen dann, daß sie bei solchen Gelegenheiten die normalen Gefühle der Trauer und des Kummers empfinden; aber es ist eben so, daß Lachen anstatt Weinen als Ausdrucksreaktion in Erscheinung tritt. Sie klagen oft, daß dieses Verhalten für sie eine schlimme Quelle der Verlegenheit ist; sie grämen sich darüber, was andere, die sie hören, darüber denken oder sagen.

Die Verfasser einer 1897 veröffentlichten Studie sammelten viele Beispiele dieses Verhaltenstyps. Sie stellten fest:

«So verschieden Vergnügen und Schmerz sind, ihr Ausdruck ist doch nicht so unähnlich, als daß er nicht in Fällen von Unreife, Hysterie oder extremer Herausforderung sich vertauschen könnte. Folgende Fälle sind Beispiele dafür: Eine Gruppe junger Leute beiderlei Geschlechts zwischen 19 und 24 studierten gemeinsam, als ihnen der Tod eines Bekannten mitgeteilt wurde. Sie schauten einander eine Sekunde lang an und fingen dann alle zu lachen an, und es dauerte eine gewisse Zeit, bis sie wieder ernst wurden. – F., 20. Muß immer lachen, wenn sie von einem Todesfall hört, und muß bei einer Trauerfeier die Kirche verlassen, weil sie kichern muß. F., 18. Als sie die Nachricht vom Tod eines früheren Schulkameraden erhielt, tat ihr das sehr leid, aber sie konnte ihre Gefühle nicht beherrschen und lachte so herzhaft wie immer. Obwohl sie sich anstrengte, ernst zu bleiben, mußte sie wiederholt in Lachen ausbrechen. F., 19. Sie lacht oft, wenn sie Leute vom Tod ihrer Freunde sprechen hört, nicht weil sie das lustig fände, sondern weil sie nicht anders kann.»[9]

Dieser Aufzählung kann man den von einem anderen Autor erwähnten Fall einer Frau hinzufügen, die sich im Getriebe einer Maschine verfangen hatte und gerade noch vor Verstümmelung oder Tod gerettet werden konnte. Als Reaktion brach sie über einem Tisch zusammen und lachte schallend.

Solche Reaktionen kommen den meisten als überaus selten vor, aber ich habe nicht wenige getroffen, die von diesem Problem berichten, und ich glaube, es ist verbreiteter, als man allgemein weiß. Statistisch ist es gewiß weniger verbreitet als das Gegenteil, nämlich über lustige Dinge zu weinen, was so häufig ist, daß man es für ganz normal hält. Beide Phänomene erhärten die Behauptung, daß es sich beim Lachen und Weinen um sehr eng miteinander verwandte Reaktionen handelt.

Da Menschen, die an konträrem Lachen leiden, sich deswegen wahrscheinlich schämen, muß man nachdrücklich klarmachen, daß dieser Typ von Lachen, auch wenn er sozial fehl am Platz ist, kein Zeichen von Schizophrenie oder anderen geistigen Störungen ist. Vielleicht ist es so, daß diese Menschen buchstäblich «lachen, um nicht zu weinen». Um Lord Byrons Worte aus dem ‹*Don Juan*› zu zitieren: «Und wenn ich über etwas Sterbliches lache / Dann ist es, um nicht zu weinen.»

Um kurz zusammenzufassen: Meiner Meinung nach spielen Abweichungen beim Lachen und beim Humor eine sehr bedeutende Rolle bei Geisteskrankheiten, und infolgedessen ist das Verständnis von Humor und Lachen sehr wichtig für das Verständnis von Geisteskranken. 1900 veröffentlichte Sigmund Freud ein Buch über Träume und ihre Bedeutung im psychologischen Leben des Menschen (‹*Die Traumdeutung*›). 1905 kam sein Buch über Lachen, Humor und das Komische heraus (‹*Der Witz und seine Beziehungen zum Unbewußten*›). Seither ist seine Psychologie der Träume zum Mittelpunkt einer Diagnosetechnik und Therapie geistiger und emotionaler Störungen geworden. Angenommen, er hätte sein Buch über den Witz zuerst geschrieben – wäre dann heute die Psychiatrie ganz anders? Vielleicht . . .

Am Anfang dieses Kapitels sagte ich, daß die Geschichte von Demokrit und Hippokrates zwei Punkte veranschauliche und daß die Erörterung des zweiten bis zum Ende des Kapitels aufgeschoben würde. Dieser Punkt ist, kurz gesagt, folgender: es gibt einen großen Unterschied zwischen dem Lachen des Wahnsinns und einer, wie man sagen könnte, lachenden Haltung gegenüber dem Leben. Das Lachen des Wahnsinns haben wir soeben beschrieben. Was können wir nun also über die lachende Einstellung zum Leben sagen?

Einigen Menschen, vielleicht nur sehr wenigen, gelingt es, eine Perspektive zu gewinnen, von der aus viele Schwächen der Menschheit als eine auf der Bühne aufgeführte Komödie erscheinen. Diese Menschen sind oft scharfe Analytiker und erkennen die Widersprüche in den Taten und Worten ihrer Mitmenschen, ohne dadurch ihre Liebe zu ihnen zu verlieren. Sie handeln, als hätten sie die Wahl gehabt zwischen einer sie zu Boden drückenden Verstrickung in die weltlichen Dinge oder der Möglichkeit, sich von diesen Ereignissen zu lösen und sie einfach zu genießen. Eine solche philosophische Betrachtungsweise kann, obwohl sie selten ist, nicht als psychotische Krankheit bezeichnet werden. Ja, man könnte sogar behaupten, daß diese Einstellung ein Zeichen emotionaler Gesundheit sei. Es ist also wichtig, daß man diese Weltschau nicht mit dem Gelächter des Verrückten verwechselt. Demokrits Freunde, denen nur ziemlich ungenaue Kriterien für Geisteskrankheit zur Verfügung standen, hatten in ihrer Sorge um ihn diesen Fehler gemacht. Hippokrates konnte in seiner Weisheit die beiden unterscheiden.

VI

Pathologie des Lachens: Berufliche Risikofaktoren und Kunstfehler der Ärzte

Die moderne Medizin ist sich durchaus der Bedeutung bestimmter Umweltfaktoren bei der Verursachung gewisser Krankheiten bewußt. Dabei handelt es sich nicht notwendigerweise um naturbezogene Umweltfaktoren, die nicht in der Natur liegen, sondern um diejenigen, die durch Gewohnheiten und Tätigkeiten des Menschen bedingt sind. Zwei Zweige der Medizin, die in erster Linie hierher gehören, sind die Arbeitsmedizin und die iatrogenen Krankheiten, die immer Folgeerscheinungen eines ärztlichen Kunstfehlers sind. Die Arbeitsmedizin setzt sich mit den Krankheiten auseinander, die durch belastende Risikofaktoren am Arbeitsplatz entstehen. Diese beiden Gebiete haben einen großen Einfluß auf unsere Untersuchung über die Pathologie des Lachens und des Humors, und wir wollen uns nun ihrer jeweiligen Bedeutung zuwenden.

Kontraindikationen:
Wo Humor nicht angewandt werden sollte

Hippokrates formulierte den Grundsatz: «Vor allem, schade nie!» und machte ihn zum ersten Hauptsatz seines Kodex ärztlicher Ethik. In unserer heutigen medizinischen Welt bekommt dieses Motto eine immer größere Bedeutung. In dem Maß, wie die immer kompliziertere Technik und die medikamentösen Indikationsmöglichkeiten vielfältiger werden, wächst die Gefahr ihres falschen Gebrauchs. Fast alle Medikamente und medizinische Maßnahmen haben ihre Kontraindikationen. Das heißt, es gibt Umstände, wo man sie nicht anwenden darf, weil sie unter diesen besonderen Bedingungen für den Patienten schädlich wären. So ist zum Beispiel Aspirin, das für die meisten Menschen, die an Schmerzen, Fieber oder Entzündungen leiden, so segensreich ist, bei Patienten, die einmal Magengeschwüre gehabt haben, kontraindiziert. Denn es ist eine der Nebenwirkungen des Aspirins, die Fähigkeit zur Blutgerinnung zu verringern. Aspirin kann daher erneute Blutungen aus den Geschwüren verursachen.

Solche Tatsachen sind uns eine Warnung davor, Humor und Lachen innerhalb eines medizinischen Rahmens falsch einzusetzen. Einige der historischen Vorkämpfer der Humortherapie, deren Meinungen wir in einem früheren Kapitel zitiert haben, waren sich dieser Gefahr bewußt. Burtons begeistertes Plädoyer für die Heiterkeitstherapie bei Melancholie ließ ihn dennoch nicht übersehen, daß der *Typ* des Humors, der in der Therapie angewandt werden soll, von wesentlicher Bedeutung ist und daß man mit einem falschen Typ schweren

Schaden anrichten kann. Ja, er führte «schlechte Scherze» sogar als Grund für Melancholie auf:

«Ein altes Sprichwort sagt: ‹Ein Hieb mit einem Wort geht tiefer als ein Hieb mit dem Schwert› . . . Auf solche Art werden viele Menschen so getroffen, niedergeschlagen und deprimiert, daß sie sich nicht mehr erholen. Melancholiker oder Menschen, die zur Melancholie neigen, reagieren empfindlicher als andere auf diese Art der Kränkung; sie grübeln beständig darüber nach, so daß die Kränkung zu einer schweren Verwundung wird, die erst die Zeit heilen kann.

Gewisse skurrile Scherze und Sarkasmen sollte man daher keinesfalls anwenden; ganz besonders nicht bei Menschen, die sich im Elend befinden oder sonst verzweifelt sind.»[1]

Burton warnte auch davor, die Humortherapie zu weit zu treiben. Er betonte, daß es denkbar sei, daß der Arzt, wenn er eine humoristische Haltung allzu sehr betone, seinen jammervollen, todernsten Patienten dazu ermutigen könnte, sich in die entgegengesetzte Richtung zu verirren.

«Aber bedenke die Gefahr: Viele Menschen, die wissen, daß eine fröhliche Gesellschaft die einzige Medizin gegen Melancholie ist, werden nun ihre Alltagsgeschäfte vernachlässigen und ins andere Extrem verfallen, indem sie den ganzen Tag mit guten Kameraden in der Weinstube oder in der Bierkneipe verbringen und keinen anderen Zeitvertreib wissen, als zu trinken – wie die Frösche im Dorfteich.»[2]

Noch über Burtons Zugeständnisse hinaus muß zweifellos in bezug auf manche Menschen von einer Humortherapie abgeraten werden. Drei verschiedene Gruppen von Patienten, die zu dieser Kategorie gehören, möchte ich hier erwähnen: Erstens diejenigen, bei denen Lachen und Freude Schuldbewußtsein und das Gefühl, bedroht zu werden, hervorrufen; zweitens Menschen mit einer konstitutionellen Besonderheit, bei der Freude und fröhliche Stimmung unangenehme physische Symptome mit sich bringen; und drittens diejenigen, die eine Krankheit oder Verletzung haben, bei der das Lachen ungünstige Folgen hat.

Zur ersten Gruppe: Es ist allgemein bekannt, daß manche Personen geradezu Angst vor Freude, froher Stimmung, Vergnügen und anderen normalerweise positiven Gemütszuständen haben. Viele dieser Menschen empfinden Schuld-, Scham- oder Minderwertigkeitsgefühle, wenn sie freudig gestimmt oder einfach vergnügt sind. Daran sind im allgemeinen ungelöste emotionale Konflikte schuld, die gewöhnlich auf viel frühere Lebensperioden zurückgehen und deren sie sich vermutlich gar nicht bewußt sind. Eine besondere Untergruppe dieser Menschen verachtet Humor und Lachen. Diese Charaktere vermeiden bewußt herzhaftes Lachen und Fröhlichkeit, wobei sie ihr Verhalten oft mit puritanischen oder asketischen Maximen oder Anstandssitten begründen. Meredith charakterisierte solche Leute sehr gut:

«Es gibt in dieser Welt Menschen, die man ‹Agelasten› nennen könnte, das heißt: Nicht-Lacher . . . Der alte graue Felsblock, der seine Wanderung vom Berg ins Tal beendet hat, rollt eher wieder hinauf, als daß diese Menschen lachen. Es ist nur ein Schritt vom Agelasten zum Misogelasten, und die das Lachen hassende Person gibt ihrem Mißfallen sehr bald die Würde einer moralischen Entrüstung.»[3]

Lord Chesterfield war ein gutes Beispiel für Merediths misogelastischen oder das Lachen hassenden Typ. In einem Brief an seinen Sohn vom 19. Oktober 1748 schrieb er:

«Lautes Lachen ist die Ausgelassenheit des Pöbels, der nur an törichten Dingen Gefallen findet; denn wahrer Witz und gesunder Menschenverstand haben seit der Erschaffung der Welt nie ein Gelächter hervorgerufen. Einen Menschen von feiner Lebensart sieht man daher nur lächeln, hört ihn aber nie lachen.»[4]

Als Beispiel eines Mannes, dessen Einwände aus den Grundsätzen eines religiösen Asketentums herrühren, zitiert man am besten die Worte des heiligen Johannes Chrysostomos, Patriarch von Konstantinopel und früher Kirchenvater, der von 345 bis 407 n. Chr. lebte:

«Lachen und spaßige Reden sind zwar keine ausgesprochene Sünde, aber sie führen dazu. Aus Lachen entstehen oft gemeine Reden und aus diesen noch gemeinere Taten. Oft ergeben sich aus Worten und Gelächter Fluchen und Beschimpfungen; aus Fluchen und Beschimpfungen Schläge und Wunden; aus Schlägen und Wunden Totschlag und Mord. Wenn du also einen guten Rat annehmen willst, so vermeide nicht nur gemeine Worte, gemeine Taten, Schläge oder Wunden und Mord, sondern schon ungeziemendes Gelächter.»

An einer späteren Stelle desselben Werkes setzt er seinen Angriff auf die Fröhlichkeit mit einer noch seltsameren Warnung fort:

«Nimm an, jemand lacht. Dann mußt du deinerseits wegen dieses Vergehens weinen. Viele lachten einst über Noah, als dieser seine Arche baute. Aber als die Flut kam, lachte er über sie; oder vielmehr, dieser gerechte Mann lachte überhaupt nicht über sie, sondern weinte und wehklagte. Wenn du also Menschen lachen siehst, denke daran, daß diese blitzenden Zähne, dieses Grinsen jetzt, eines Tages das furchtbarste Heulen und Zähneknirschen zu ertragen haben werden, und daß diese Menschen sich an jenem Tag an dieses Lachen erinnern werden, während sie heulen und zähneknirschen. Dann sollst auch du dich dieses Lachens erinnern.» [5]

Ein Herrscher aus alter Zeit sollte unbedingt dieser Liste der Nicht-Lacher hinzugefügt werden. Dr. Doran erzählt seine Geschichte in der ‹*History of Court Fools*›:

«Nicht jeder König ließ sich durch die Darbietungen komischer Spielleute und Spaßmacher zum Lachen bringen. Manche Fürsten hielten ein auf diese Weise erzeugtes Lachen für unter der Würde ihres Ranges. So tadelte Philipp, der Sohn des christlichen Kaisers Philipps des Arabers, offen seinen Herrn, weil er über die Scherze und Späße bezahlter Narren lachte, die ihr bestes gaben, um den Herrscher und eine erlauchte Zuschauerschar zu erheitern. Der jüngere Philipp erteilte dem älteren Philipp eine ernste Lektion wegen seines ungehörigen Benehmens, die mir ein größerer Verstoß gegen den Anstand zu sein scheint als die Fröhlichkeit seines Vaters. Die Zeitgenossen des Sohnes gaben ihm den Namen Philipp Agelastos; uns ist er überliefert als Philipp ohne Lachen.»[6]

Diesen Haltungen vielleicht verwandt, aber weniger extrem, ist das Verhalten jener Unglücklichen, die die Pointe eines Scherzes als die «ewig» letzten erfassen. Sicher kennen wir alle jemand, der immer als letzter lacht, mit verblüffter, unsicherer und etwas hilfloser Miene dasteht und verlegen und zögernd um eine Erklärung des Witzes bittet, wenn alle um ihn herum schon bersten vor Lachen.

Eine weitere Gruppe von Menschen, die unempfindlich gegen das Lachen sind, sind diejenigen, die jeden Humor mißverstehen und Bemerkungen, die im Scherz gemacht wurden, für Ernst halten. Diese Gruppe interessiert mich besonders, weil ich einen etwas absonderlichen Humor habe, den überernste Leute gelegentlich falsch deuten. Man fragt sich, was manche Menschen anfällig dafür macht, Humor mißzuverstehen; dieses Problem ist noch nicht sehr gründlich erforscht worden. In Kapitel V haben wir gesehen, daß dieses Verhalten ein Merkmal paranoider Zustände sein kann; es tritt aber nicht nur im Zusammenhang mit seelischen Störungen auf. Interessanterweise lassen psychologische Studien vermuten, daß es eine Entsprechung zwischen dieser Art von Humormißverständnis einerseits und Voreingenommenheit andererseits gibt.

Was auch immer der Grund für Widerstand gegen Lachen ist, so ist es einleuchtend, daß in den angeführten Fällen, wo der Widerstand außerordentlich stark ist, eine Behandlung mit Humor für den Patienten zur Gefahr werden und seine

Pein noch vergrößern kann. Bevor der Humor therapeutisch erfolgreich eingesetzt werden kann, müssen dem Patienten seine Konflikte, die ihn daran hindern, sich zu freuen, bewußt gemacht und beseitigt werden.

Menschen, bei denen unangenehme physische Symptome auftreten können, wenn sie freudiger Stimmung sind und lachen, bilden die zweite große Patientengruppe, bei der die Humortherapie kontraindiziert sein kann. Dr. Ian Stevenson hat einundzwanzig derartige Fälle gesammelt, über die er in zwei Artikeln in medizinischen Zeitschriften berichtet hat.[7] In diesen Fällen sind bei freudiger oder gehobener Stimmung verschiedene quälende Symptome eingetreten, wie Harndrang, Herzklopfen, Pulsunregelmäßigkeiten, Magen-Darm-Störungen und Hautausschläge. Nichts wies darauf hin, daß die Symptome der Patienten entstanden waren durch unbewußte Konflikte oder Schuldgefühle gegenüber der eigenen Freude und Heiterkeit.

Dr. Stevenson bietet eine interessante Hypothese zur Erklärung dieser ungewöhnlichen Beobachtungen an. Vielleicht, meint er, ist da ein Gewohnheitsmechanismus am Werk. Bei allen Patienten stellten sich bei negativen Gemütszuständen, wie Angst und Verzweiflung, dieselben quälenden Symptome ein. Er hält es für möglich, daß das Nervensystem, das in diesem Fall auf negative Gemütszustände automatisch mit den beschriebenen Symptomen reagiert, schließlich ein Reaktionsmodell schafft, das bei allen Arten von Erregungen, auch bei angenehmen, mobilisiert wird.

Unsere dritte Gruppe von Patienten, bei denen Lachen mit Vorsicht eingesetzt werden muß, besteht aus denjenigen, die an einer bestimmten Krankheit leiden oder sich in einer allgemeinen gesundheitlichen Verfassung befinden, durch die das Lachen zu ungünstigen Folgen führen kann. Dazu gehört in erster Linie die Narkolepsie, eine höchst merkwürdige Schlafstörung. Menschen, die daran leiden, haben häufig tagsüber ein unwiderstehliches Schlafbedürfnis. Sie können mitten in einer Unterhaltung mit Freunden aufrecht im Stuhl sitzend einnicken oder sogar, wenn sie ihr Auto steuern.

Sie leiden auch unter der sogenannten Schlaflähmung; geistig frisch und munter wachen sie auf und sind nicht in der Lage, die Muskeln ihres Körpers zu bewegen. Sie müssen in dieser schrecklichen Lage mit sich kämpfen, bis der Bann gebrochen ist, zum Beispiel dadurch, daß sie ein einzelnes Gelenk oder einen Finger bewegen oder wenn jemand anders im Zimmer sie berührt. Es kann dazu führen, daß sie unter hypnagogischen Halluzinationen leiden – seltsame, surrealistische Bilder von oft erschreckendem Charakter – mit Blitzen vor ihrem inneren Auge, wenn sie sich auf der Grenze zum Schlaf befinden.

Ein großer Teil der Narkoleptiker leidet auch an Kataplexie. Bei der Kataplexie hat das Auftreten von intensiven Gemütszuständen ein plötzliches dramatisches Nachlassen der Muskelspannung zur Folge, so daß die betroffene Person zusammenbricht und gelähmt zu Boden fällt. Während des Anfalls bleibt sie jedoch hellwach und weiß genau, was vorgeht; sie empfindet es als äußerst unangenehm und beunruhigend, daß sie sich nicht bewegen kann.

Man hat festgestellt, daß Lachen bei diesen Menschen gewöhnlich einen kataplektischen Zusammenbruch bewirken kann. Interessanterweise gewöhnen sie sich manchmal an, Heiterkeit verbreitende Menschen oder Situationen zu meiden. Ich hatte einmal eine narkoleptische Patientin, die sich von ihrer Kataplexie so bedroht fühlte, daß sie selbst nie Witze erzählte und gelernt hatte «abzuschalten», wenn andere es taten. Sie lebte ständig in der Furcht, vor ihren Freunden zusammenzubrechen, wenn sie herzhaft zu lachen anfinge.

Die Ursache für die Narkolepsie ist unbekannt. Glücklicherweise kann man die Schlafanfälle bis zu einem gewissen Grad durch stimulierende Mittel wie Tee, Kaffee und dem Medikament Methylphenidat unter Kontrolle halten.

Zu diesem Komplex gehört auch das Tietze-Syndrom. Das ist eine Entzündung und Schwellung bestimmter Gebiete der Knorpel, die die Rippen mit dem Brustbein verbinden. Niemand weiß, woher das Leiden kommt; es äußert sich durch einen scharfen Schmerz in der Brust, der sich verschlimmert, wenn die betreffende Person hustet oder tief atmet, so wie es beim Lachen der Fall ist. Die vom Tietze-Syndrom befallenen Menschen sind oft sehr beunruhigt und fürchten, sie hätten ein krankes Herz. Sie müssen darüber aufgeklärt werden, daß ihr Zustand nicht bedenklich ist, und man verabreicht ihnen entzündungshemmende Medikamente, die gleichzeitig auch den Schmerz bekämpfen. In den meisten Fällen geht das Übel in ein paar Wochen auch ohne Behandlung von selbst zurück. Es ist einleuchtend, daß solche Patienten lebhafte Heiterkeit vermeiden sollten, wie es ja auch unmittelbar nach Unterleibsoperationen angezeigt ist.

Es gibt noch ein paar weitere große Fallgruben für die therapeutische Anwendung von Humor und Lachen, die wir doch noch erwähnen sollten. Vor allem darf man nicht behaupten, daß Fröhlichkeit ein Allheilmittel, eine Spezialkur für alle Krankheiten der Menschheit ist. Der Humor muß sehr vorsichtig eingesetzt werden, denn er kann sowohl vom Arzt als auch vom Patienten als psychischer Abwehrmechanismus verwendet werden. Niemand möchte den Humor so einsetzen, daß er den Patienten dazu verleitet, eine schwere Krankheit mit Lachen abzutun und den Arzt nicht zu konsultieren.

Außerdem – und das ist sehr wichtig – ist es klar, daß der Humor kein Ersatz für Ehrlichkeit sein darf. Scherze und Lügen sind nicht dasselbe, auch wenn beide in gewissem Sinn «unwahr» oder «fiktiv» sein mögen. Ein Arzt darf seine Anstrengungen, die gute Stimmung seines Patienten zu erhalten, nicht zum Täuschungsmanöver machen, zum Beispiel um die Konfrontation mit einem ernsten gesundheitlichen Zustand zu vermeiden. Daß so etwas passieren kann ist durchaus denkbar. So empfiehlt de Mondeville, nachdem er dem Wundarzt geraten hat, seinen Patienten durch Späße und Musik bei Laune zu halten, daß das auch durch «erfundene Briefe, die den Tod von Feinden melden oder durch die Nachricht, er sei, wenn es sich um einen Geistlichen handle, zum Bischof ernannt worden» [8] erreicht werden könne.

Eine letzte Bemerkung noch zum Einsatz von Clowns in Krankenhäusern. Nachdem ich erfahrene professionelle Clowns in Kinderkrankenhäusern habe wirken sehen, erkenne ich sehr deutlich die Gefahren, die durch das Auftreten von Amateuren entstehen können. Ein erfahrener Clown weiß genau den richtigen Abstand zwischen sich und den Kindern einzuhalten, die er unterhalten will. Die Tricks und Kunststücke eines geschickten Clowns haben durch die langen Jahre der Praxis mühelos Erfolg. Die wohlgemeinten Bemühungen eines Anfängers können dagegen Kinder leicht erschrecken.

Kurz, ich bin überzeugt, daß wir in den professionellen Clowns eine sehr wertvolle, weithin ungenutzte medizinische Hilfsquelle haben. Die Bruderschaft der Clowns ist sehr alt. Wir müssen bedenken, daß ihre Kunst mit viel Mühe erlernt ist, und deswegen sicherstellen, daß nur erfahrene Praktiker dieser Kunst vor Kranken auftreten.

Schließlich könnte man einwenden, daß schon die Vorstellung einer Humortherapie unmöglich sei, da Therapie kein Spaß ist – sie ist Arbeit! Aber dies ist lediglich ein rhetorischer Einwand. Humor ist eben nicht das Gegenteil von Arbeit. Denn wäre er es, dann könnte es etwas wie einen professionellen Komiker gar nicht geben. Das führt uns nun direkt zu unserem nächsten Thema.

Kranke Komiker: Berufsrisiken lustiger Leute

Man erzählt sich, daß irgendwann im vergangenen Jahrhundert ein prominenter europäischer Arzt einen älteren Mann untersuchte. Nachdem er alles gründlich überprüft und sich die vielen unbestimmten Klagen angehört hatte, konnte der Arzt keine körperliche Krankheit finden, die die Symptome des Patienten hätte verursachen können. Wir dürfen vermuten, daß dem Arzt, wie es einem seiner jüngeren Kollegen hätte geschehen können, der Gedanke gekommen ist, daß die körperlichen Beschwerden seines Patienten höchstwahrscheinlich als Maske für eine tiefverwurzelte Gemütsbelastung und Depression dienten. Plötzlich kam ihm eine gute Idee. Zufällig war Joseph Grimaldi, vielleicht der größte

Clown aller Zeiten, in der Stadt, um am Abend eine Vorstellung zu geben. Der Arzt zuckte die Achseln, weil er zu keiner Diagnose gelangen konnte und riet dem Patienten: «Warum gehen Sie nicht zu Grimaldi heute abend?» Das Gesicht des alten Mannes bekam einen gequälten und enttäuschten Ausdruck, und er rief aus: «Ja, verstehen Sie denn nicht. *Ich* bin Grimaldi!»

Diese Geschichte wird als wahre Begebenheit erzählt, aber vielleicht wird sie der Person Grimaldis als Clown auch nur unterstellt. Wie dem auch sei, sie illustriert einen weitverbreiteten Glauben, der schon beinahe zu einer Volksweisheit geworden ist – den Glauben nämlich, daß lustige Leute im Grunde ihres Herzens traurig sind.

Verschiedene Beispiele, die man als «Beweise» bezeichnen könnte, werden gewöhnlich zur Erhärtung dieses Gedankens angeführt. Abraham Lincoln wird oft als überaus humorvoller Mann geschildert, dessen Wesen aber gleichzeitig auch einen depressiven, traurigen Zug hatte. Oder man kann auch auf den nachweisbaren Hintergrund von Kampf und Entbehrung in den jungen Jahren vieler Personen hinweisen, die später als Komiker sehr erfolgreich waren. Ja, man kann sogar so weit gehen zu behaupten, daß in manchen Fällen gerade die Traurigkeit eines Clowns oder Komikers – oder wenigstens des Typs, den er darstellt – ein wesentlicher Teil dessen ist, was ihn für uns spaßig macht.

Auch könnte man den Fachjargon der Komiker zur Bekräftigung dieser Meinung heranziehen. Wir wissen, daß man einem Schauspieler vor der Aufführung nicht «viel Glück», sondern «Hals- und Beinbruch» wünschen sollte. Paradoxerweise hält man es in dieser Situation für ein schlechtes

Omen, «Glück» zu wünschen. Nicht so allgemein bekannt ist, daß auch unter Komikern ein ähnlicher Brauch herrscht, allerdings mit einer interessanten Variante. Denn wenn ein Komiker sich anschickt, eine Vorstellung zu geben, dürfen seine Kollegen nicht sagen «viel Glück», sondern es muß heißen «brich die Hand».

Solche und andere Spracheigenheiten der professionellen Spaßmacher könnte man als unbedeutend abtun. Andererseits kann man sie aber auch als Äußerungen eines tiefverwurzelten latenten Masochismus deuten. Der Masochist begibt sich auf Grund eines unbewußten Schuldgefühls in die Position des Opfers. Zu einem guten Teil ist dieses Verhalten an die Befriedigung geknüpft, die die masochistische Persönlichkeit nur durch Leiden oder Demütigungen herstellen kann. Schwere Depressionen und Minderwertigkeitsgefühle sind häufig die Begleiterscheinungen einer masochistischen Veranlagung.

Wenn also dieser Versuch einer Analyse der Wirklichkeit einigermaßen nahe kommt, dann kann man die sprichwörtliche Traurigkeit von Humoristen auch als Folge einer unbewußten Bereitschaft zur Selbstzerstörung ansehen. Man muß aber unbedingt betonen, daß das Spekulationen sind, denn so weit ich feststellen konnte, gibt es bisher kaum eine systematische Untersuchung über die psychische Verfassung von Komikern. Komiker, Clowns und Autoren humoristischer Literatur können natürlich an Depressionen leiden, aber das kann schließlich bei jedem der Fall sein. Der dramatische Gegensatz zwischen Traurigkeit und Lachen, der einem so unmittelbar auffällt, verleitet uns vielleicht dazu, einer Depression mehr Aufmerksamkeit zu schenken, wenn sie bei einem humorvollen und heiteren Menschen auftritt.

Trotzdem kann uns die sprichwörtliche Traurigkeit eines Clowns nachdrücklich an eine Tatsache mahnen, die wir sonst vielleicht übersehen würden. Wir befinden uns in einer Entwicklung, in der die Arbeitsmedizin ständig an Bedeutung gewinnt. Es vergeht fast keine Woche, in der wir nicht hören, daß die industriellen Produktionsmethoden uns, der Umwelt und – oft ganz direkt – den in der Industrie Beschäftigten Schaden zufügen. Allgemeiner ausgedrückt, fast jeder Beruf hat seine besonderen körperlichen und seelischen Risikofaktoren für die Gesundheit und das Wohlergehen der in ihm Beschäftigten. Wie wir sehen werden, machen die Menschen, die ihren Lebensunterhalt damit verdienen, andere zum Lachen zu bringen, keine Ausnahme.

Die seelischen Probleme sind nicht unerheblich, denen ein Clown in seinem Beruf gegenübersteht und die sich nachteilig auf sein psycho-physisches Wohlergehen auswirken können. Wer berufsmäßig Humoresken schreiben muß, sei es für andere oder um sie selber aufzuführen, sieht sich einem interessanten seelischen Problem gegenüber. In Kapitel I wurde erwähnt, daß der Satz «einen Sinn für Humor zu haben», manchmal bedeuten soll, daß der Betreffende ein schöpferisches Talent hat, zum Beispiel heitere Geschichten zu erfinden. Dieser Prozeß unterliegt offenbar der Gefahr seiner eigenen Fehlfunktionen, und daher sind humoristische Schriftsteller den sogenannten «schöpferischen Blockaden» ebenso ausgesetzt wie andere Künstler.

Man weiß sehr wenig über den geistigen Prozeß der Kreativität. Ein guter Teil des schöpferischen Prozesses findet sicher in Regionen des Geistes statt, die dem kritischen Bewußtsein nicht leicht zugänglich sind. Infolgedessen haben auch äußerst schöpferische Personen im großen und ganzen keine genauere Vorstellung von diesem Prozeß. Sie haben oft große Schwierigkeiten, die Schritte zu beschreiben, die sie in ihrem Geist tun, während ihr Werk entsteht.

Eines kann man aber über schöpferische Blockaden mit einiger Sicherheit sagen: Sie treten oft ein, weil die betreffende Person sich zu viel Mühe gibt, den Prozeß bewußt zu kontrollieren. Wenn man bewußt versucht, sich dazu zu zwingen, etwas zu schaffen, dann behindert man gerade die unbewußten Faktoren, die zur Geltung kommen müssen, wenn ein schöpferisches Werk gelingen soll. Menschen, deren Arbeit schöpferisch ist, berichten, daß das Ergebnis am schlechtesten ist, wenn sie sich zwingen müssen. Am besten wird ihre Arbeit, wie sie sagen, wenn sie mit einem Minimum an bewußter Lenkung entsteht.

Weil wir nicht genug über die Kreativität wissen, gibt es kein allgemein anerkanntes Rezept gegen schöpferische Blokkaden. Ohne ein zuverlässiges Heilmittel von seiten der Professionellen, entwickeln schöpferische Menschen, die unter solchen Blockaden leiden, ihre eigene Strategie, um darüber hinwegzukommen. Ein Komiker, der gerade eine «Trockenperiode» bei der Produktion neuen Stoffs durchmacht, wird gewisse Techniken ausprobieren, um die Dinge wieder in Fluß zu bekommen. Vielleicht geht er an einen Lieblingsort, sitzt in einem bestimmten Stuhl, räumt das Zimmer auf, spitzt seine Bleistifte oder vollzieht irgendein anderes Ritual.

Eine weitere berufsbezogene Störung betrifft in erster Linie Komiker, die sich stehend vor einem lebenden Publikum produzieren müssen. Dieser Zustand – «Durchfallschweiß» von den Betroffenen genannt – ist eine Art von Angstanfall, hervorgerufen durch das, was Komiker «absterben» nennen. In ihrem Wortschatz ist «absterben», was einem passiert, wenn man vor einer Zuhörerschaft steht und spaßig sein will, aber niemand dabei lacht.

Der folgende Auszug aus einem Interview zwischen einem Komiker und mir beleuchtet sehr klar den dramatischen Charakter eines solchen Zustands.

Komiker: Man ist zu Tode erschrocken, wenn man merkt, daß das passiert. Das Publikum ist manchmal sehr, sehr grausam. Die Leute sind geradezu darauf aus zu erleben, wie man abstirbt, weil ihnen das Vergnügen bereitet. Aber wenn schon etwa die vierte oder fünfte Zeile, von der man weiß, daß über sie herzhaft gelacht werden müßte, das nicht geschafft hat, bekommt man Angst. Es ist, als sei die ganze Welt gegen einen, und man erschrickt zu Tode. Und man weiß nicht warum; aber man muß die Sache auf alle Fälle zu Ende bringen. Ich habe nie jemand innehalten sehen. Nie habe ich jemand sagen hören: «Gut, hier muß ich jetzt haltmachen.» Aus irgendeinem dummen Grund muß man geradewegs hindurchgehen. Man steht da und kann seiner Strafe nicht davonlaufen.

R. M.: Welch ein Gegenmittel gibt es? Was tun Sie, wenn es Ihnen passiert?

Komiker: Vor allem muß man wissen, daß es *ihre* Schuld ist. Man darf nicht meinen, man sei selbst schuld. Ich gehe also gewöhnlich anderswo hin, finde ein Publikum, arbeite für es und bringe es zum Lachen, um mich zu vergewissern, daß ich das immer noch kann . . . Wenn es einem passiert, dann ist das das schlimmste Gefühl der ganzen Welt. Das Schweigen ist ein Schrei. Man weiß, daß auch Leute da sind, denen man leid tut, aber sie gönnen einem kein Lachen.

R. M.: Schlägt dann Ihr Herz schnell?

Komiker: Nein, ich habe geradezu das Gefühl, daß es immer langsamer wird . . . bis zu dem Punkt, wo ich sterben werde.

Die Worte dieses Komikers machen die Tiefe der Qual sehr deutlich, die man erleiden kann, wenn man in herzloser Weise von seiner Zuhörerschaft abgelehnt wird. Diese Beschreibung bekräftigt einige Ergebnisse der modernen psychosomatischen Medizin, die wieder Nachdruck auf die Bedeutung des Lebenswillens für die Erhaltung der körperlichen Gesundheit legt. Die Möglichkeit des psychogenen Todes – das heißt des Todes aus emotionalen Ursachen wie Trauer und Scham oder durch soziale Isolation – wird in der neueren medizinischen Literatur diskutiert. Es überrascht daher nicht, daß mindestens in einem überlieferten Fall das bildliche «Absterben» eines Komikers zu einem buchstäblichen wurde.

Anfang des 18. Jahrhunderts stellte der französische Schauspieler Hamoche auf der Messe von Saint-Laurent den Clown Pierrot dar. Sein Triumph in dieser Rolle war so gewaltig, daß er sich noch größeren Ruhm wünschte und wegzog, um sich einer berühmteren Truppe komischer Schauspieler und Spaßmacher anzuschließen. Als diese Gruppe ihn nicht aufnahm, kehrte er an die Stätte seines ursprünglichen Erfolgs zurück und erwartete, dort ein Comeback feiern zu können. Die Direktion der Messe bemühte sich, ein reichhaltiges Willkommensprogramm zusammenzustellen; aber die Zuschauer hatten anderes im Sinn:

«Das Publikum, keineswegs von dem Gedanken geschmeichelt, daß man es als letzte Zuflucht betrachtete, pfiff Hamoche aus, um ihm eine Lektion zu erteilen. Diese Strafe verletzte den armen Pierrot so sehr, daß er sich vom Theater zurückzog und vor Kummer starb.»[9]

Schließlich und bedauerlicherweise muß man unter den Berufsrisiken der Komiker auch noch Verbannung, Belästigung, Verfolgung und sogar Hinrichtung oder Ermordung nennen, wenn die Späße des Komikers humorlose Herrschaften beleidigten. Nur ein Beispiel von vielen: Die Satire war bei den Arabern einst als magische Kraft so gefürchtet, daß Mohammed in zwei Fällen Satiriker selbst hingerichtet haben soll. Die Gefahr, die ein Humorist läuft, ist besonders groß, wenn der beleidigte Despot einer von Merediths «misogelastischen» oder das Lachen hassenden Typen ist. Der afrikanische Kaffernhäuptling Chaka duldete an seinem entsetzlich feierlichen Hof kein Lachen. Bei einer Gelegenheit jedoch gab ein fröhlicher Bursche vor der ganzen Versammlung einem vergnügten Gedanken, den er nicht unterdrücken konnte, Ausdruck. Das hatte einen durchschlagenden Erfolg – der finstere König und die todernsten Ratsherren wurden von krampfhafter Heiterkeit gepackt. Als sie sich wieder erholt hatten, erwies der Häuptling, indem er auf den Spaßvogel deutete, seine Dankbarkeit für das so seltene Vergnügen, indem er ausrief: «Werft den Hund hinaus und tötet ihn; er hat mich zum Lachen gebracht!»[10]

Wir sehen also, daß der Humor zwar manchmal gesund und therapeutisch ist, daß es aber auch Situationen gibt, in denen er krankhaft und schädlich genannt werden muß. Bevor wir Vorschläge für eine Lösung dieses Dilemmas machen können, müssen wir uns aber noch ein weiteres Detail dieses Rätsels vornehmen.

VII

Der organisierte Spott – eine Gefahr für unsere Gesellschaft

Wie wir in Kapitel I ausführten, haben Humor und Lachen bedeutende soziale Aspekte. Anschließend beschrieben wir verschiedene Störungen des Humors und ihren Einfluß auf die psychischen und geistigen Funktionen des Menschen. Zusammengenommen führen diese Betrachtungen zu einer weiteren Frage: Gibt es Störungen der Fröhlichkeit, die sich speziell auf die soziale Dimension des Lebens beziehen?

Die wichtigste der Art, Lachen hervorzurufen, die zu schädlichen sozialen Zwecken mißbraucht wurden, ist der Spott. In unserer Gesellschaft wurde der Spott in gewissen Spielarten institutionalisiert, die im ganzen ziemlich harmlos sind. Dazu gehört das Hänseln, eine zeremoniale Gelegenheit, wo die Freunde des Opfers bei ihm zusammenkommen, um ihn zum Opfer des organisierten Spotts zu machen. Das Schuldgefühl, das normalerweise im Gewissen der Beleidiger durch diesen nur wenig verhüllten Ausdruck der Feindseligkeit entstehen müßte, wird durch zwei geschickte Kunstgriffe besänftigt. Erstens versichert man sich der «freiwilligen» Mitwirkung des Opfers. Es ist seine Pflicht, kein Spielverderber zu sein, zu begreifen, daß seine Freunde sich nur einen Spaß machen und die Gelegenheit dazu zu benutzen, zu zeigen, daß er Spaß versteht. Zweitens, der Ertrag aus dem Ritual wird oft für einen löblichen karitativen Zweck verwendet.

Der gesellschaftlich sanktionierte Spott ist aber auch ein Mittel des Berufskomikers oder -satirikers. Diesen Personen ist es erlaubt, andere auf witzige Weise zu schmähen, und es ist zu einer sozialen Konvention geworden, daß die Zielscheiben ihres Spotts diesen nicht krummnehmen dürfen.

Man mag argumentieren, daß Hänseleien und Schmähkomiker keine echte Gefahr für das Wohlergehen des einzelnen oder für das soziale Gefüge darstellen; es sei ein legitimer Weg, durch sie aggressive Tendenzen zur Entladung zu bringen. Ganz zweifellos sind sie wünschenswerter als offene Gewalt. Nichtsdestoweniger kann der Spott bis ins Extrem getrieben werden und unvorhergesehene und schlimme Folgen haben.

Es gab ganze Gesellschaften, die einen grausamen, sadistischen Humor hatten. Es ist erschreckend, wie antike Schriftsteller, ohne im geringsten zu protestieren, darüber berichten, daß in ihren Gesellschaften Menschen mit Entstellungen als geeignete Objekte für höhnisches Gelächter angesehen wurden. So sagt zum Beispiel der römische Redner, Denker und Staatsmann Cicero:

«So kann man das besonders leicht verspotten, was weder besonderen Haß noch außergewöhnliches Mitleid verdient. Deshalb liegt der gesamte Stoff des Lächerlichen in den Fehlern, die im Leben des Menschen vorkommen, soweit sie nicht beliebt oder unglücklich sind oder wegen eines Verbrechens den Tod zu verdienen scheinen. Über solche Dinge lacht man, wenn sie richtig aufs Korn genommen werden. Auch Häßlichkeit und körperliche Mängel bieten genügend geeigneten Stoff für den Witz.»[1]

Cicero theoretisiert hier zweifellos nicht, sondern beschreibt die damalige Praxis bei den Römern. Nur ein Beispiel: Menschen mit entstellenden Behinderungen wurden gezwungen, in der Arena von Rom Gladiatorenkämpfe auszutragen, was bei den Zuschauern große Heiterkeit hervorrief. Die Römer waren aber nicht die einzigen Missetäter. In vielen Gesellschaften war seit Jahrhunderten Gelächter über Entstellte und Verrückte die Norm.

Wenn in einer Gesellschaft Haltungen und Praktiken dieser Art Gewohnheit sind, so hat das unmittelbare und tiefgreifende Folgen für die Gesundheitspflege. Denn Spott und höhnisches Gelächter spielen bei der psychischen Entwicklung von Kindern mit Entstellungen eine schädliche Rolle und können deren seelische Verfassung oder ihre Anpassung an die belastende Krankheit stören. Manchmal bleiben seelische Narben zurück, die im späteren Leben nur mit großer Schwierigkeit geheilt werden können.

René Descartes befaßte sich schon vor langer Zeit mit den verheerenden Folgen des Spotts für entstellte Menschen:

«Spott und Verachtung sind eine Art von Freude, die mit Haß vermischt ist und die aufkommt, wenn wir ein kleines Übel bei einer Person entdecken, die es unserer Meinung nach verdient . . .

Und wir können feststellen, daß Menschen mit sehr offenkundigen Mängeln wie diejenigen, die lahm, auf einem Auge blind, bucklig sind oder die eine öffentliche Beschimpfung erfahren haben, ganz besonders dem Spott ausgesetzt sind.»[2]

Ähnlich hat ein neuerer Autor, J. C. Gregory, behauptet:

«Da die Menschen ihr Verhalten an der ihnen zuteil werdenden Behandlung orientieren, erzeugt ständiger Spott Wut beim Verspotteten, und der Zwerg ist seit alters her verbittert, weil er ein Anlaß zur Heiterkeit ist . . . Heiterkeit wurde immer leicht durch den Anblick körperlicher Gebrechen hervorgerufen.»[3]

Die psychische Wirkung des Spotts auf den einzelnen Menschen ist aber vielleicht doch nicht so einheitlich, wie die Meinungen von Descartes und Gregory vermuten lassen könnten. In manchen Menschen gibt es anscheinend einen unbeugsamen Kern; ihre Lebenskraft wächst sogar im Unglück. Manche überragende Figuren der Geschichte haben Qualen, Verhöhnungen und Verspottungen wegen ihrer Mängel oder Entstellungen, die sie in ihrer Jugend erleiden mußten, in ihren und unseren Vorteil umgemünzt.

Diese Ausnahmefälle können aber die übliche Praxis nicht entschuldigen. Die Gesellschaft schafft, indem sie das Lachen über Entstellungen duldet, einen «falschen Fremden». So wird ein Mythos geschaffen, der bewirkt, daß Menschen mit körperlichen Abweichungen als geistig und moralisch verschieden von ihren Mitmenschen angesehen werden. Die destruktiven Folgen dieses Mythos – sowohl hinsichtlich des Leidens der entstellten Menschen als auch der Personen, die dadurch einen Freibrief für ihr Lachen erhalten – sind kaum zu unterschätzen. Zum Glück besteht im großen und ganzen, obwohl jede Generation neu erzogen werden muß, die Tendenz, daß diese Praxis bei uns ausstirbt. Gregory hatte meiner Meinung nach recht, wenn er eine solche Tendenz einen Gradmesser der Humanisierung des Lachens nennt . . . Das Erstarken des Geistes der Sympathie hat das Lachen beeinflußt . . . Daß körperliche Gebrechen nicht mehr als Objekt der Heiterkeit verstanden werden, hat bewirkt, daß der Geist der Sympathie sich weiter verbreitet und tiefer verwurzelt hat.[4]

So wie das Lachen über das von der Norm Abweichende das Verständnis dafür fast unmöglich macht, so kann das Lachen über das Neue den Fortschritt behindern. Im Laufe der Geschichte sind zahllose verblüffende Neuerungen mit Hohn und Spott begrüßt worden. Das Neue ist erschreckend und bedrohlich, also wird es abgelehnt. Der Spott ist eines der Mittel der Gesellschaft, um den Status quo aufrechtzuerhalten.

Die bloße Tatsache, daß ein Gedanke neu ist oder daß er verlacht wird, wenn er auftaucht, ist zweifellos keine Garantie dafür, daß er sich als wertvoll oder nützlich erweisen wird. Trotzdem hat die Gewohnheit, über das Neue zu lachen, erwiesenermaßen die Nutzung einiger der bedeutendsten Entdeckungen der Menschheit verzögert. Das Telefon und nachher die drahtlose Übermittlung von Nachrichten, der Phonograph, das Fliegen, die Raumfahrt sind alle zunächst mit überheblichem Spott begrüßt worden.

Die Gewohnheit, über neue Gedanken zu lachen, hatte manchmal ungünstige Folgen auch für das Gesundheitswesen. Zahlreiche Neuentdeckungen auf dem Gebiet der Medizin, die sich später als bahnbrechend erwiesen, wurden anfänglich verlacht. Das Impfen gegen Ansteckungskrankheiten war vielleicht die wichtigste medizinische Erfindung aller Zeiten; aber die Pockenimpfung wurde noch geraume Zeit nach ihrer Einführung in Karikaturen verspottet. Einer der Pioniere des Gebrauchs von Narkosegas bei chirurgischen Eingriffen wurde nach einer mißglückten öffentlichen Vorführung so verhöhnt, daß er Selbstmord beging.

Der Spott ist nicht der einzige Typ von Humor, der soziale Folgen haben kann. Parallel zu der Welle von Flugzeugentführungen in den sechziger und siebziger Jahren entstand unter den Fluggästen eine Epidemie von Witzen über Entführungen. Reisende, die in absolut lustiger Stimmung Witze machten, fanden sich plötzlich im Gefängnis. Dieses Problem erforderte tatsächlich gesetzgeberische Maßnahmen. Das Flughafenpersonal ist jetzt gesetzlich verpflichtet, alle Behauptungen – auch scherzhafte – über Entführungen, Bomben und im Flugzeug versteckte Waffen ernst zu nehmen.

Man könnte sogar daran denken, dumme oder spaßige Modelaunen zu den sozialen Störungen des Humors zu zählen. Modelaunen haben zweifellos einen sozialen Charakter, und wenn auch manche davon nicht weiter spaßig sind, so können es andere entschieden sein. Jeder von uns trägt in sich die Bereitschaft, in frühere Stufen der Entwicklung zurückzufallen. Das Auftreten gewisser Modelaunen hängt davon ab, daß eine solche Bereitschaft gleichzeitig bei einer einigermaßen großen Gruppe von Menschen aktiviert wird. Bilder von humoristischen «Happenings» wie Schlammbäder, Tanzmarathons usw. zeigen häufig strahlende, heitere, lächelnde und lachende Gesichter bei den Teilnehmern und Zuschauern. Es herrscht eine gesellige Atmosphäre und eine allgemein heitere Stimmung. Es scheint sich sozusagen um eine Epidemie des Humors zu handeln. Es kommt zu einer allgemeinen Verschiebung der sozial bedingten Maßstäbe, die regulieren, was für lustig oder komisch zu halten ist.

Ein weiteres derartiges Phänomen ist das epidemische Lachen, eine Manifestation von Gruppenpsychopathologie, die in der medizinischen Literatur gut dokumentiert ist. 1962 wurden im heutigen Tansania über tausend Menschen von einer ganz besonderen Krankheit befallen, bei der sie oft stundenlang von unbezwingbarem Lachen ergriffen wurden.[5] Die ersten Personen, die befallen wurden, waren junge Mädchen in einem Missionsinternat. Das Lachen breitete sich im Laufe der Wochen von Schülerin zu Schülerin aus, und die Krankheit erreichte ein solches Ausmaß, daß die Schule geschlossen werden mußte und die jungen Mädchen heimgeschickt wurden. Aber die Lachepidemie reiste mit ihnen in ihre Heimatdörfer. Die Krankheit war in der Bevölkerung nicht gleichmäßig verteilt. Die Mehrzahl der von ihr Befallenen waren Jungen und Mädchen zwischen zehn und zwanzig Jahren, während Mitglieder der Gemeinschaft mit höherer Bildung seltsamerweise immun waren. Die ganze gewohnte soziale Ordnung des Gebiets war sechs Monate lang gestört.

Man ließ Ärzte kommen, um die Ursache festzustellen, aber gründliche körperliche Untersuchungen und Laborteste ergaben keinerlei organische Grundlage für die Symptome. Schließlich einigte man sich darauf, daß die Krankheit ein Ausbruch einer Massen- oder Gruppenhysterie gewesen sei. Die Lachepidemie trat 1977 noch einmal bei jungen Mädchen in einer Schule auf. Die tansanischen Behörden konnten sich nur mit dem Gedanken trösten, daß man zwar nur äußerst schwer mit der «Lachkrankheit» fertig wurde, daß aber das einzig Ernsthafte daran war, daß Schulklassen zeitweise geschlossen werden mußten.

Die Feststellung, daß es sozial geduldeten Mißbrauch und Störungen des Lachens und Humors geben kann, ist jedoch nur die eine Hälfte der Wahrheit. Heiterkeit kann, weil sie eine gewisse soziale Kraft hat, sozial zerstörerisch wirken. Aber diese Kraft kann ebenso zum Guten ausschlagen.

Viele Gesellschaften haben den Nutzen periodischer Heiterkeit als Entladung der Spannungen infolge sozialer Zwänge stillschweigend anerkannt. Feiertage und Feste, während derer die üblichen Verbote gelockert sind und Lachen über das normalerweise Sakrosankte ermutigt wird, erlauben den harmlosen Ausdruck von Feindseligkeiten und gewöhnlich unterdrückten Instinkten. Bei manchen amerikanischen Indianerstämmen wurde diese periodische Befreiung von Verboten durch den Stammesclown überwacht. Diesem Amt wurde ein tiefer Respekt entgegengebracht, und die Verehrung der betreffenden Person war von alters her Tradition. Auch heute noch haben wir den 1. April, der speziell dem Lachen und Scherzen vorbehalten ist.

Man könnte noch manchen segensreichen Gebrauch des Humors anführen. Der Humor des tschechoslowakischen Volkes war ein wichtiger Faktor der Bewahrung der sozialen Solidarität und auch der Würde des einzelnen und der Selbstachtung während der Besetzung des Landes durch die Nazis im Zweiten Weltkrieg. Und von Zeit zu Zeit hört man Geschichten von Komikern, die dadurch eine Panik verhinderten, daß sie andere in Krisensituationen unterhielten. Vor einigen Jahren berichtete zum Beispiel die Presse, daß ein berühmter amerikanischer Humorist bei den Mitpassagieren für gute und hoffnungsvolle Stimmung sorgte, als ihr Flugzeug erheblichen Maschinenschaden hatte.

Manche Theoretiker haben sogar der Komödie eine sozialtherapeutische Funktion zugeschrieben. Der gründlichste Verfechter dieses Standpunkts in der neueren Geschichte ist der französische Philosoph Henri Bergson. Er war der Meinung, daß die Existenz einer sozialen Ordnung davon abhängt, daß ihre Mitglieder in ihren Auffassungen und ihrem Verhalten eine vitale, flexible Haltung gegenüber dem Leben einnehmen. Bergson meinte, daß das, was uns letztlich zum Lachen bringt, Situationen sind, in denen jemand so starr geworden ist, daß er seine soziale Elastizität einbüßt. Eine automatenhafte Starre hat den Platz einer vitalen Reaktion auf das Leben eingenommen. Das Lachen, wie es in der Arbeit komischer Dramatiker und Schriftsteller institutionalisiert ist, hat die soziale Funktion, unsere Aufmerksamkeit auf starres Verhalten von uns selbst und anderen zu richten und dieses Verhalten zu korrigieren, bevor es schädlich wird.

Angesichts vieler solcher Beispiele sozial förderlicher Anwendung von Humor wurden spezifische Vorschläge gemacht, den Humor gezielter zur Lösung sozialer Probleme einzusetzen. Es gibt, mit Hauptquartier in Paris, eine Gesellschaft für den Humor in internationalen Beziehungen, die sich für die Propagierung der Fröhlichkeit als Mittel zum Abbau internationaler Spannungen und zur Förderung eines engeren Verständnisses unter den Nationen einsetzt.

Man hat sogar die Meinung vertreten, daß der Humor einen Platz in dem Arsenal der mit Aufruhr und Kontrolle der Menge befaßten Behörden haben müßte.[6] Ein Analytiker hat darauf hingeweisen, daß die einzige Aufgabe der Polizei bei zivilen Unruhen die Aufrechterhaltung der Ordnung sei und daß theoretisch ihre Position bei allen sozialen Streitigkeiten eine neutrale sein müsse. Er regte an, daß der Humor als Mittel, um Gewalt bei solchen Konfrontationen abzuwenden, erforscht werden müsse.

In England führte eine Gruppe von Verhaltensforschern ein umfangreiches Experiment durch, um festzustellen, ob Heiterkeit die soziale Harmonie fördert oder nicht.[7] Sie planten und bauten in einem Universitätsgebäude ein «Humorzentrum», wie sie es nannten. Sie statteten den Ort mit verschiedenen Scherzartikeln und -apparaten aus, mit denen die Besucher spielen konnten, ließen lustige Klangeffekte ertönen und stellten gedruckte Karikaturen und Witze auffällig aus. Kostüme und Masken waren in einem großen Schrankkoffer verstaut, so daß die Besucher sich verkleiden konnten, und Kinderspielzeug lag überall zum Spielen herum. Es gab auch Möglichkeiten, um schöpferischen Humor zum Ausdruck zu bringen; die Besucher wurden aufgefordert, den Bildern im Raum eigene Unterschriften zu geben.

Wer das Zentrum betrat, konnte dort machen, was er wollte. Die Menschen wurden dauernd durch einen Wissenschaftler von einem verborgenen Raum aus beobachtet. Eine versteckte Fernsehkamera zeichnete die Vorgänge auf. Jeder Besucher wurde einem psychologischen Test unterzogen, bevor er eintrat und als er wieder ging.

Es ergab sich, daß ein Besuch des Zentrums im großen und ganzen recht wirksam die Stimmung der Besucher hob. Bei der Auswertung ihrer Feststellungen kamen die Forscher zu dem Schluß, daß eine gewisse Möglichkeit bestehe, daß ähnliche «Humorzentren» für die Gemeinden sozial nützlich sein könnten.

In unserer gegenwärtigen Welt erleben wir eine fortschreitende Auflösung der inneren Strukturen der Gesellschaft. Ein Teilnehmer an einer wissenschaftlichen Konferenz über Humor meinte, daß die Errichtung von Nachbarschafts-«Lachzentren» – Gebäuden, deren Bestimmung es ist, Heiterkeit in Gemeinschaften zu fördern – ein wirksames Mittel sein könnte, um uns vor solchen Auflösungstendenzen zu bewahren.[8]

Alle diese Tatsachen und Beobachtungen lassen die Möglichkeit zu, daß letztlich keine Gesellschaft wirklich gesund ist und funktioniert, wenn sie nicht über sich selbst lachen kann. Wenn dieses Prinzip der Diskussion standhält, deckt es sich in bemerkenswerter Weise mit dem, was unsere Beobachtungen über die physische und emotionale Gesundheit des einzelnen ausgesagt haben.

Rekapitulieren wir nun hier ein wenig. Wir begannen mit einer Anzahl von Beobachtungen über die Natur des Lachens und des Humors und über ihre physiologischen, emotionalen und sozialen Dimensionen. Wir schilderten dann eine Reihe von Fällen, die vermuten ließen, daß Lachen und Humor gesund und in einem therapeutischen Sinne nutzbar sind. Wir zeigten, daß diese Fälle eine Bestätigung sowohl durch die Volksweisheit als auch durch eine lange Tradition gelehrter Schriften finden. Danach erörterten wir, wie Heiterkeit oft ein Anzeichen nicht von Gesundheit, sondern von physischer Krankheit oder emotionaler Störung sein kann und wiesen auf einige Situationen hin, in denen das Lachen in der Heilbehandlung schädlich anstatt hilfreich ist. Schließlich sahen wir, wie Humor und Lachen auch soziale Dimensionen und Folgen haben, und zwar unerwünschte und erwünschte, schädliche und nützliche, zersetzende und einigende.

Wir befinden uns also in einem Dilemma. Wenn Humor und Lachen sowohl destruktive als auch heilende Wirkungen haben, wie kann dann der Arzt wissen, wann er sie therapeutisch einsetzen darf? Gibt es außer dem gesunden Menschenverstand oder der Intuition einen Weg, wie gesundes von ungesundem Lachen, schädlicher Humor von therapeutischem zu unterscheiden ist? Im folgenden versuchen wir, diese Beobachtungen so zusammenzufassen, daß uns das vielleicht gelingt. Kurz, wir wollen versuchen, eine fürs erste brauchbare Erklärung für die heilende Kraft des Humors zu geben.

VIII

Warum Humor uns hilft

Als Sokrates die Mißstände der medizinischen Theorien und Methoden seiner Zeit kritisch betrachtete, sagte er:

«So, wie es nicht angeht, die Augen ohne den Kopf zu kurieren oder den Kopf ohne den Körper, so geht es auch nicht an, den Körper ohne die Seele zu heilen.»

In neuerer Zeit hat diese Betrachtungsweise die Entwicklung der psychosomatischen Medizin vorangetrieben. Es ist in zunehmendem Maße klargeworden, daß die geistige und emotionale Verfassung organische Zustände hervorrufen kann und daß umgekehrt vorhandene organische Krankheiten den Geist oder das Gemüt in bestimmter und vorhersehbarer Weise beeinflussen können. Die Einsicht, daß der Zusammenhang zwischen psychischen und physischen Faktoren wesentlich für das Entstehen von Krankheit ist, ist das Grundprinzip der psychosomatischen Medizin.

Bedauerlicherweise hat aber der Begriff «psychosomatisch» einige irreführende Vorstellungen zur Folge gehabt. Wenn man Patienten sagt, ihre Krankheit sei psychosomatisch, fühlen sie sich oft gekränkt und glauben, man wolle ihnen damit sagen, daß ihre Krankheit nur eine Einbildung sei. Das ist ein bedauerliches Mißverständnis, denn es ist eine medizinische These, daß Gemütszustände ganz reale, ja meßbare Veränderungen in der Struktur und der Funktion des Körpers hervorrufen können.

In weiterem Sinne könnte man vielleicht vermuten, daß der Begriff «psychosomatisch» die Aufmerksamkeit zu sehr auf den einzelnen Menschen als individuelle Geist-Körper-Einheit lenkt und dabei die Bedeutung der Gesundheitsfaktoren, die ihren Ursprung in den sozialen Aspekten des Lebens haben, übersieht. «Heilen» bedeutet ursprünglich «wieder ganz machen». Glücklicherweise steuern wir auf einen umfassenderen Begriff der Medizin zu, wo wir uns nicht mehr nur dem Körper und Geist zuwenden, sondern auch dem Verhalten der Person innerhalb ihres sozialen Milieus und schließlich auch ihrer natürlichen Umwelt.

Die Anwendung von Humor und Lachen als Therapie gehört in den Kontext einer solchen Auffassung der Medizin, die den Menschen als ganzheitliches Wesen begreift. Wie wir schon feststellten, haben Lachen und Humor nicht nur physiologische und psychologische Aspekte, sondern auch sehr nachhaltige soziale. Lachen und Humor integrieren das physiologische, psychologische und soziale Geschehen, das den Menschen formt wie kaum ein anderes Phänomen. Aus dieser Tatsache gewinnen wir eine umfassendere Perspektive, aus der heraus wir unsere Feststellungen über die Heiterkeit und ihre Beziehung zu Gesundheit und Krankheit betrachten müssen.

Wir stehen nun vor folgender Frage: Warum läßt sich Humor und Lachen manchmal therapeutisch erfolgreich anwenden, und was unterscheidet grundsätzlich den gesunden Gebrauch der Fröhlichkeit vom ungesunden? Was den zweiten Teil dieser Frage angeht, so können wir der Sache näherkommen, wenn wir die Bedeutung eines Ausdrucks, den ich in früheren Kapiteln für das Lachen gebraucht habe, untersuchen. Als ich über die Heiterkeit bei Krankheiten und Wahnsinn schrieb, charakterisierte ich gewisse Typen von Gelächter immer wieder als «krankhaft» oder «unmotiviert». Aber was sind, könnte man einwenden, die Kriterien für die Entscheidung darüber, was gesundes und krankhaftes Lachen ist und auch darüber, wer die Entscheidung treffen soll?

Es genügt nicht zu sagen, daß gewisse Formen des Lachens krankhaft sind, weil sie von organischen Veränderungen im Gehirn herrühren. Daß Störungen der Heiterkeit bei Patienten mit Krankheiten wie Pseudobulbärparalyse, Kuru, Epilepsie und präsenilem Irresein mit feststellbaren Veränderungen oder Verletzungen im Gehirn einhergehen, ist natürlich wichtig. Aber die Menschen erkannten schon lange bevor die Wissenschaft die bei diesen Krankheiten vorkommenden Veränderungen im Gehirn entdeckte und präzisierte, daß mit dem Lachen der Opfer dieser Krankheiten etwas nicht stimmte. Ebenso erkennt man heute, daß die Fröhlichkeit von Patienten mit Hysterie, Schizophrenie oder Manie krankhaft ist, auch wenn die Wissenschaft bisher noch keinen Zusammenhang zwischen Gehirnveränderungen und diesen Zuständen gefunden hat.

Die Erklärung dafür, daß gewisse Arten von Humor und Lachen «krankhaft» genannt werden, liegt auf einer anderen Ebene. Um als gesunde Reaktion bezeichnet zu werden, muß

Fröhlichkeit eingewoben sein in ein Netz aus gegenseitigem Verständnis, aus Liebe und einander Hilfe bietenden menschlichen Beziehungen. Paßt sie aber nicht in dieses Netz positiver Gefühle, so müssen wir in manchen Fällen Humor und Lachen als pathologisch bezeichnen. Das Gelächter von Epileptikern ist zu einem Teil deswegen pathologisch, weil es nicht sozial ansteckend ist. Schizophrenes Lachen ist in seinem Kontext unpassend; der Schizophrene lacht über Dinge, die für die meisten traurig sind. Das Gelächter eines Opfers der Pseudebulbärparalyse tritt auch auf, wenn nichts stattgefunden hat, das die anderen für spaßig halten.

Ebenfalls im Kontext dieser menschlichen Beziehungen gewinnt die Unterscheidung zwischen lachen *mit* und lachen *über* ihre Bedeutung. Beim grausamen Lachen, beim Lachen *über* jemand, schließen wir ihn aus dem Netz von Liebe, Verständnis und Hilfe aus; wenn wir *mit* jemand lachen, hüllen wir ihn darin ein.

Ähnliche Überlegungen sind auch mit der Fragestellung verbunden, wie man die sinnvolle therapeutische Anwendung der Fröhlichkeit von einer schädlichen unterscheiden kann. Humor als Therapie kann nur dann erfolgreich sein, wenn er dem Patienten eine warme und verständnisvolle Beziehung zu seinen Mitmenschen vermittelt.

Aber noch darüber hinaus haben Humor und Lachen spezifische Eigenschaften und Wirkungen, die unter günstigen Bedingungen therapeutisch anwendbar sein können und vielleicht die Fälle von offensichtlicher Heilung durch Humor, die wir geschildert haben, erklären. Kant und Walsh erwähnen beide eine direkte mechanische Wirkung des Lachens, die sie für physiologisch vorteilhaft halten. Diese Erklärung kann zumindest teilweise in einigen Fällen herangezogen werden – zum Beispiel bei dem mechanischen Effekt des Lachens, das William Battie hervorrief und das zum Platzen des Abszesses führte – aber in den meisten Fällen wird sie weit überschätzt. Man muß ganz gewiß noch weitere Faktoren einbringen, wenn man die meisten der in Kapitel II beschriebenen therapeutischen Anwendungen der Heiterkeit erklären will.

Weiter oben wurde die Meinung vertreten, daß der Ausdruck «einen Sinn für Humor haben» unter anderem die Bedeutung habe, daß man seine Probleme von einer kosmischen Perspektive her sehen könne. Das war zweifellos im Falle meines Patienten, dessen schwere Depression sich gebessert hatte, nachdem er über einen ärgerlichen Zwischenfall in seiner Keksfabrik hatte lachen können, ein wichtiger Faktor. Ich glaube, daß während dieser speziellen therapeutischen Sitzung ein wirklicher Durchbruch stattfand, weil es ihm gelang, seine Handlungen und sein Verhalten aus einer etwas distanzierten und komischen Perspektive zu betrachten. Diese Einsicht führte zu dem Entschluß, nun doch die notwendigen Veränderungen in seinem Leben vorzunehmen.

Wie können wir die außergewöhnlichen Fälle erklären, wo Clowns Menschen aus tiefster Teilnahmslosigkeit zurück in ihre Umwelt geholt haben? Eine gewisse Erklärung liegt vielleicht in der Berücksichtigung eines Faktors, den Humor und Teilnahmslosigkeit gemeinsam haben: Regression. Völlig in sich zurückgezogene Menschen sind in mancher Hinsicht in den hilflosen Zustand des Kleinkinds zurückgefallen. Sie sind zur Befriedigung ihrer elementaren Bedürfnisse auf andere angewiesen.

Wir haben gesehen, daß es vom psychologischen Standpunkt aus Gründe dafür gibt, den Humor als eine Art von gemeinschaftlicher, spielerischer Regression zu charakterisieren. Insbesondere Clowns ist ein regressives Verhalten gestattet. Professionelle Clowns äußern sich oft über das anregende Gefühl, von den üblichen sozialen Zwängen befreit zu sein, wenn sie geschminkt und kostümiert sind.

Wenn jemand sich ganz auf sich selbst zurückgezogen hat, ist es nicht unvorstellbar, daß es hilfreich sein kann, sich auf sein Niveau zurückzubegeben, um ihn aus seinem Zustand herauszuholen. Um diese Meinung in der einfachen Form einer Metapher auszudrücken: Es ist, als sage der Clown zu der teilnahmslosen Person: «Wenn du aus deinem Schneckenhaus nicht herauskommen kannst oder willst, dann will ich zu dir hineinkommen und dich herausführen.»

Die Rolle ist vielschichtig, die der Humor und das Lachen bei der Bekämpfung des Schmerzes spielen. Reaktion auf Schmerz hat sehr verschiedene sozio-kulturelle Determinanten, wie auch der Humor und die Reaktion darauf. Die Bedeutung der allgemeinen Einstellung – auch der Menschen mit einer fröhlichen Lebenshaltung – gegenüber Schmerzempfindung und -hinnahme ist immer noch ein verhältnismäßig vernachlässigtes, aber fruchtbares Forschungsgebiet.

Auch ist es möglich, daß die schmerzstillende Wirkung der Heiterkeit in gewissen Fällen auf einem psychischen Mechanismus beruht. Schmerzen können gerade dadurch schlimmer werden, daß man sich auf sie konzentriert. Durch Lachen kann man sich selbst und seinen Leiden entfliehen. Vielleicht liegt die Wirkung des Humors manchmal gerade darin, daß er die Aufmerksamkeit vom Schmerz ablenkt.

Gewisse Schmerzen werden durch die Muskelspannung,

die der Betreffende, ohne es zu merken, erzeugt, hervorgerufen oder verschlimmert. Wenn zum Beispiel jemand einen unbedeutenden Schmerz in einem bestimmten Körperteil spürt und sich nun darauf konzentriert, wird er wahrscheinlich unbewußt die benachbarten Muskeln in dieser Region anspannen. Als Folge davon wird der Schmerz schlimmer, weil die angespannten Muskeln selbst nun auch schmerzen. Ein weiteres Beispiel eines selbsterzeugten Schmerzsyndroms ist Kopfweh auf Grund von Muskelverspannungen. Der Betreffende ist aus irgendeinem Grund ängstlich oder deprimiert, und ohne es zu merken, spannt er die Muskeln an Hinterkopf und Nacken an; bald hat er Kopfweh.

Es ist daher interessant, darüber nachzudenken, ob ein etwaiger schmerzstillender Effekt des Lachens auf das Nachlassen der Muskelspannung zurückgeht, die zu den beweisbaren physiologischen Wirkungen des Lachens gehört. In diesem Fall wäre der Ablauf der Ereignisse der folgende: Unbewußte Verspannungen von Muskeln verschlimmern oder verursachen Kopfweh. Der Betreffende wird in eine humoristische Situation gebracht. Er lacht, die Spannung seiner Muskeln in dem betroffenen Bereich läßt nach, und der Schmerz vergeht.

Ein weiterer Grund für die therapeutische Wirkung des Humors ist vielleicht der, daß er die Kommunikation zwischen Arzt und Patient in die Wege leitet oder wiederherstellt. In der Medizin ist die Kommunikation nicht nur als soziales Bindeglied von Bedeutung, sondern auch, weil es wichtig ist, die Mitarbeit des Patienten und sein Verständnis bei der Diagnose und der Behandlung zu gewinnen. Das ist bei jeder Krankheit höchst erwünscht, bei einigen aber sogar völlig unerläßlich. Nur ein Beispiel: Diabetiker müssen oft ihren ganzen Lebensstil einschneidend ändern, um erfolgreich mit ihrer Krankheit leben zu können. Sie müssen lernen, welche Nahrungsmittel sie essen dürfen und welche nicht. Man muß ihnen zeigen, wie sie ihren Urin auf den Zuckergehalt testen, wie sie die Insulindosis regulieren und wie sie sich selbst Injektionen geben können. All das und vieles andere verstehen sie nur, wenn eine gute Kommunikation zwischen Arzt und Patient besteht.

Als wirksames soziales «Schmiermittel» kann der Humor eine gute Hilfe bei der Herstellung von Kommunikation sein. Als ich mit meiner Arztpraxis begann, konnte ich den Humor dadurch nützlich anwenden, daß ich mich über die seltsamen Instrumente, die der Arzt benutzt, lustig machte. Die Apparatur der modernen Medizin erscheint Menschen, die nicht damit vertraut sind, furchterregend und erschreckend (übrigens manchmal sogar noch erschreckender den Ärzten, die daran gewöhnt *sind*). Patienten, die sich unbehaglich und ängstlich fühlen, wenn sie mit einer infernalisch aussehenden Maschine untersucht werden sollen, werden oft ruhiger, wenn der Arzt einen Scherz über den Apparat macht.

Kinder, denen Narkosegas durch eine Maske gegeben werden soll, sind oft in Angst und Schrecken; sie befürchten, daß jemand sie ersticken will. Manche Narkoseärzte lösen dieses Problem, indem sie die häßlich aussehende Maske in eine lustige, freundliche Handpuppe verwandeln. Die Puppe amüsiert das Kind eine Weile, indem sie mit ihm «spricht». Schließlich beugt sie sich über das Kind, um es zu «küssen», und das Kind versinkt friedlich in Schlaf.

Zum Abschluß noch eine therapeutische Wirkung des Humors, die begreiflicherweise die wichtigste von allen ist. Der

Lebenswille ist eine Kraft, die man kaum genau definieren kann. Trotzdem muß man in der Medizin mit ihr rechnen. Es kommt vor, daß ein Patient wegen eines unbedeutenden Leidens oder eines kleinen chirurgischen Eingriffs ins Krankenhaus kommt und sagt, daß er nun sterben müsse und nicht mehr lebend aus dem Krankenhaus herauskommen werde. Trotz gründlicher körperlicher Untersuchung und Laborbefunde, die ergeben, daß der Patient gesund ist, stirbt er während seines Krankenhausaufenthalts. Viele Ärzte haben gelernt, solche Bemerkungen der Patienten sehr ernst zu nehmen.

Aber auch das Gegenteil kommt vor. Manchmal kommt ein Patient ins Krankenhaus, und seine Ärzte stellen ihm eine düstere Prognose. Man sagt ihm, er habe nur noch ein paar Wochen oder Monate zu leben; es sei ganz unvorstellbar, daß er in seinem Zustand noch länger leben könne. Der Patient ist aber anderer Meinung. Er bleibt dabei, daß er nicht sterben werde, daß er diesen Zustand überwinden werde, und im Gegensatz zu der Voraussage bleibt er tatsächlich am Leben. Manche dieser Patienten haben die Ärzte, die solche Prognosen abgaben, um Jahrzehnte überlebt.

Das alles ist, so glaube ich, die Wirkung von Faktoren, die wir noch nicht verstehen. Meistens ist natürlich der Lebenswille nur das, was in einer gewissen Reihe von Fällen das Kräftegleichgewicht aufrechterhält. Er kann selbstverständlich niemand unsterblich machen. Trotz seines unklaren und noch ziemlich rätselhaften Charakters ist es immerhin möglich, daß es Fälle gibt, wo die Mobilisierung des Lebenswillens des Patienten zum wichtigsten gehört, das der Arzt tun kann.

Es gibt eine Verbindung zwischen dem Lebenswillen und dem Humor. Sigmund Freud drückt das sehr gut aus:

«Der Humor hat nicht nur etwas Befreiendes wie der Witz und die Komik, sondern auch etwas Großartiges und Erhebendes, welche Züge an den beiden anderen Arten des Lustgewinns aus intellektueller Tätigkeit nicht gefunden werden. Das Großartige liegt offenbar im Triumph des Narzißmus, in der siegreich behaupteten Unverletzlichkeit des Ichs. Das Ich verweigert es, sich durch die Veranlassung aus der Realität kränken, zum Leiden nötigen zu lassen, es beharrt dabei, daß ihm die Traumen der Außenwelt nicht nahegehen können, ja es zeigt, daß sie ihm nur Anlaß zu Lustgewinn sind. Dieser letzte Zug ist für den Humor durchaus wesentlich.»[1]

Vielleicht letztlich und im tiefsten Sinn beruht die Wirkung des Humors darauf, daß er den Lebenswillen aufrüttelt. Eine der erfreulichsten Reaktionen, die ich zu diesem Thema erlebte, kam von einem professionellen Komiker, der einen Vortrag von mir über die medizinischen Aspekte der Heiterkeit gehört hatte. Er kam zu mir und sagte, daß er früher in den Fällen, wo er seine Zuhörerschaft richtig zum Lachen brachte, immer zu seiner Frau gesagt hätte: «Heute abend habe ich sie aber fertiggemacht!» Jetzt, sagt er, wolle er ihr berichten: «Ich half ihnen zu leben!»

IX

Der Humor und die Heilberufe: Die Wiedergewinnung des Gleichgewichts in der modernen Medizin

Auf verschiedene Weise warnt uns die Gesellschaft, daß das Gesundheitswesen selbst krank ist. Es herrscht große Unzufriedenheit über die moderne Medizin, wofür es zweifellos viele Gründe gibt. Manche von ihnen sind in der andauernden öffentlichen Diskussion über die Gesundheitsfürsorge eingehend behandelt worden. Einer der Gründe, bei denen das jedoch nicht der Fall ist, hat einen ganz speziellen Bezug zu dem Thema unseres Buches. Es handelt sich, kurz gesagt, darum, daß Menschen ihre Berufe gern zu ernst nehmen.

Diese Tendenz ist bedauerlich, aber verständlich. Man muß bedenken, daß die Ausbildung zu einem Spezialarzt keine Kleinigkeit ist. Sie bedeutet die Investition von vielen Jahren der Arbeit in Form von Lesen, Lehrgängen und beaufsichtigter Praxis. Kein Wunder, daß ein Arzt am Ende dieser Nervenprobe gelegentlich versucht sein kann, stolz darauf zu sein, wieviel er weiß und die Wichtigkeit von alldem zu überschätzen. Auch lassen manche den ärgerlichen Eindruck aufkommen, der Ärztestand glaube, die Allgemeinheit sei für ihn da, anstatt umgekehrt. Diese Selbstgefälligkeit ist eher eine Folge der Art und Weise, wie der Beruf innerhalb der Gesellschaft als Institution organisiert ist, als eine Frage persönlicher Schwäche.

Bergson fand einen Ausdruck für die Neigung des Experten, sich zu ernst zu nehmen; er nannte sie «professionellen Ernst». Aber wichtiger, als sie zu benennen, ist die Frage: Gibt es ein Mittel dagegen?

Man könnte empfehlen, sich gelegentlich bescheiden an das Übergewicht unserer Unwissenheit über unser Wissen zu erinnern. Aber ich glaube, das ist unter menschlichen Wesen eine überaus seltene Gabe.

Auch könnte man versuchen, aus den soziologischen Analysen darüber, was ein Beruf ist, zu lernen. Ein Beruf, macht die Soziologie geltend, ist eine Untereinheit innerhalb der sozialen Ordnung. Er existiert auf Grund einer von der Gesellschaft erteilten Lizenz, die dieser Gruppe eine bestimmte Freiheit der Interpretation, Verbreitung und Verwertung eines gewissen Spezialwissens zugesteht. Als Gegenleistung erwartet die Gesellschaft, daß dieses Wissen zum Nutzen der Allgemeinheit angewandt wird. Die Schwierigkeit entsteht, das sagt die Analyse, wenn der Beruf für sich das Vorrecht beansprucht, die moralische Wahl darüber treffen zu dürfen, wie diese Dienste geleistet werden sollen.

Bedauerlicherweise sind solche soziologischen Betrachtungen wahrscheinlich zu abstrakt, um unmittelbar nützlich zu sein.

Ein Korrektiv für professionellen Ernst ist aber vielleicht der Humor. Man darf nicht vergessen, daß der Humor für die Ärzte bereits eine wichtige Rolle bei der Überwindung von Stress spielt, der mit ihrer Position inmitten der Kompliziertheiten, Schwierigkeiten und Nöte der modernen medizinischen Praxis verbunden ist. Die meisten Ärzte haben ihr Repertoire lustiger Geschichten über die kleinen Klagen, die ihnen in den frühen Morgenstunden in ihrer Sprechstunde vorgejammert werden. Gibt es einen besseren Weg, über die Ungereimtheit hinwegzukommen, daß man um drei Uhr morgens aus dem Bett geholt wurde, um den Schnupfen eines Patienten zu behandeln (er habe ihn, wie er klagte, schon seit drei Wochen), als darüber zu lachen?

Ein noch unerforschter Weg zum Verständnis ist der Versuch, die Vorstellung des großen Publikums vom Arztberuf, wie sie sich im Volkswitz über den Doktor widerspiegelt, zu deuten. Es ist sehr interessant, daß der Arztberuf eine der häufigsten Zielscheiben sowohl mündlich verbreiteter Witze als auch von Karikaturen in der Presse ist. Vielleicht sollten wir uns doch mehr damit beschäftigen, was solche Scherze uns darüber sagen, wie die anderen die Ärzte einschätzen.

Man könnte sich denken, daß das beste Heilmittel gegen professionellen Ernst darin besteht, daß man den Humor bewußter in die medizinische Ausbildung einbaut. Wenn man aber wirklich den Ärzten mehr Interesse abverlangen will für Humor und Lachen als diagnostische und therapeutische Hilfe, dann muß zuerst eine Menge von Problemen durchgearbeitet, erforscht und geklärt werden.

Es ist zum Beispiel angesichts der vielen Kontraindikationen gegen die Anwendung der Humortherapie ganz klar, daß wir eine praktische Methode zur Beurteilung der individuellen Reaktion auf Humor entwickeln müssen. Wir müssen herausfinden, mit was für Fragen man am bequemsten, schnellsten und zuverlässigsten die Empfänglichkeit eines Patienten für Humor feststellen kann.

Ich benutze in meiner Praxis eine Reihe von Fragen, die kurz, aber signifikant sind und gleichzeitig berücksichtigen, daß die Reaktion auf Humor unter den Menschen sehr verschieden ist. Folgende Fragen könnte man zum Beispiel stellen: Welche Rolle spielte der Humor in der Familie des Betreffenden, als er heranwuchs? Wurde er als Kind übermäßig gehänselt? Was für Witze, Humor usw. hat er am liebsten? Bei welcher Gelegenheit hat er am meisten, lautesten oder längsten gelacht? Was ist sein Lieblingswitz? Wie oft lacht er? Solche oder auch andere Fragen zu stellen, kann viel zum Verständnis der Reaktion des Patienten auf Humor beitragen, auch bei einer kurzen Konsultation.

Eine wirklich nützliche Humortherapie besteht natürlich nicht einfach darin, dem Patienten Witze zu erzählen, damit er darüber lacht, sondern ihm eine Hilfe dabei zu bieten, sich eine mehr humoristische Lebensauffassung anzueignen. Wenn es für die Gesundheit wichtig ist, die Art von Humor zu haben, die einem das Auf und Ab des Lebens in komischem Licht erscheinen läßt, wie kann man dann den Patienten dazu bringen?

Ich will hier nicht den Vorschlag machen, daß die Ärzte Komiker werden sollen. Auch empfehle ich keineswegs, daß das Lachen die medizinischen Maßnahmen, die uns zur Verfügung stehen, ersetzen müßte. Ich schlage nur vor, daß es dazu eingesetzt werden sollte, jene zu ergänzen. Wir geben jedes Jahr gewaltige Summen aus, um in ihrer Zusammensetzung zunehmend kompliziertere und manchmal leider auch giftigere chemische Wirkstoffe zur Krankheitsbekämpfung zu entwickeln. Es ist nötig und richtig, daß wir das tun. Im Vergleich dazu wären jedoch die Gelder sehr gering, die wir investieren müßten, um eine der ältesten und weitverbreitetsten Überzeugungen hinsichtlich der Gesundheit zu testen – nämlich, daß die Heiterkeit eine therapeutische Wirkung haben kann. Wenn Untersuchungen in dieser Richtung positive Resultate ergäben, hätten wir noch einen zusätzlichen Gewinn. Denn im Gegensatz zu Pillen, Tropfen oder Injektionen gehört der Humor an sich schon zu den guten Gaben der Natur. Jemand zum Lachen zu bringen ist gleichbedeutend damit, seine Lebensqualität zu verbessern.

Schließlich möchte ich noch erwähnen, daß es für den Arzt überaus hilfreich sein kann, sich selbst, seinen Beruf und seine technischen Kenntnisse in humoristischem Licht zu sehen. Aus folgendem Vorfall lernte ich vor einiger Zeit eine ganze Menge über die Medizin, die Menschen und die Möglichkeiten der Kommunikation.

Als ich in einem Krankenhaus arbeitete, bekam ich den Besuch eines jungen Mannes, der zwar zweifellos intelligent war, aber nur ein Minimum an formaler Bildung besaß. Sein Gesichtsausdruck war gequält, als er mir von seinem Problem erzählte. Er hatte im Fuß einen intensiven, brennenden Schmerz, der vor einigen Tagen eingesetzt und ihm seither den Schlaf geraubt hatte. Er hatte festgestellt, daß der Fuß, wenn man ihn auch nur leicht an bestimmten Stellen berührte, sogleich schlimmer schmerzte, bis es fast unerträglich wurde. Er hatte sich infolgedessen rasch angewöhnt, den Fuß unbeweglich zu halten und darauf zu achten, daß niemand ihn unabsichtlich streifen und dabei eine der empfindlichen Stellen berühren konnte.

Er berichtete dann, daß er sich zwei Wochen zuvor bei einem Revolverkampf einen Oberschenkeldurchschuß zugezogen hätte. Man hatte die Verletzung ärztlich versorgt und ihm schmerzlindernde Mittel und Antibiotika gegeben. Erst nachdem die Beinwunde recht gut verheilt war und er die schmerzstillenden Mittel nicht mehr nahm, hatte er den Schmerz in seinem Fuß festgestellt. Nun sei dieser so schlimm, daß er ihn einfach nicht mehr aushalten könne.

Die Geschichte dieses Mannes und seine Symptome sind ein klassisches Beispiel für eine noch unvollständig erforschte Krankheit namens Kausalgie. Sie tritt manchmal auf, wenn ein Nerv in einem Glied verletzt wird. Etwas später fängt der Schmerz in einer Stelle an, die der Hautpartie des Nervs entspricht, und er scheint mit einer Funktionsstörung der sympathischen Nervenfasern im größeren Nerv verbunden zu sein. Wenn die Kausalgie sehr bald nach ihrem Auftreten erkannt wird, kann eine Operation, die man Lumbalsympathektomie nennt und bei der die sympathischen Nervenstränge an dem Punkt im Rücken, wo sie in das Rückenmark eintreten, unterbrochen werden, oft eine geradezu dramatische Erlösung von den Schmerzen bringen.

Die Krankenhauschirurgen wurden also herbeigerufen, und bald war das kleine Untersuchungszimmer voll von eindrucksvollen Gestalten in weißen Kitteln. In einer hektischen Atmosphäre machten Ausdrücke wie «Kausalgie», «peripherer Nerv», «sympathisches Nervensystem» und «Lumbalsympathektomie» in Gegenwart des armen Mannes die Runde. Dieser war nur noch in der Lage, uns immer wieder zu bitten: «Macht, daß dieser Schmerz aufhört. Es ist mir ganz gleich, wie ihr das tut. Auch wenn ihr meinen Fuß abnehmen müßt, dann los damit. Mir ist alles gleich!»

Nach kurzer Zeit wurde er in das Krankenhaus aufgenommen und für die Operation vorbereitet, die dann auch gut verlief. Als ich ihn am nächsten Morgen besuchte, begrüßte er mich mit einem strahlenden Lächeln. Der Schmerz, sagte er, sei vollständig weg, und er könne jetzt seinen Fuß wieder frei bewegen.

Während ich ihn untersuchte und mir überlegte, wie unergründlich doch manchmal die Geheimnisse der Medizin einem Außenstehenden erscheinen müßten, versuchte ich, die Situation einmal von der komischen Seite zu nehmen. Ich sagte zu ihm: «Ich glaube, es kommt Ihnen wahrhaft komisch vor, daß Sie einen Schuß in den Oberschenkel erhielten, daß ein paar Tage später der furchtbare Schmerz in Ihrem Fuß kam, daß wir Sie ins Krankenhaus holten, um Sie am Rücken zu operieren, und daß dann der Schmerz verschwand.»

Er lachte und antwortete: «Ja, Herr Doktor, das ist wirklich unbegreiflich. Wissen Sie, als Sie mich betäubten, dachte ich, Sie würden mir den Fuß abschneiden!»

Durch diesen Vorfall wurde mir so recht klar, wie ein Uneingeweihter sich meinen Beruf vorstellen muß, und es war mir eine höchst nützliche Lektion darüber, wie man sich mit Patienten über die so phantastisch erscheinenden Vorgänge der modernen medizinischen Behandlung verständigen muß. Mittlerweile haben wir alle über die unheimlichen Berichte von Menschen gelesen, die in gutem Glauben behaupten, sie seien von uniformierten Besatzungen fliegender Untertassen entführt und mit außerweltlichen Apparaturen körperlich untersucht worden. Ich weiß nicht, ob irgend etwas an diesen Berichten im klassischen Sinn wahr ist oder nicht. Wenn wir aber einmal davon absehen, ob sie wirklich physisch real sein können, so sind sie in gewisser Weise doch faszinierend.

Denn sie karikieren den Zusammenstoß zwischen dem Laien, auch dem Gebildeten, und der medizinischen Umwelt unserer Zeit.

Man muß sich nur einmal die Gefühle und Gedanken vorstellen, die ein Patient haben muß, wenn er in den Untersuchungsraum geführt wird, wo er dann von «uniformiertem» Personal umgeben ist, deren medizinische Fachsprache ihm unverständlich und rätselhaft ist. Ein Blatt Papier wird ihm unter die Nase geschoben, damit er es unterschreibe, während die Umstehenden ihn mit Instrumenten untersuchen, deren Funktion er nicht begreift. Alle diese Vorgänge müssen ihm furchtbar phantastisch vorkommen, gar nicht so viel weniger phantastisch, als von einer UFO-Besatzung entführt und untersucht zu werden. Es ist also vielleicht nicht weit gefehlt, diese Berichte weniger daraufhin zu prüfen, ob sie als Beweise für interplanetarische Besuche gelten können, sondern eher danach zu fragen, ob es sich dabei nicht etwa um geistige Projektionen handelt, in denen sich die Reaktionen der Menschen auf ihre Erfahrungen mit der modernen Medizin widerspiegeln.

In dieser ziemlich unheimlichen Atmosphäre möchte ich mit einem im ersten Augenblick vielleicht absonderlich erscheinenden Gedanken schließen. Seit Jahren lesen wir, daß die Astronomen darüber diskutieren, ob es nützlich sei, Verbindung mit intelligenten Lebensformen aufzunehmen, die vielleicht Planeten außerhalb unseres Sonnensystems bewohnen. Wissenschaftler argumentieren, daß es, nachdem wir jetzt einen Stand der technischen Entwicklung erreicht haben, der uns befähigt, Wellen aus dem fernen Weltraum aufzufangen, sehr wohl möglich sein könnte, daß es irgendwo weit dort draußen intelligente Wesen mit denselben Fähigkeiten gibt. In diesem Fall besteht die Möglichkeit, Botschaften zu empfangen, die diese in unsere Richtung ausgestrahlt haben oder umgekehrt, daß sie auf uns aufmerksam werden, wenn wir ihnen unsere Anwesenheit im Universum durch die Übermittlung von bestimmten Informationen kundtun.

Jeder Doppelverkehr würde davon abhängen, daß irgendeine gemeinsame Sprache zwischen uns bestünde. Natürlicherweise müßten in unserem technischen Zeitalter Zahlenverhältnisse und -begriffe die ersten Ausdrücke sein, die als Grundlage für eine universelle Sprache in Frage kämen. Deshalb wählte man die allgegenwärtige mathematische Konstante *pi* – 3,1415 . . . Es wurde vorgeschlagen, auf Signale aus dem Weltraum zu achten, die die Botschaft *pi* enthalten oder solche zu senden, um zu zeigen, daß auch wir zur Bruderschaft des empfindungsfähigen Lebens gehören.

Es gibt aber noch viele andere Kommunikationsformen, auch unter menschlichen Wesen, als nur die Mathematik. Wie wir sahen, gehört dazu der Humor. Wäre es nicht lustig, wenn die erste Botschaft, die uns aus dem weiten, kalten interstellaren Raum erreichte, nicht *pi* wäre, sondern ein Witz?

Anmerkungen

I Ein Arzt entdeckt die heilende Kraft des Humors

1 Dr. G. V. N. Dearborn: The Nature of Smile and Laugh. Science 11 (1900)
2 H. A. Paskind: Effect of Laughter on Muscle Tone. Archives of Neurology and Psychiatry 28 (1932)
3 Herbert Spencer: The Physiology of Laughter. Erstveröffentlichung in Macmillan's Magazine, 1860
4 Sigmund Freud: Der Witz und seine Beziehungen zum Unbewußten. Gesammelte Werke Bd. 6, S. Fischer Verlag. Frankfurt a. M. 1969
5 Stanley Schachter und Ladd Wheeler: Epinephrine, Chlorpromazine and Amusement. Journal of Abnormal and Social Psychology 65,2 (1962)
6 James O. Halliwell: Tarlton's Jests and News Out of Purgatory. The Shakespeare Society. London 1844
7 George Meredith: An Essay on Comedy. Doubleday Anchor Books. New York 1956

II Berichte über Heilungen durch Humor

1 Nachdruck in «The Saturday Review», Mai 1977
2 Charles Dickens (Hg.): Memoirs of Joseph Grimaldi, MacGibbon & Kee Ltd. London 1968
3 Mark Zborowski: People in Pain. Jossey-Bass, Inc. San Francisco 1969

III Humor und Gesundheit: Die Geschichte einer Idee

1 Aus James J. Walsh: Laughter and Health, D. Appleton and Co. New York 1928
2 Ebd.
3 Ebd.
4 Robert Armin: A Nest of Ninnies. The Shakespeare Society, London 1842
5 Dr. Doran: The History of Court Fools. Richard Bentley. London 1858
6 Nuova Antologia di Scienze, Lettere ed arti, Bd. 34 und 35. Rom 1891
7 Richard Mulcaster: Positions. London 1887
8 Robert Burton: Schwermut der Liebe. Manesse Verlag. Zürich 1952
9 Immanuel Kant: Kritik der Urteilskraft. Suhrkamp Verlag. Frankfurt a. M. 1974
10 Doran, a. a. O.
11 James Sully: An Essay on Laughter. Longmans and Green, New York 1902
12 William McDougall: A New Theory of Laughter. Psyche 2 (1922)

13 James J. Walsh: Laughter and Health. D. Appleton and Co., New York 1928
14 Alanson Skinner: Political Organization, Cults and Ceremonies of the Plains-Ojibway and Plains-Cree Indians, American Museum of Natural History, New York 1914

IV Lachen und Krankheit

1 D. C. Gajdusek und V. Zigas: Kuru. American Journal of Medicine 26 (1959)
2 Nachdruck in: Louis S. Goodman und Alfred Gilman, The Pharmacological Basis of Therapeutics, The Macmillan Co., Toronto 1970
3 J. Rodier: Manganese Poisoning in Moroccan Miners. British Journal of Industrial Medicine 12 (1955)
4 MacDonald Critchley: Periodic Hypersomnia and Megaphagia in Adolescent Males. Brain 85 (1962)
5 George M. Gould und Walter L. Pyle: Anomalies and Curiosities of Medicine. Bell Publishing Co. 1956
6 Ebd.
7 G. Stanley Hall und Arthur Allin: The Psychology of Tickling, Laughing and the Comic. The American Journal of Psychology 9 (1897)
8 Harald Hoffding: Outlines of Psychology. Macmillan, London 1919

V Lachen und Wahnsinn

1 Robert Burton: Schwermut der Liebe. Manesse Verlag. Zürich 1952
2 Charles Baudelaire: Meridian Books. New York 1956
3 K. L. Kahlbaum: Catatonia. Johns Hopkins University Press. Baltimore 1973
4 Emil Kraepelin: Einführung in die psychiatrische Klinik. 1921
5 Eugen Bleuler: Lehrbuch der Psychiatrie. Springer. Berlin 1975
6 Ebd.
7 Burton, a. a. O.
8 Franz Alexander: Psychosomatic Medicine: Its Principles and Applications, W. W. Norton 1950
9 G. Stanley Hall und Arthur Allin: The Psychology of Tickling, Laughing and the Comic. The American Journal of Psychology 9 (1897)

VI Pathologie des Lachens: Berufliche Risikofaktoren und Kunstfehler der Ärzte

1 Robert Burton: Schwermut der Liebe. Manesse Verlag. Zürich 1952
2 Ebd.
3 George Meredith: An Essay on Comedy. Doubleday Anchor Books. New York 1956
4 Lord Chesterfield: Letters. William Teco. London 1872
5 Saint Chrysostom: On the Priesthood; Ascetic Treatises; Select Homilies and Letters; Homilies on the Statues, in

Bd. 9 der Select Library of the Nicene and Post-Nicene Fathers of the Christian Church. The Christian Literature Co. New York 1889
6 Ebd.
7 See Ian Stevenson: Physical Symptoms Occurring with Pleasurable Emotional States. American Journal of Psychiatry 127 (1970); vom gleichen Autor: Physical Symptoms During Pleasurable Emotional States. Psychosomatic Medicine 12 (1950)
8 Garrison: History of Medicine. W. B. Saunders. 1929 (Neuauflage 1966)
9 Maurice Sand: The History of the Harlequinade. Benjamin Blom, Inc. London 1915
10 Dr. Doran: The History of Court Fools. Richard Bentley. London 1858

VII Der organisierte Spott – eine Gefahr für unsere Gesellschaft

1 Marcus Tullius Cicero: De Oratore, Reclam. Stuttgart 1976
2 Elizabeth S. Haldane und G. R. T. Ross: The Philosophical Works of Descartes. Bd. I. Dover Publications. New York 1955
3 J. C. Gregory: The Nature of Laughter. Harcourt, Brace & Co., Inc. New York 1924
4 Ebd.
5 A. M. Rankin und P. J. Philip: An Epidemic of Laughing in the Bukoba District of Tanganyika. The Central African Journal of Medicine 9 (1963)

6 J. F. Coates: Wit and Humor: A Neglected Aid in Crowd and Mob Control. Crime and Delinquency 18 (1972)
7 S. G. Brisland et. al.: Laughter in the Basement. Pergamon Press. New York 1977
8 John R. Atkins: A Designed Locale for Laughter to Reinforce Community Bond

VIII Warum Humor uns hilft

1 Sigmund Freud: Der Humor. Gesammelte Werke Bd. 14: Imago. London 1948

Raymond A. Moody

Leben nach dem Tod

Mit einem Vorwort von Elisabeth Kübler-Ross
Aus dem Amerikanischen von Hermann Gieselbusch
und Lieselotte Mietzner. 187 Seiten. Kart.

«Die 150 Gewährsleute, die dem amerikanischen Psychiater Moody im Land der unbegrenzten Möglichkeiten von Grenzerlebnissen der Todesnähe berichteten, waren allesamt nicht irreversibel tot – eine Anzahl war allerdings klinisch tot – und konnten so von Erlebnissen am Lebensende berichten. Die auffällig übereinstimmenden Einzelheiten ihrer Protokolle mögen inzwischen so in aller Munde sein, daß viele meinen, die Lektüre des Buches sei entbehrlich.
Dagegen spricht die Unmittelbarkeit, der Ernst und das Befreiungsgefühl dieser Erlebnisse. Wenn man das aufmerksam liest, formt sich eine recht genaue Vorstellung vom sich loslösenden spirituellen Körper, von der großen Befreiung vom Gefängnis des Körpers, vom Betreten des Lichtreichs, vom beglückenden, liebevollen Empfang und dem eigenen raschen Lebensrückblick, der dort viel klarer erkannt wird. Das empfinden Moodys Zeugen als Wahrheit ebenso wie andere, die inzwischen auch namentlich aufgetreten sind. Der Leser kann sich zu dieser ‹Wahrheit› stellen, wie er will, er kann der Sache mit eigenen Umfragen genauer nachgehen.
Er braucht nichts zu glauben, denn das ist sympathisch an Moody: er weist selbst darauf hin, daß er keinerlei *Beweise* liefert für ein Weiterleben nach dem Tod (die es a priori auch nicht geben kann). Es gibt die übereinstimmenden Erlebnisse dieser Menschen und übereinstimmende Überlieferungen quer durch alle Völker. Das Buch wirkt wie ein Anstoß an die Medizin, die Psychologie, die Lebensführung von uns allen: Wenn hier ein Funken Wahrheit ist, lohnt es sich, ganz neue Wege zu gehen, um ihn zum Aufleuchten zu bringen. Sei es, damit das Leben mehr Hoffnung und der Tod mehr Würde bewahre.»

Westermanns Monatshefte

Rowohlt

Raymond A. Moody

Nachgedanken über das Leben nach dem Tod

Aus dem Amerikanischen von Hermann Gieselbusch
183 Seiten. Kart.

Mit seinem ersten Buch hatte Dr. Moody eine unerwartete und unerhört weitreichende Resonanz gefunden. Nun, da der Bann gebrochen war, brauchte er nicht mehr zu suchen nach Zeugen für die Erfahrungen jenseits der Todesschwelle: sie meldeten sich zu Hunderten! Nach eingehenden Interviews mit all den Männern und Frauen, die dem Tode nahe gewesen oder direkt für tot erklärt worden waren, kann jetzt mit Bestimmtheit gesagt werden: Die im ersten Buch aufgestellte Erlebnisfolge beim Sterbeprozeß ist eine regelmäßige Erscheinung. Sie wird in diesem Buch der Nachgedanken und kritischen Überprüfung um vier Elemente ergänzt, die weniger häufig berichtet werden.
«... so ist es erstens dankenswert, daß Dr. Moody sich mit diesen Phänomenen befaßt und andere dazu angeregt hat, dies zu tun, und zweitens ist ihm zuzustimmen, wenn er in seinem Buch ‹Nachgedanken über das Leben nach dem Tod› sagt: Die Frage lautet nicht mehr, gibt es diese Phänomene, sondern: Was können wir damit anfangen?
Die Beobachtungen Moodys sind interessant und wichtig. Abgesehen von ihrem medizinischen Interesse wären die Untersuchungen Moodys tatsächlich geeignet, eine gewisse Hilfe für das Sterben zu bringen, mit dem wir ja alle fertigwerden müssen. Eine Hilfe dadurch, daß sie auf die Bedeutung unseres gelebten Lebens, unserer Lebenshaltung für die Bewältigung des eigenen Todes hinweisen.»
Der Spiegel

Johannes Hemleben

Jenseits

Ideen der Menschheit über das Leben nach dem Tode – vom Ägyptischen Totenbuch bis zur Anthroposophie Rudolf Steiners. 287 Seiten. Geb.

«Auf die zentrale Frage des menschlichen Seins haben alle Kulturen und Epochen jeweils auf ihre Art Antworten gesucht und gegeben. Die Gegenwart macht davon, wie das Buch bestätigt, keine Ausnahme.
Johannes Hemleben, ein führendes Mitglied der anthroposophisch orientierten Christengemeinschaft, befaßt sich seit Jahrzehnten mit der Thematik und profilierte sich als profunder Interpret der Steinerschen Gedankenwelt.
Aus dieser Sicht entstand eine kommentierende Chronik: Gestützt auf zahlreiche Belegstellen, interpretiert Hemleben Inhalte, Auswirkungen und kulturelle Bedingungen der jeweiligen Jenseits-Vorstellungen.
Ein ungewöhnlicher, Betroffenheit auslösender Zyklus. Ungewöhnlich in einer Zeit, die nachdrücklich auf materialistische Diesseitigkeit eingestimmt ist und Fragen nach dem Jenseits nur noch flüchtig zur Kenntnis nimmt.
...der Ausgangspunkt, die Überzeugung ist, daß es sich bei der Erforschung des Lebens nach dem Tode, bei den Exkursen ins Schattenreich, im Grunde um die Wiederentdeckung von Ur-Wissen, um die Suche nach Funden handelt, die verloren, verschüttet wurden. In seiner klaren, das Exemplarische herausarbeitenden Darstellung wird die Chronik zur Indizienkette, zum schlüssigen Argument.
Der Vorzug dieser Ideengeschichte liegt einmal in ihrer schlichten Diktion, in der Faßlichkeit der dargestellten Zusammenhänge. Zum anderen gewinnt das Buch an Überzeugungskraft durch seine betonte Offenheit gegenüber den naturwissenschaftlichen Erkenntnissen der Gegenwart.» *Deutsche Zeitung*

Rowohlt

Wayne W. Dyer

Der wunde Punkt

12 Therapieschritte zur Überwindung
der seelischen Problemzonen
Aus dem Amerikanischen von Lieselotte Mietzner
258 Seiten. Geb.

«Das von dem amerikanischen Arzt und Psychotherapeuten Wayne Dyer verfaßte Buch ‹Der wunde Punkt›, eine Lektion über die Lebensführung, ist von A bis Z auf den abgestellt, der etwas erkennen lernen möchte, was Bedeutung für sein Leben haben könnte.
Dyer will den Menschen helfen, mit den ‹Würmern der Selbsttäuschung› fertig zu werden. Mit einem gelungenen ‹Kniff› führt er sie deshalb an einen Ausgangspunkt, der für jeden unausweichlich ist, und das ist der Tod: ‹... Sie können den Tod sich zunutze machen, um wirklich leben zu lernen.›
Dyers wichtigstes Thema ist das des Selbstvertrauens und der Selbstbejahung, der inneren Unabhängigkeit und Selbstbestimmung. Diese Freiheit aber läßt sich nicht verwirklichen, solange einer glaubt, vor allem ‹etwas leisten zu müssen›.
‹Tu dein Bestes› ist sein Leitsatz, und genau den hält Dyer für den Eckpfeiler jeder Leistungsneurose. Der Wille zur Perfektion ist von einer permanenten und peinigenden Angst vor dem Versagen begleitet, und darüber verliert der Mensch seine innere Freiheit.
Dyer will gerade denen Ratgeber sein, die sich ganz durchschnittlich durchs Leben schlagen müssen. Deshalb hebt er ab auf die Konflikte und Kompromisse, die fester Bestandteil des Lebens sind. ‹Die Menschen›, schreibt er, ‹die Probleme als einen Teil des menschlichen Lebens anerkennen und Glück nicht an einer mehr oder minder nur eingebildeten Problemfreiheit messen wollen, sind die intelligentesten Wesen, die wir kennen und zugleich auch – die seltensten.›»

Rhein-Neckar-Zeitung

alte Hanna wiederhaben. Ich kann verstehen, dass du nicht wieder in die Klinik möchtest. Mein Herz möchte das auch nicht. Es ist das Schlimmste für eine Mutter, von ihrem Kind getrennt zu sein. Aber mein Kopf weiß, dass du das sonst nicht schaffen kannst. Und sieh es doch mal so, wenn du jetzt wieder in die Klinik kommst, kannst du dort weiterarbeiten, wo du bei deinem letzten Aufenthalt aufgehört hast.«

»NEIN, MANN!!! ICH GEH NICHT WIEDER IN EINE VERFICKTE KLINIK!«

9. KAPITEL

Lieber tot als Klinik

September bis Oktober 2009

Am Dienstag der darauf folgenden Woche kommt meine Mutter morgens ins Zimmer und sagt: »Ich bin es. Du kannst noch ein bisschen liegen bleiben. Gegen halb elf möchte ich losfahren zur Klinik.«

»Nö, ich geh in die Schule.«

»Du gehst ganz bestimmt nicht in die Schule. Hanna, jetzt lass es doch sein, es bringt doch nichts, was du machst. Ich bringe dich dorthin und fertig. Denkst du, ich mache das gerne? Ich würde auch lieber zur Arbeit fahren, als meine eigene Tochter ins Krankenhaus zu bringen.«

»Das ist mir doch scheißegal, was du lieber machen würdest. Ich geh jetzt in die Schule. Und wenn ich nur die ersten zwei Stunden gehe. Aber ich gehe.«

»Hanna, das bringt doch nichts. Du wirst so oder so den Stoff verpassen, da musst du jetzt ganz bestimmt nicht für zwei Stunden in die Schule gehen.«

»Und wenn ich nur für fünf Minuten in die Schule fahre. Was ich muss und was nicht, das kann ich ja wohl noch selber entscheiden.«

»Nein, Hanna, gerade das kannst du nämlich nicht mehr. Du weißt nicht, was du musst. Weil du krank bist.«

Und plötzlich platzt ihr der Kragen und sie flippt aus mit einer Mischung aus Trauer, Enttäuschung und Wut.

»Du bist krank. Verdammt noch mal! Und du bleibst jetzt gefälligst hier, bis wir losfahren. Schämst du dich eigentlich gar nicht, mir das anzutun? Ich setze sogar meinen Job aufs Spiel, damit ich dich wenigstens persönlich hinbringen kann, und du willst in die Schule gehen? Willst du mich eigentlich komplett verarschen???

Und ich diskutier jetzt auch nicht weiter. Wir fahren gleich los und fertig. Ich mach das hier nicht mehr mit, sonst schmeiße ich mich noch vor den Zug. Verdammte Scheiße noch mal!«

Ich kann es kaum mit ansehen, wie verzweifelt sie ist, doch einfach in den Arm nehmen kann ich sie nicht. Dafür bin ich viel zu erstarrt. Der Gedanke an die Klinik macht mich einfach immer zu einem komplett anderen Menschen. Sofort steigt die Panik in mir hoch und jeder, der mir zu nahe tritt, ist schuld an allem und wird angeschrien.

Ob ich mich schäme? Natürlich schäme ich mich. Ich fühle fast den ganzen Tag nichts anderes als Scham. Scham und ein schlechtes Gewissen, darüber, wie ich die Chancen und Hilfen meiner Familie immer wieder mit Füßen trete. Das schlechte Gewissen ist so oder so mein ständiger Begleiter. Es ist mein zweites Ich. Wenn ich esse, hab ich es, weil ich denke, dass es unnötig war und ich nicht essen darf. Doch wenn ich nicht esse, ist es genauso da, weil ich dann wieder an die Sorgen meiner Familie und Freunde denke, für die es immer wieder wie ein Geschenk ist, mich mal essen zu sehen. Also frage ich mich immer wieder, was meine Gedanken um alles eigentlich bringen. Egal was ich mache. Ich fühle mich schlecht. Entweder es ist ein schlechtes Gefühl im Herzen oder ein schlechtes Gefühl im Kopf. Und am liebsten würde ich jetzt einfach zu meiner Mutter sagen: »Doch, Mama! Ich schäme mich. Und du kannst dir gar nicht vorstellen, wie sehr ich mich schäme.«

Doch feige, wie ich bin, sage ich gar nichts, sondern diskutiere und meckere weiter, dass sie machen kann, was sie will. Sie bekommt mich in keine Klinik mehr. Dass sie dann anfängt zu weinen und Oma anruft, dass sie ihr doch bitte helfen soll, macht die Sache noch um einiges beschämender. Doch auch zu Oma bin ich nicht anders, bis sie so was von ausflippt, wie ich es noch nie erlebt habe: »Wenn du wüsstest, was du uns allen antust, würdest du dir wünschen, sofort wieder gesund zu sein! Aber du willlst nicht gesund sein! Du bist kränker als vorher!

Du weißt nicht mehr, was du tust. Mit uns und mit dir. Du stehst neben dir. Vielleicht bist du sogar schizophren, denn das ist nicht die Hanna, die ich kenne. Das bist du nicht!«

So hab ich meine Oma noch nie erlebt. Das erschreckt mich sehr, doch obwohl ich Tränen in den Augen habe, kann ich meine wahren Gefühle trotzdem nicht zeigen. Meine Mutter hat sich inzwischen heulend ins Bad zurückgezogen und meine Oma sitzt kopfschüttelnd und wutentbrannt vor mir. Ich habe mich mittlerweile angezogen und geschminkt und würde am liebsten nur schreien und heulen und um mich schlagen. Als meine Oma dann aufsteht, um in die Küche zu gehen, kommt auch meine Mutter wieder zu mir, um mir zu sagen, dass sie in zehn Minuten gerne losfahren möchte und dass es ihr auch unendlich leidtut.

In ihren Augen kann ich die pure Verzweiflung und Traurigkeit sehen, doch mein Entschluss steht fest. Ich gehe nicht in die Klinik. Egal wie.

»Zieh dich bitte schon mal an. Ich gehe noch mal auf die Toilette und dann fahren wir langsam los.«

»Mhm.«

Ich nehme meine Tasche und packe mein Handy ein, mein Ladegerät, 500 Euro und verabschiede mich so schnell wie möglich bei meiner Oma, die mir für meine Entscheidung, doch zu gehen, dankt und sich schon wieder überschwänglich für ihr Verhalten vor zehn Minuten entschuldigt, auch wenn sie eigentlich völlig recht damit hatte.

Doch trotzdem bleibe ich hart und unfreundlich zu ihr und umarme sie nur kurz, was mir so leidtut, dass es mir fast das Herz zerreißt. Doch es geht gerade nicht anders.

»Ich setze mich schon mal ins Auto«, sage ich und gehe raus mit meiner Tasche. Doch ich setze mich nicht ins Auto. Sobald ich aus der Haustür bin, fange ich an zu rennen. Ich renne einfach nur los, ohne einen blassen Schimmer zu haben, wohin ich eigentlich rennen soll. Doch ehrlich gesagt, ist es mir egal. Hauptsache weg. Weit weg von der Klinik. Weit weg vom Auto. Weit weg von Mama und Oma.

Ich komme mir vor wie in einem ganz schlechten Film. Was mache ich hier eigentlich? Das Einzige, was ich habe, ist das, was ich trage, mein Handy und mein Geld. Wir haben halb elf. Den Tag kann ich wohl so verbringen. Aber soll ich auf der Straße schlafen?

Auch das ist mir egal. Ich würde sogar in der Kanalisation schlafen, wenn mich das vor der Klinik bewahren würde. Eigentlich müsste ich mein Handy ausschalten, denn wenn meine Mutter die Polizei ruft, kann man mich sofort orten. Doch das kann ich nicht machen. Auch wenn ich weggelaufen bin, was schon schlimm genug ist, mein Handy auszuschalten und somit komplett unerreichbar zu sein, kann ich meiner Mutter nicht auch noch antun.

Ich renne und renne durch meine halbe Stadt und weiß nach einiger Zeit nicht mehr, wo ich mich überhaupt befinde. Ich bin in einer ganz komischen Gegend gelandet, in der ich eigentlich nicht sein sollte, doch das ist immer noch besser als die Klinik.

Da klingelt auch schon mein Handy und die panische Stimme meiner Mutter fragt: »Hanna, mein Kind, wo bist du?«

»Weg!«

»Wo weg? Sag mir, wo du bist, verdammt noch mal! Hanna, das kannst du doch nicht machen. Bitte. Bitte, Hanna. Komm nach Hause. Bitte, Hanna. Tu mir das nicht an. Sag mir, wo du bist.«

»Nein!!! Ich komm nicht nach Hause und ich sag dir auch nicht, wo ich bin. Ich bleib weg. Und ich gehe auch in keine verpisste Klinik mehr. Nie mehr. Eher sterbe ich.«

Sofort lege ich wieder auf und fange vor lauter Scham an zu weinen. Hab ich das gerade wirklich gesagt zu meiner Mutter? Was tu ich ihr bloß an? Das ist nie wieder gutzumachen. Ihre Tochter läuft weg, keiner weiß, wo sie ist, und am Telefon schreit sie, lieber sterben zu wollen, als wieder in eine Klinik zu gehen. Was ich hier tue, ist meiner Familie gegenüber unverantwortlich und nie wieder in meinem ganzen Leben zu entschuldigen. Doch ich handele aus Panik, denn wieder von meiner Familie getrennt zu werden, ist der schrecklichste Gedanke, den ich kenne. Da klingelt schon wieder mein Telefon. Wieder ist meine Mutter dran und weil sie so stark weint, kann ich sie kaum verstehen: »Hanna, ich sitze jetzt im Auto. Bitte, tu dir nichts an. Sag mir, wo du bist. Bitte. Du musst nicht wieder in die Klinik. Bitte. Ich hol dich jetzt da ab, wo du bist und dann setzen wir uns zusammen und suchen nach einer Lösung. Bitte, tu mir das nicht an. Und bitte tu dir nichts an.«

»Ich sag dir bestimmt nicht, wo ich bin. Das sagst du nämlich jetzt nur so, damit ich nach Hause komme, aber darauf falle ich bestimmt nicht rein.«

Wieder lege ich auf. Ich überlege die ganze Zeit, mein Handy auszuschalten, damit man mich nicht orten kann oder so, doch trotzdem lasse ich es an, weil ich in irgendeiner Weise noch erreichbar sein möchte. Und wieder blinkt mein Handy auf, doch diesmal sind Katharina, Dagmar, Jennifer und Anka am Telefon. Ich hör nur Dagmar schreien: »HANNA. WO BIST DU? Bitte, sag uns, wo du bist, wir kommen dann zu dir. Wir hatten gerade Sport, sind aber jetzt losgefahren, um dich zu suchen, deine Mutter hat uns angerufen, ob du bei uns bist. Hanna, was machst du denn bloß? Erzähl, wir kommen vorbei, wir bringen dich auch nicht nach Hause oder verraten es, wir wollen nur mit dir reden.«

»Ich kann es euch nicht sagen«, heule ich ins Telefon.

»Ich will nicht wieder in die Klinik. Meine Mutter will mich in die Klinik bringen. Aber das kann ich nicht. Das will ich nicht.«

»Ja, Hanna, das wissen wir, du musst auch nicht in die Klinik. Wir wollen nur wissen, wo du bist, wir machen uns alle Sorgen. Bitte.«

»Ich bin am Autohaus in der Nähe vom Bahnhof auf so einem Spielplatz. Ich weiß es nicht genau.«

Kurze Zeit später höre ich die Stimmen meiner Freundinnen. Sie kommen angerannt und nehmen mich in die Arme und fragen, warum ich so einen Blödsinn mache. Ich schaffe es gar nicht, normale Sätze zustande zu bringen, ich heule einfach nur die ganze Zeit und zwischendurch ruft immer wieder meine Mutter an. Mittlerweile bin ich so fertig, dass ich eigentlich nur noch in ihre Arme möchte.

»Hanna. Bitte komm nach Hause. Ich sterbe vor Sorge. Ich bring dich nicht in die Klinik. Aber bitte komm nach Hause. Bring deine Freundinnen mit und dann suchen wir gemeinsam nach einer Lösung.«

Ich gehe mit zu Jennifers Auto und wir quetschen uns zu fünft in ihren »Smart For Four«. Als wir dann an einer Ampel sogar noch hinter einem Polizeiauto stehen und Anka versucht, sich hinter dem Sitz zu verstecken, kann ich schon wieder ein bisschen lächeln.

Zu Hause angekommen, falle ich Mama erst mal in die Arme und wir beide weinen nur, ohne etwas zu sagen. Danach sitzen die Mädels, die mich abgeholt haben, inklusive Janine und Evelin mit meiner Mutter und meiner Oma auf dem Sofa und überlegen, was zu tun ist. Am Ende muss ich allen versprechen, etwas zu verändern und zuzunehmen, damit ich nicht in die Klinik komme. Außerdem soll ich ein- bis zweimal am Tag Fresubin trinken. Anschließend fährt meine Oma los und besorgt für alle Hähnchen, das wir zusammen am Tisch verspeisen.

Als wir fertig sind, fahren einige wieder in die Schule, weil sie noch Unterricht haben.

Hätte ich eigentlich auch, doch ich sehe so verheult aus, dass ich heute lieber nicht mehr auf die Straße gehen sollte. Doch ich bin glücklich. Glücklich und gewillt, endlich etwas zu verändern.

Zwei Tage später habe ich wieder einen Termin bei meinem neuen Hausarzt, weil er gerne mein Gewicht regelmäßig überprüfen und danach kurze Gespräche mit mir führen möchte. Als der erste Wiegetermin naht, bekomme ich schon wieder Panik, denn was ist, wenn er sagt, das Gewicht ist so niedrig, dass er mich zwangseinweisen muss? Dann können ich, meine Mutter und meine Freundinnen noch so viel sagen. Der Arzt hat die letzte Autorität. Also trinke ich vor lauter Angst einfach, um mich wenigstens ein bisschen zu beruhigen, einen halben Liter Wasser. Als ich dann bei ihm auf der Waage stehe, zeigt sie 37 kg an. Anschließend druckt er mir einen Essensplan mit einer Kalorienmenge von 1200 Kalorien aus.

»Du musst dich nicht strikt an diesen Plan halten, aber er soll dir eine Hilfe sein, damit du ungefähr weißt, wie viel du zu dir nehmen musst am Tag. Ich habe auch mit dem Arzt der Klinik gesprochen, der hat mir gesagt, dass du dort 700 bis 1000 g pro Woche zunehmen müsstest. Das halte ich persönlich für dich alleine zu Hause zu viel. Deswegen kommst du ein Mal in der Woche zum Wiegen und zu einem anschließenden Gespräch zu mir und wir machen jetzt einen Vertrag, dass du in der Woche 300 g zunimmst, ohne Wenn und Aber. Okay?«

»Jap, alles klar, das ist okay«, sage ich und rechne bereits aus, wie viel Kilo das wären bis zu meinem 18. Geburtstag, nach dem ich dann selber entscheiden kann, ob ich zum Arzt gehe oder nicht.

Als ich in der Woche darauf wieder zum Wiegen komme, trinke ich den halben Liter von der Woche davor, plus noch mal einen halben Liter, denn 300 ml würden nicht ausreichen, da ich schon wieder ein bisschen abgenommen habe. Ich könnte mich in Grund und Boden schämen, dafür, dass ich die größte Chance meines Lebens bekommen habe und es schon wieder nicht hinbekomme.

Beim Arzt erfahre ich dann, dass ich in der nächsten Woche nicht zum Wiegen kommen muss, weil er auf einer Fortbildung ist. Man kann sich gar nicht vorstellen, wie sehr ich mich darüber freue. Das hat letztendlich zur Folge, dass ich das Fresubin, das ich eigentlich trinken soll, wegschütte und noch weniger esse als vorher. Nicht aus dem Grund, weil ich abnehmen möchte, sondern weil ich ernsthaft denke, dass das Abendbrot für meinen täglichen Bedarf vollkommen ausreicht und ich dadurch bestimmt sofort zunehme.

Wenn ich dann allerdings auf die Waage steige, zeigt sie immer weniger an. Einerseits bin ich dann verwundert, weil ich denke, dass ich doch so dermaßen viel gegessen habe (sagt zumindest meine kranke Seite), dass ich eigentlich zunehmen müsste. Trotzdem bin ich nicht nur verwundert, sondern auch wieder extrem stolz auf mich.

Allerdings versucht dann meine gesunde Seite, mich davon zu überzeugen, dass ich endlich mal anfangen muss, WIRKLICH zu essen. Und zwar so viel, dass es reicht, um wenigstens 300 g zuzunehmen und nicht 300 g abzunehmen. Jedes Mal, wenn ich dann am Tisch sitze, sage ich mir: Hanna, du darfst dir jetzt was erlauben.

Denk daran, du MUSST zunehmen. Und wenn du nur dein Gewicht erst mal hältst, das würde schon mal reichen fürs Erste.

So sitze ich dann am Abendbrottisch und weiß, dass ich jetzt eigentlich den ganzen Tisch leer putzen dürfte, weil ich erstens den ganzen Tag noch nichts gegessen habe und zweitens sowieso noch 1 kg zunehmen muss, um das Wasser wieder aufzuholen. Doch dann esse ich einen Esslöffel Müsli mit gefrorenen Himbeeren und Wasser. Keine Milch. Und denke, dass das an Essen für den ganzen Tag ausreicht und ich damit bestimmt auch die 300 g zunehme.

Die Waage am nächsten Tag zeigt dann allerdings wieder etwas anderes. Und so geht das jeden Tag aufs Neue los. Und jeden Tag kommt die Panik hinzu, dass ich womöglich zu viel esse und sogar noch mehr als 300 g zunehme. Hinterher ist es aber so, dass ich einen Tag vorm nächsten Wiegetermin auf der Waage stehe und 34,7 kg wiege am Morgen und 35 kg am Abend. Da ich nie im Leben wieder so viel trinken möchte, denke ich die ganze Zeit über eine neue Strategie nach, was ich jetzt am besten tun kann. Und mir kommt da auch schon eine Idee. Ich muss nur ein bisschen mein schauspielerisches Talent einsetzen.

Also erzähle ich, als ich am üblichen Montagabend vor dem Arzt sitze, Folgendes: »Ja also, es tut mir leid, aber es war so, dass ich beim letzten Mal, als ich zum Wiegen hier war, Angst hatte, dass Sie mich sofort einweisen würden, wenn Sie mein wahres Gewicht erfahren. Deshalb habe ich beim ersten Mal Wiegen Wasser getrunken, um mich schwerer zu machen, weil ich dachte, dass Sie das Gewicht dann nicht ganz so doll erschreckt. Aber als wir dann den Vertrag geschrieben haben, mit den 300 g pro Woche ohne Wenn und Aber, kam ich mir dann auch irgendwie total schlecht vor. Deswegen wollte ich heut auch vorm Wiegen erst mit Ihnen darüber sprechen, beziehungsweise Ihnen beichten, dass ich geschummelt habe, und Sie sozusagen nach einem Neustart fragen. Dass sie mich heute wiegen, mein echtes Gewicht haben und ich ohne Wenn und Aber 300 g zunehme in der Woche.«

Ich habe niemals im Leben vor, diese 300 g zuzunehmen in der Woche. Ich habe es so geplant, dass ich einfach jede Woche so viel trinke, dass es genau 300 g sind. Bis zu meinem 18. Geburtstag in zehn Wochen wären das also 3 kg beziehungsweise 3 Liter. Und sobald ich 18 bin, werde ich gar nicht mehr zum Arzt gehen. Denn dann darf ich nämlich endlich selber entscheiden. Die Frage ist nur, ob er sich überhaupt darauf einlässt. Denn 35 kg sind für einen Arzt mehr als zu wenig bei einer Größe von 1,62 m. Ich fühle mich so mies, weil ich meinen Arzt sehr mag.

»Ja also, Hanna, was soll ich denn jetzt dazu sagen. Ich bin sehr enttäuscht und ehrlich gesagt, kann ich das auch nicht durchgehen lassen. Das ist jetzt drei Wochen her und in diesen drei Wochen hättest du wenigstens schon mal ein bisschen zunehmen können. Und wir haben einen Vertrag geschlossen, an den du dich eigentlich zu halten hast. Und ehrlich gesagt, wer sagt mir denn, dass du nicht jede weitere Woche wiederkommst und irgendetwas erzählst. Na ja, jetzt wiegen wir dich erst mal und dann sehen wir weiter.«

Als ich dann kurze Zeit später auf der Waage stehe, zeigt sie gerade noch so 35 kg an.

Der Blick meines Arztes spricht Bände.

»Hanna, so geht das nicht, 35 kg, das kann ich einfach nicht mehr verantworten. Als dein Arzt habe ich die Verantwortung für dich, auch wenn du noch nicht 18 bist, aber da ihr zu mir gekommen seid und ich von deinem Gewicht weiß, sitze ich mit euch zusammen in einem Boot. Wir werden mal weiter sehen, was wir machen, aber eigentlich … Mal schauen. Eigentlich … Eigentlich ist das echt nicht in Ordnung. Ich rufe erst mal deine Mutter die nächsten Tage an und dann sehen wir weiter.«

»Also dann bis nächsten Montag?«

»Ja, auf jeden Fall.«

Einige Tage später kommt meine Mutter auf mich zu mit einem ziemlich bedrückten und traurigen Gesicht. Sie meint, dass ich ihr ins Bad folgen solle, da sie mit mir reden möchte.

»Hanna. So geht das nicht weiter. Du schaffst das nicht alleine, du bist in dieser Krankheit drin. Das geht einfach nicht und ich kann das auch nicht verantworten und der Doktor auch nicht.«

»ICH GEH NICHT IN DIE KLINIK«, fange ich an zu schreien und gleichzeitig schießen mir die Tränen in die Augen. Ich weine so bitterlich, dass meine Mutter mich regelrecht umklammern muss.

»Hanna. Sei doch vernünftig. Was sollte ich deiner Meinung nach tun. Selbst wenn ich sagen würde, du gehst nicht in die Klinik, was ich bei dem Gewicht, das du mittlerweile hast, noch nicht mal denken dürfte, aber wenn ich das sagen würde, dann komme ich in den Knast, oder mir wird das Sorgerecht entzogen. Und dann entscheiden nur noch Fremde über dich und dann musst du so oder so in eine Klinik mit einem richterlichen Beschluss, per Zwangseinweisung. Und dann kommst du nicht in die Klinik, die du kennst, dann kommst du hier in Hamm in die Psychiatrie. Da ist nicht mehr viel mit Klinik aussuchen. Am Freitag wollte der Doktor kommen und alles Weitere besprechen, wie er das sieht und was er vorhat und wie es weitergehen soll.«

Ich kann gar nicht mehr viel sagen. Ich heule nur noch und versuche, ein kleines Fünkchen Hoffnung zu behalten. Vielleicht muss ich ja doch nicht in die Klinik?

Dieser Gedanke ist so abwegig! Und trotzdem versuche ich, mir die ganze Zeit diesen Gedanken einzureden, sonst würde ich komplett zusammenklappen. Die Tage bis zum kommenden Freitag vergehen viel zu schnell, doch da ich an diesen Tagen auch keine Schule habe, weil Ferien sind, habe ich das Gefühl, jeden Tag so wunderschön wie möglich gestalten zu müssen, was dadurch, dass ich ganz viel mit der Familie mache, eigentlich auch sehr gut gelingt. Und immer wieder versuche ich zu denken: Es wird alles gut. Du musst schon nicht in die Klinik. Was würde ich bloß tun, wenn ich wieder in die Klinik muss? Gar nicht dran denken, Hanna. Einfach nicht daran denken. Du gehst nicht und fertig. Lieber würde ich sterben, als noch einmal in die Klinik zu müssen.

10. KAPITEL

Letzte Konsequenz: Sonde

Oktober bis Dezember 2009

Es ist Freitag. Noch eine halbe Stunde Zeit, bis der Arzt kommt. Bis der Arzt kommt. Wie sich das anhört. Das klingt schon nach Psychiatrie und nach Zwangsjacke. Ich hatte schon lange nicht mehr so eine panische Angst vor einem Arztbesuch, aber diesmal kommt er auch zu uns.

Es klingelt und kurze Zeit später sitzen der Arzt, Mama, Matthias und ich am Tisch. Zuerst wird über belanglose Dinge geredet, doch selbst so geht es mir viel zu schnell zum eigentlichen Thema über.

»Ja, Hanna«, sagt er. »Also, so geht das nicht weiter. Ich als dein Arzt kann die Verantwortung keineswegs mehr übernehmen, dafür ist dein Gewicht zu niedrig. Deine Mutter meint, dass sie einen Termin in der euch bereits bekannten Klinik gemacht hat, für übernächste Woche Dienstag. Das ist aber zu lange, das sind noch fast zwei Wochen. Also habe ich überlegt, dich am Montag abzuholen und ins Krankenhaus auf die Innere zu bringen und die sollen dann entscheiden, ob du an die Sonde oder an den Tropf musst, oder ob es noch so geht. Aber ich möchte die Verantwortung bis dahin nicht mehr übernehmen und deine Eltern dürfen das auch nicht.«

»Das ist ja toll, aber ich werde ganz bestimmt nicht mitkommen am Montag.«

»Das ist mir eigentlich egal, dann ruf ich eben das Ordnungsamt an und dann rücken die hier mit der Polizei an und nehmen dich mit, da kannst du dann nicht mehr viel machen.«

»Dann bin ich halt nicht da, wenn die kommen, mir doch scheißegal. Ich geh da ganz bestimmt nicht hin.«

»Wo bist du denn dann am Montag, wenn ich komme?«

Ohne lange zu überlegen, rede ich schon drauflos: »Wo ich dann bin? Auf den Bahngleisen bin ich dann.«

Plötzlich geht alles ganz schnell. Mein Arzt steht auf und packt mich am Arm.

»Tut mir leid, Hanna, aber das war eine klare Suizidandrohung und ich als Arzt darf das ganz bestimmt nicht ignorieren. Jetzt muss ich dich sofort mitnehmen.«

Ich weiß gar nicht, wie mir geschieht. Er hält mich so fest an den Armen und reißt mich Richtung Haustür. Ich werde so was von aggressiv, weil ich gerade alles möchte, nur nicht ins Krankenhaus. Also schlage und trete ich um mich und schreie, um noch irgendetwas ändern zu können, doch ich mache damit alles nur noch schlimmer, sodass sogar Matthias eingreifen muss und es zwei Männer braucht, um mich ins Auto zu tragen.

Meine Mutter läuft nur roboterartig hinterher und kann es kaum fassen, was da gerade mit ihrer Tochter passiert. Sie fängt an zu weinen, während ich noch damit beschäftigt bin, meinen Arzt zu kratzen und zu beißen. Kurz habe ich sogar das Bedürfnis, Matthias an den Haaren zu ziehen, doch das bringe ich nicht übers Herz, da er bestimmt auch alles lieber machen würde, als die Tochter seiner Ehefrau ins Auto zerren zu müssen. Und so lande ich an einem Freitagabend um acht Uhr in der Kinder- und Jugendpsychiatrie als Notfall. Bis ich erst einmal aufgenommen bin, vergehen noch einmal zwei Stunden, und da ich ja nach Aussage meines Arztes sehr suizidgefährdet bin, lande ich im Kriseninterventionsraum, in dem nur eine Matratze liegt und die Tür immer geöffnet bleiben muss.

Meine Mutter ist so fertig wie schon lange nicht mehr. Sie macht sich Sorgen, dass jetzt alle nur darauf achten, dass ich mich nicht umbringe, aber keiner darauf, ob ich trinke und esse, denn die Pfleger auf dieser Station können mich nicht dazu zwingen, weil sie nicht dafür ausgebildet sind, eine Sonde zu legen. Und somit versucht mir meine Mutter seit weiteren zwei Stunden nahezulegen und an meine Vernunft zu appellieren, doch bitte etwas zu essen oder wenigstens genug zu trinken, damit ich nicht in der Nacht plötzlich dehydriere und morgens nicht mehr aufwache. Denn bis zum Aufnahmetermin in der »Wunschklinik«, wie es meine Familie immer nennt, sind es immerhin noch fast zwei Wochen und ob ich bis dahin nicht verhungere, weiß keiner.

Ob ich das überhaupt schlimm fände, weiß ich allerdings auch nicht. Denn hier in der Psychiatrie in einer Art Gummizelle zu schlafen und kaum Kontakt zu meiner Familie zu haben und zu wissen, dass es kein Zurück mehr gibt, dass ich so oder so wieder in die Klinik muss, ist so grauenhaft schrecklich für mich. Doch der allerschlimmste Gedanke ist, dass ich, wenn ich jetzt in die Klinik komme, dort wahrscheinlich so lange bleibe, dass ich die zwölfte Klasse wiederholen muss.

Wie gern wäre ich jetzt tot.

In der Kinder- und Jugendpsychiatrie verbringe ich genau fünf Tage, die mir so vorkommen wie fünf Jahre. Es erscheint mir wie eine der schrecklichsten Zeiten in meinem ganzen Leben, weil es einfach wie eine Art Zwischenstation vor dem eigentlichen Klinikaufenthalt ist und man sich die ganze Zeit denkt: Hier bist du jetzt vielleicht nur noch ein paar Tage, doch danach geht es erst richtig los.

Wenn ich daran denke, würde ich am liebsten wieder anfangen zu heulen. Ich will einfach nur nach Hause. Nach Hause zu Mama. Das denke ich als Teenager mit fast 18 Jahren, dass ich nach Hause zu Mama will. Wenn ich so darüber nachdenke, kommt es mir nicht mal komisch vor. Eigentlich ist es mir scheißegal, ob ich anders bin als andere in meinem Alter. Einfach nur nach Hause. Hätte ich mal auf meine gesunde Seite gehört. Aber war die überhaupt noch da?

Morgen früh komme ich erst mal von der Psychiatrie ins normale Krankenhaus, damit sie mich durchchecken können.

Wenn ich da nicht esse, kann es sein, dass ich eine Sonde bekomme oder zumindest an den Tropf muss, wenn die Angst haben, dass ich zu wenig trinke. Als meine Mutter mich abholt und ich meine Koffer packe, ist es, als könnte ich jetzt erst mal wieder ein Kapitel meines Lebens abhaken. Das Kapitel »Suizidandrohung – Zwangseinweisung – Zwischenstation Psychiatrie«.

Doch wenn ich darüber nachdenke, war dieses Kapitel absolut überflüssig. Denn ich komme zwar jetzt erst mal ins Krankenhaus, um zu überprüfen, ob meine Organe usw. noch in Ordnung sind, doch das dauert allerhöchstens zwei Tage und danach komme ich wieder nach Hause, bis ich am Dienstag in der »Wunschklinik« aufgenommen werde. Da hätte ich theoretisch gleich zu Hause bleiben können bis Dienstag, auch wenn meiner Mutter noch nicht mal wohl dabei ist, mich für vier Tage noch mal mit nach Hause zu nehmen, weil sie Angst hat, dass mir in dieser Zeit etwas passiert.

Das Paradoxe ist, dass diese vier Tage einerseits die schönsten Tage sein können, wenn man sie ausnutzt und genießt, andererseits aber auch die schrecklichsten, wenn man daran denkt, dass man in naher Zukunft wieder in eine Klinik muss. Zwangsweise. Unfreiwillig. Ohne selbst entscheiden zu dürfen. Warum eigentlich das Ganze? Nur weil man dünn ist? Dünn ist, ohne, dass man es selber sieht. Das Ganze nur, weil man nicht essen kann. Weil der Kopf nicht mitspielt und einem das Leben zur Hölle macht? Wieso stelle ich meinen Kopf nicht einfach ab. Warum geht das nicht? Warum bin ich eigentlich krank geworden. Warum?

Ich weiß es einfach nicht und ich bin auch zu fertig, um noch mehr darüber nachzudenken, es bringt doch eh nichts. Selbst wenn ich jetzt wüsste, warum ich krank geworden bin, würde mich das nicht wieder gesund machen. Dafür stecke ich zu tief drin. Aber eins weiß ich. Ich hätte nur lächerliche 300 g pro Woche zunehmen müssen. 300 g. Das ist für mich, wie für andere 30 kg.

Doch das wäre immer noch besser als in der Klinik gewesen, dort muss ich 700–1000 g in der Woche zunehmen. Das ist der Horror. Nicht machbar. Furchtbar. Schrecklich. Grausam. Unmenschlich. Ich könnte noch unzählige Begriffe finden. Aber das Allerschlimmste an der Klinik ist das Wiegen. Drei Mal in der Woche. Denn dieses Wiegen ist für mich NIEMALS zufriedenstellend. Wenn man zugenommen hat, fühlt man sich mies; wenn man gar nicht zugenommen hat, fühlt man sich genauso mies, weil dann die Ärzte Konsequenzen ziehen. Dann wird der Essensplan aufgestockt. Es gibt Fresubin. Der Ausgang wird eingeschränkt. Und als allerletzte Möglichkeit kommt die Sonde ins Spiel. Zwangsernährung. Schlauch in der Nase. Doch das allerschrecklichste Gefühl überhaupt ist, wenn man mehr zugenommen hat, als man eigentlich musste in der Woche. Dann fühlt man sich so miserabel, dass man die ganze Zeit nur daran denkt, dass man zu viel gegessen hat, dass der Essensplan zu voll ist, dass einen alle total nerven. Dann ist man nicht mehr zu gebrauchen und das Essen fällt einem in der Woche, die dann kommt, noch schwerer. Darüber, wie es in der Klinik ablaufen wird, denke ich nur noch nach in den letzten Tagen.

Doch jetzt komme ich erst mal nach Hause. Im Krankenhaus konnte nichts festgestellt werden. Der Arzt meinte nur, dass NOCH alles in Ordnung sei, ich aber aufgrund meines extrem niedrigen Gewichts (34,3 kg) auf jeden Fall eine Therapie machen müsse. Als ich dann im Auto nach Hause sitze, ist es ein Gefühl wie an Weihnachten oder am Geburtstag, einfach ein Tag, an dem man kaum glauben kann, dass man glücklich ist. Doch als ich dann daran denke, dass dies in vier Tagen schon wieder vorbei ist, vorbei für wahrscheinlich sehr lange Zeit, muss ich wieder anfangen zu weinen.

Und es ist, wie ich gedacht habe. Es sind sehr schöne, aber auch sehr schreckliche vier Tage.

Als ich dann in der Klinik ankomme, erfahre ich erst mal, dass ich eine neue Therapeutin bekomme, weil meine vorherige aufgrund ihrer Ausbildung in ein anderes Krankenhaus musste.

Ob ich mich überhaupt auf eine neue Therapeutin einlassen kann? Ob ich das überhaupt will? Nein, will ich nicht. Doch das liegt nicht an der Therapeutin, die eigentlich einen netten Eindruck macht. Das liegt daran, dass ich nicht freiwillig hier bin.

Ich glaube, da könnte jede Therapeutin und jeder Therapeut ankommen. Ich will mich einfach nicht darauf einlassen. Ich will einfach nur nach Hause. Meine Oma, die mich heute hierher gefahren hat, möchte am liebsten gleich meinen Koffer auspacken, doch ich möchte ihn unausgepackt lassen, weil mir das das Gefühl gibt, erst gar nicht hier ankommen zu müssen.

Es ist eines der schrecklichsten Gefühle der letzten Zeit. Ein Gefühl, vor dem Nichts zu stehen. Einerseits vor dem Nichts, andererseits vor einem riesigen Berg, den man besteigen, sogar überqueren muss, und wobei man jetzt bereits das Gefühl von Vergeblichkeit bekommt.

Als ich ankomme, heule ich die ganze Zeit. Ich kann es kaum glauben, wieder hier zu sein, weil ich mir eigentlich vorgenommen hatte, nie wieder in meinem Leben in eine Klinik zu müssen. Doch nun stehe ich da. Wieder am Anfang. Und ich denke, dass die beiden Klinikaufenthalte zuvor umsonst waren.

Die erste Nacht ist der Horror. Ich schlafe wieder in einem anderen Bett und möchte einfach nur nach Hause. Am nächsten Morgen werde ich gemessen und gewogen.

34,7 kg.

1,62 m groß.

Puls: 80 zu 50.

Die Pfleger kenne ich alle noch. Sie sind zwar sehr nett, aber das ändert nichts daran, dass ich so schnell wie möglich wieder hier weg will.

In acht Wochen werde ich hier wieder weg sein, denn dann bin ich endlich 18 und dann kann ich entscheiden, wie es weitergeht.

Nur wie geht es dann weiter? Das weiß ich auch nicht. Hauptsache nach Hause. Eigentlich dürfte ich das meiner Familie und meinen Freunden nicht antun, doch ich halte es hier nicht länger aus als nötig. Und bereits bei meinem letzten Aufenthalt habe ich nur durchgehalten, weil ich erstens noch 17 Jahre alt war und zweitens, weil alle es von mir erwartet haben.

Was soll denn das dann bringen, wenn alle anderen die Therapie mehr für mich wollen als ich selber?

Jetzt muss ich erst mal meinen Essensplan mit einer Pflegeschwester absprechen, auf dem mal wieder sechs Mahlzeiten stehen.

Und dann bin ich nach einigen Tagen bereits voll drin in der üblichen Prozedur.

Aufstehen, essen, Sitzzeiten absitzen, telefonieren, weinen, nach Hause wollen, schlafen, wiegen. Das Wiegen ist wie immer die Pest.

Wie gesagt. Egal wie das Wiegen ist, es ist immer schlecht. Hinzu kommt, dass bald Weihnachten und Silvester ist und ich nicht weiß, ob ich nach Hause darf oder nicht.

Doch das heißt auch, dass ich bald 18 bin.

18. Volljährig. Nach Gesetz erwachsen. Ich darf selbst entscheiden. Sobald ich 18 bin, werde ich mich entlassen und nach Hause kommen. Ich weiß nicht, ob ich das schaffen werde, und ich muss es auch ständig ansprechen, wenn ich Besuch habe.

Sobald das Thema auf den Tisch kommt oder es darum geht, wie ich mich fühle, sage ich sofort: »Sobald ich 18 bin, werde ich mich sowieso entlassen.«

Dann ist der Besuch meistens gelaufen, weil es entweder in totalen Streit ausartet oder mir ganz lange erzählt wird, was das für Folgen hat.

Doch ich bin blind vor Traurigkeit, blind vor Sehnsucht. Ich denke nicht an meine Gesundheit. Es geht einfach nicht, weil der Wunsch und der Drang, nach Hause zu kommen, so unendlich groß sind, dass man es gar nicht beschreiben kann. Zusätzlich ist es so, dass man mich in zwei Teile teilen kann.

So denke ich: Von mir aus hab ich Normalgewicht, Hauptsache, ich bin zu Hause.

Doch zugleich denke ich wieder, dass ich es nie im Leben aushalten könnte, normalgewichtig zu sein, eben weil ich dann NORMAL bin. Will ich überhaupt normal sein? Nein. Ich will nicht normal sein. Ich will dünn sein. So dünn wie niemand anders.

Trotzdem sehne ich mich so sehr nach einem normalen Leben. Morgens aufzustehen und sich auf das Frühstück mit der Familie zu freuen und nicht mit Panik im Bett zu liegen, weil man weiß, dass man gleich essen muss. Einfach mal essen zu gehen, ohne dass man den ganzen Tag vorher plant. Feiern zu gehen und Alkohol zu trinken, ohne dass man denkt, man würde aufgehen wie ein Hefekloß. Doch das Wichtigste von allem – einfach in den Spiegel zu schauen und zu denken: Du bist schön, so wie du bist. Du bist sexy und attraktiv. Du bist gut so, wie du bist. Doch genau da liegt das Problem. Als Magersüchtige will man nicht gut sein. Gut ist nie gut genug. Man muss perfekt sein. Es ist nicht gut, eine Drei zu schreiben in der Schule, es muss mindestens eine Zwei sein. Und wenn es die Zwei ist, muss es die Eins sein. Es ist nicht gut, ein Kilogramm abzunehmen, es müssen zwei sein. Und dann drei. Und dann vier. Bis man irgendwann so dünn ist, dass sich die Umwelt erschreckt und einen furchtbar hässlich findet, weil man nur noch aussieht wie ein Gerippe.

Das Witzige ist, dass man sich selber auch hässlich findet, aber nicht, weil man sich als Gerippe fühlt. Man fühlt sich ganz normal. ZU normal. Man ist anders als die anderen und trotzdem sieht man es nicht. Doch für mich steht es fest: An meinem Geburtstag, dem 29.12., geht es nach Hause.

Die nächsten Stunden, Tage und Wochen vergehen schleichend und quälerisch. Ich habe das Gefühl, dass jeder Tag schlimmer ist als der vorhergehende. Es ist einfach schrecklich, hier zu sein. Grauenvoll. Doch dass es so weit kommen würde, wie es schließlich kommt, hätte ich niemals gedacht. Als ich heute in die Visite komme, steht es fest:

»Ja, Frau Blumroth. Sie haben das Gewichtsziel nicht erreicht. Sie wissen, was das heißt. Der Doktor wird gleich kommen und Ihnen die Sonde legen.«

SONDE.

Das ist der reguläre Ablauf, wenn ich das Gewichtsziel nicht erreiche, und war mir theoretisch klar, doch jetzt, wo es so weit ist, bin ich sprachlos.

Ich hätte niemals gedacht, dass ich eine Sonde bekomme, doch eine halbe Stunde später ist es bereits so weit. Während mir die Tränen übers Gesicht laufen, schiebt der Doktor mir eine Magensonde durch die Nase.

Es ist ein unbeschreiblich unangenehmes Gefühl. Die Magensonde eingesetzt zu bekommen war schon schlimm genug, doch wie schlimm es wirklich wird, konnte ich nicht wissen, denn ich vertrage die Sondenkost nicht.

Die nächsten zwei Tage liege ich fast nur im Bett und winde mich vor Schmerzen, Krämpfen und Übelkeit. Die Ärzte machen sich Sorgen und meinen, dass mein Körper total überfordert ist mit der Sondenkost. Eigentlich sollte ich drei Mal am Tag 500 Milliliter bekommen, doch jetzt wurde sie erst mal auf drei mal 250 Milliliter runtergeschraubt. Ein Milliliter entspricht einer Kalorie. Die Sondenkost läuft durch die Nase mit einer Art Tropf. Da ich die Kost nicht vertrage, muss sie ganz langsam durch den Schlauch laufen. Pro Portion hänge ich also zwei Stunden am Tropf und leide Höllenqualen.

Ich hatte noch nie in meinem Leben solche Magenschmerzen und Übelkeit.

Das Schlimme ist, dass ich zusätzlich ja noch meinen Essensplan einhalten muss. Es geht mir so schlecht, dass ich am liebsten sterben möchte. Dass nach einigen Tagen eine Sondenkost mit anderer Zusammensetzung geliefert wird, die ich besser vertrage, macht die Sache auch nicht besser, denn jetzt bekomme ich wieder drei Mal 500 Milliliter am Tag. Ich rechne das immer in Essen um. Das sind drei Tafeln Schokolade, die ich einfach nur in Form von Flüssigkeit zugeführt bekomme. Allein dieser Gedanke ist schrecklich.

»Mama! Ich will hier weg. Es ging mir noch nie so beschissen. Mir geht es so schlecht. Ich will endlich nach Hause.«

»Hanna, ich weiß, wie schlecht es dir geht, aber wenn du jetzt noch zu Hause wärst, wärst du wahrscheinlich schon tot. Sieh es als Lebensrettung. Du musst gesund werden.«

Ich habe die Magensonde ungefähr zwei Wochen und als sie mir entfernt wird, mache ich mir erst mal eine Gesichtsmaske. Es ist wie eine Befreiung. Als ich heute Besuch bekomme von meiner Mutter, ist wieder alles wie sonst. Eigentlich ist es wunderschön, doch sobald das Thema auf die Therapie kommt, geht es los: »Sobald ich 18 bin, werde ich mich eh entlassen.«

»Wenn du das machst, kannst du ausziehen. Nach Hause kommst du nicht. Ich kann das nicht mehr, Hanna. Ich bin fertig. Wie soll das gehen. Du warst jetzt zwei Mal in einer Klinik bist jetzt das dritte Mal und jedes Mal meintest du, dass du das schaffst. Warum sollte es diesmal klappen?

Ich nehme dich nicht mit nach Hause. Das läuft nicht. Dann gehe ich zum Amtsgericht und dann entscheiden die über dich. Ich schaff das nicht. Und die Verantwortung nehme ich auch nicht auf mich. Die kann ich nicht auf mich nehmen. Ich sehe doch nicht zu, wie mein Kind zu Hause verhungert.«

»Ich verhungere nicht. Ich schaffe das, das weiß ich. Ich will nie wieder in eine Klinik und dafür werde ich alles tun. Ich kann nicht mehr, Mama. Ich kann das einfach nicht. Ich will weg hier. Es ist so schrecklich.«

»Das weiß ich doch, Hanna, aber du kannst nicht nach Hause. Das geht nicht. Es ist das Schrecklichste für eine Mutter, das eigene Kind nicht zu Hause zu haben, aber wir machen dich krank. Jedes Mal, wenn du wieder im gewohnten Umfeld warst, hat es nicht geklappt. Du kannst nicht nach Hause, so sehr ich das auch will. Hanna, sei doch vernünftig. Es geht hier um dein Leben. Was sind ein paar Wochen im Gegensatz zu deinem Leben. Bitte. Tu es für mich. Ich sterbe vor Sorge um dich. Ich kann nachts nicht schlafen. Bitte komm doch zur Vernunft.«

So sehr ich das auch möchte, es geht einfach nicht. Der Wille, so schnell wie möglich nach Hause zu kommen, ist stärker als der Wille, gesund zu werden, das ist einfach so und das wird sich auch nicht ändern, solange ich hier bin. Das weiß ich ganz genau.

11. KAPITEL

Dritter Versuch

Dezember 2009
bis Februar 2010

Die Tage vor dem 29. werden immer kritischer, die Streitgespräche immer heftiger und die Sorgen immer größer.

Alle haben die Befürchtung, dass ich mich entlassen werde und alles von vorn losgeht. Allerdings habe ich auch manchmal das Gefühl, dass ich nicht ernst genommen werde.

Bevor ich in die Klinik kam, dachte ich immer, dass es mir umso besser geht, je näher der Tag kommt, doch eigentlich werde ich immer unruhiger und ängstlicher.

Soll ich mich wirklich entlassen?

Was passiert danach?

Werde ich es auch schaffen ohne Klinik?

Will ich es überhaupt schaffen?

Meine Oma sagt immer: »Was immer du tust, bedenke das Ende.«

Ich denke ganz oft ans Ende. Und ich denke auch immer, dass ich es schaffen will. Im nächsten Moment bin ich mir aber nicht mehr sicher. Zugleich kommt mir immer wieder folgender Spruch in den Sinn: »Hoffnung ist, nicht zu wissen, dass etwas gut ausgeht, sondern die Überzeugung, dass alles einen Sinn hat, egal wie es ausgeht.«

Ich weiß aber wirklich nicht, ob es jetzt einen Sinn hätte, zu sterben. Ich selber würde auch nie sagen, dass ich sterben werde. Es wird mir nur immer gesagt, dass ich bald sterbe, wenn es so weitergeht, aber das klingt für mich so weit weg.

Der 29. Dezember selbst, mein 18. Geburtstag, ist der schlimmste Tag in meinem ganzen Leben.

Mama, Matthias, Maria und Robert wollen zu Besuch kommen, doch als sie da sind, eskaliert die Situation total. Ich muss anfangen zu weinen und als ich zu der Pflegerin sage, dass ich mich entlassen will, sagt sie: »Wenn ich Ihre Mutter wäre, würde ich Sie nicht mitnehmen.«

Meine Mutter steht daneben und hört alles mit.

»Das willst du nicht wirklich machen. Ich nehme dich nicht mit nach Hause. Ich mache das jetzt auch langsam nicht mehr mit.«

Plötzlich rastet sie total aus auf dem Flur und alle Mitpatienten sitzen dabei und bekommen alles mit. Ich bin nicht mehr Herr über mich selbst und weine so bitterlich, dass ich auf den Boden falle. Meine Mutter ist vollkommen außer sich und ruft über den ganzen Flur: »WENN DU GEHST, BLEIBE ICH!«

Und plötzlich mischt sich Matthias ein: »Du machst die ganze Familie kaputt. Wie egoistisch bist du eigentlich? Willst du deine Mutter auf dem Gewissen haben? Sie kann nicht mehr. Wir lassen dich nicht mehr ins Haus, und wenn du das jetzt wirklich machen solltest, kann ich deine Mutter zu Grabe tragen. Willst du das? Willst du, dass deine Mutter vor die Hunde geht? Du denkst nur noch an dich, das ist typisch für deine Krankheit. Du willst einfach nur deinen Willen durchsetzen und zeigen, dass du die Stärkere bist. Du kannst es nicht haben, dass du keine Kontrolle mehr hast. Du …«

»Jetzt halt deinen Mund. Das hat mit Egoismus überhaupt nichts zu tun. Ich will einfach nur nach Hause, ich kann einfach nicht mehr, ich will hier weg, ich will hier weg, ich will hier weg. Versteht mich denn keiner?«

»Wollen Sie nicht lieber ins Zimmer gehen? Sonst bekommt das ja jeder hier mit«, sagt plötzlich eine Pflegerin zu meiner Mutter. Die ist so aufgebracht, dass sie nur schreit: »Das ist mir so was von scheißegal, ob das hier irgendjemand mitbekommt. Von mir aus können das alle mitbekommen, was sich für eine Scheiße hier abspielt und dass ich ins Gras beiße, wenn das so weitergeht. Und ich verlange, dass hier langsam mal ein Arzt oder Therapeut kommt. Das kann doch nicht sein, dass sich bei meiner Tochter nach zwei Monaten noch nichts getan hat.«

Kurz darauf kommen meine Therapeutin und der leitende Psychologe zu einem Gespräch.

»Ich kann ja verstehen, dass Sie nach Hause möchten, Frau Blumroth, aber bis vor einigen Wochen waren Sie doch noch zu Hause. Und hat es geklappt? Nein. Warum sollte es dann jetzt klappen? In diese Situation haben Sie sich selber hineingebracht. Wir können

Ihnen das Angebot machen, dass sie einen BMI von 17 erreichen, das wären 45,5 kg. Dann werden wir Sie entlassen können. Dann haben Sie zwar immer noch Untergewicht, aber das ist ein Gewicht, mit dem Sie ambulant weiterarbeiten könnten. Eher können wir Sie nicht entlassen und falls Sie gehen sollten, können wir auch eine Betreuung anfordern. Dann wird Ihnen die Verantwortung wegen Eigengefährdung entzogen und dann wird ein Richter über Sie entscheiden. Seien Sie doch vernünftig. Außerdem sind wir noch eine Klinik, die am großzügigsten ist, was Besuche und so etwas angeht. In anderen Kliniken ist komplettes Kontaktverbot. Und wenn Sie so weitermachen, dürfen Sie doch auch nach Hause am Wochenende«, sagt der Psychologe zu mir.

»Ja, Hanna, denk doch mal nach. Du kannst am Wochenende immer nach Hause. Ich kann wirklich nicht mehr. Ich will endlich ein gesundes Kind und du kommst erst nach Hause, wenn du wieder gesund bist«, fügt Mama hinzu, doch dann wird sie von dem Psychologen unterbrochen: »Also da muss ich Sie enttäuschen. Ihre Tochter wird keinesfalls gesund sein, wenn sie entlassen wird. Nicht mit 45,5 kg.«

Dann meldet sich meine Therapeutin zu Wort: »Ich würde sagen, dass wir einen Vertrag aufstellen. Sie bleiben hier, bis Sie die 45,5 kg erreicht haben, und danach dürfen sie nach Hause und dort wohnen.«

»Wollen Sie mich eigentlich alle verarschen? Ich muss einen Vertrag machen, um zu Hause wohnen zu dürfen?«

Ich bin einfach fassungslos und weine so stark, dass mich kaum jemand verstehen kann.

»Sie wollen doch nach Hause und nicht in eine eigene Wohnung ziehen müssen. Und Sie haben Ihre Mutter gehört. Wenn Sie das hier abbrechen, kommen Sie nicht nach Hause. Und das wollen Sie doch.«

»Ich will einfach nur hier weg, verdammte Scheiße. MAMA. Das kannst du doch nicht machen«, schreie ich jetzt geradezu in die Runde und schmeiße mich dabei fast auf den Boden vor Heulkrämpfen.

»Hanna«, antwortet sie. »Ich will nichts mehr, als dich bei mir haben. Du musst gesund werden. Du kannst nicht nach Hause kommen.«

Das Gespräch geht noch lange so weiter, bis ich weich geklopft bin und nicht mehr kann und einfach zustimme. Doch in meinem Kopf ist immer noch drin: ICH WILL HIER WEG. SO SCHNELL WIE MÖGLICH. Anschließend fahren wir abends gemeinsam zum Essen. Doch auch im Restaurant kann ich mich nicht halten. Ich muss die ganze Zeit nur weinen und werde schon von überall angeschaut. Doch das ist mir ziemlich egal. Es ging mir noch nie so beschissen. Auf diesen Tag habe ich hingearbeitet. An diesem Tag wollte ich weg sein. Lieber wäre ich jetzt tot. Ich kann einfach nicht mehr.

Jeder Tag wird schlimmer. Es ist so schlimm, dass ich mich selbst verletzen muss. Ich fühle mich wie eine Hülle. Eigentlich fühle ich fast gar nichts. Ich habe eine solch unbeschreibliche Sehnsucht, dass ich an manchen Tagen im Badezimmer auf dem Boden liege und mir die Seele aus dem Leib weine. Dann fühle ich mich so leer und ausgelaugt, dass ich mir entweder in den Arm beißen muss, oder zu meiner Pinzette greife, um mir damit in den Arm zu ritzen. Dieser Schmerz tut mir so gut, weil er mich wenigstens etwas von meiner Situation ablenkt. Manchmal überlege ich auch, mir in eine bestimmte Stelle zu ritzen, um dem Ganzen endlich ein Ende zu setzen, doch dann denke ich an meine Familie und meine Freunde und das hält mich davon ab.

Nun bin ich schon über drei Monate hier und habe etliche Medikamente ausprobiert. Antidepressiva, Neuroleptika, Beruhigungsmittel. Ob es eine Nebenwirkung von einem der Medikamente ist, weiß ich nicht, aber als ich eines Morgens aufwache, habe ich schon ein ganz komisches Gefühl. Nach dem Frühstück geht es dann richtig los. Mein Herz fängt an zu rasen, ich bekomme kaum Luft und kann mich kaum halten vor Unruhe.

Eine Panikattacke. Es ist unbeschreiblich, was man da durchmacht. Mir ist, als zerreißt mir mein Herz die Brust. Aber woher kommt diese plötzliche Panik? Habe ich solche Angst vorm Zunehmen? Ich wiege mittlerweile fast 42 kg. Und eigentlich war 42 kg meine Grenze an Gewicht. Es kommt mir einfach so viel vor.

Ich fühle mich schlecht und merke, wie ich immer dicker werde. Ich kann mich kaum im Spiegel anschauen. Ich fühle mich total unwohl. Und auch meine Haut tut mir total weh. Ich spüre an meiner Haut, wie ich zunehme. Gegen meine Panikattacke bekomme ich erst mal eine Dröhnung an Medikamenten zur Beruhigung, doch ich habe das Gefühl, dass es nicht besser wird, bis ich plötzlich ruhiger und ganz schläfrig werde.

Mittlerweile weiß ich auch, glaube ich, woher die Panik kommt. Seit einiger Zeit esse ich so viel, habe aber zugleich das Gefühl, dass ich nicht mehr zunehme, und fange an, Wasser zu trinken. Von Wiegetermin zu Wiegetermin wird es mehr Wasser, das ich trinken muss, doch ich merke, dass ich damit durchkomme. Jetzt esse ich nur noch, wenn ich Hunger habe, denn ich habe keine Essensbegleitung mehr, das heißt, es schaut niemand mehr genau, was und wie viel ich esse. Mein Gewicht bleibt also seit mehreren Wochen bei 42–43 kg. Da ich aber eigentlich noch zunehmen muss, trinke ich immer und immer mehr. Und ich habe panische Angst, dass das rauskommt.

Offiziell habe ich mein Zielgewicht von 45,5 kg erreicht. Offiziell. In Wirklichkeit trinke ich jedes Mal, bevor ich gewogen werde, nachts 3 Liter. Ich stelle mir den Wecker um drei Uhr, trinke 1,5 Liter und um halb sechs noch mal 1,5 Liter. Ich liege im Bett und trinke und trinke. Manchmal wird mir dann speiübel und plötzlich muss ich mich übergeben und breche ca. 200 Milliliter wieder aus, die ich danach wieder drauftrinke. Morgens kurz vor dem Wiegen habe ich dann das Gefühl, dass mir die Blase platzt. Es ist schrecklich.

Und warum das Ganze? Weil ich nicht mehr zunehmen will? Weil ich merke, dass ich bis jetzt damit durchgekommen bin? Keine Ahnung. Aber ich weiß, dass diese ganze Quälerei nichts bringt, denn nach der Klinik muss ich sowieso zum Arzt zum Wiegen, weil ich diese 45,5 kg halten soll. Ich kann doch nicht jedes Mal 3 Liter Wasser trinken. Ich bin einfach total krank. Mama meinte zu mir, wenn ich nur 100 g abnehme, bringt sie mich wieder in die Klinik. Na super. Was soll ich denn machen? Irgendwann wird es sowieso herauskommen und dann ist die Kacke am Dampfen. Wenn ich das Gewicht bis nächste Woche halte, werde ich endlich entlassen. Wenn ich nur wüsste, was danach sein wird.

12. KAPITEL

Unverändert

Februar 2010
bis Mai 2011

Ich bin nun seit über einem Jahr wieder zu Hause. Genauer gesagt, habe ich den Sommer bei meinem Vater gelebt, weil die Situation zu Hause nicht tragbar war, aufgrund meines Zustandes. Die letzten Monate bestanden aus Gesprächen, neuen Therapeuten, Psychiatern, viel Tränen, Trickserelen meinerseits, Nervenzusammenbrüchen von Mama und Oma, Sorgen von Freundinnen, Nachprüfungen, Klausuren für mein Abitur, schlechtem Gewissen, Wunsch nach Tod, Wunsch nach Leben, Wunsch nach Veränderung und: Hunger, Hunger, Hunger.

Die Sucht ist mein ständiger Begleiter. Sie gibt mir so viel, doch in Wirklichkeit nimmt sie mir alles. Mein ganzes Leben ist von morgens bis abends von der Sucht kontrolliert. Ich fühle mich vollkommen außer Kontrolle.

Ich wiege noch 32 kg.

Kann es das gewesen sein?

Nein!

Kann das mein Leben gewesen sein?

Nein!

Kann ich mich auf etwas Neues freun?

Mag sein.

13. KAPITEL

Vierter Versuch

21. Juni 2011

Ich wiege noch 31 kg. Es ist nicht schwer zu erraten, wo ich mich befinde: Richtig. In einer Klinik.

Ein weiteres, viertes Mal.

Einem Ort, an den ich nie wieder wollte.

Der Reihe nach.

Wie bereits seit über vier Jahren lebte ich die letzten Monate zu Hause und lebte meine Sucht.

Die Gedanken sind bekannt und sie wurden nicht besser.

Jeder Tag eine Quälerei und immer wieder ein kleiner Funken Wille, doch endlich gesund zu werden.

Gesund werden zu müssen einerseits.

Gesund werden zu wollen andererseits.

Ein anderes Leben führen zu wollen.

Spaß zu haben.

Alle lieben Menschen in den Arm zu nehmen und zu sagen: »Ich bin mir sicher, alles wird gut.«

Doch ich war mir nicht sicher.

Und meine Sucht gab mir Sicherheit.

Zwar eine andere, aber immerhin Sicherheit.

Und: Die altbekannte, lächerliche, unwichtige, nutzlose, lebensgefährliche, schmerzhafte unkontrollierbare … Kontrolle.

14. KAPITEL

Rückblick

Januar bis März 2011

Hanna, du kannst unmöglich so dein Abitur machen. Und selbst wenn du es noch schaffen solltest. Was bringt dir dein Abitur, wenn du danach stirbst? Und du wirst danach sterben. Kein Körper hält dieses Gewicht lange aus.«

»Vielleicht schaffst du es noch ein paar Jahre, wenn überhaupt. Aber was willst du nach deinem Abi machen? Etwa studieren? Du? Alleine? Ohne deine Familie? Ohne deine Freunde? In einer fremden Stadt? Ohne jegliche KONTROLLE? Du musst wieder in eine Klinik.«

Es ist ein Freitagnachmittag. Der Deutsch-LK ist gerade vorbei und meine Freundinnen stehen mit mir im Regen und versuchen, mich, wie die letzten Jahre, davon zu überzeugen, dass ich Hilfe brauche.

»In ein paar Monaten habe ich mein Abitur, da gehe ich doch jetzt nicht in eine Klinik.«

»Ja, aber, Hanna. WAS BRINGT ES DIR? Du bist nicht mehr lebensfähig. In deinem Leben gibt es nur noch deine Sucht und nebenher die Schule. Du könntest jeden Moment sterben, weißt du, wie unwichtig da ein Abitur ist?«

»Werde doch erst mal gesund, dann kannst du immer noch dein Abitur machen. Wahrscheinlich sogar noch besser. Und wir wissen doch alle, wenn jemand sein Abitur packt, dann doch wohl du. Und ob du es jetzt machst oder nächstes Jahr, das ist doch vollkommen unwichtig, wenn …«

»Ich will es aber nicht nächstes Jahr machen. Ich habe doch jetzt nicht in jedem Fach eine Nachprüfung gemacht und die halbe Zwölfte durchgehalten, um kurz vorher wieder in eine Klinik zu gehen, ich bin doch nicht …«

»ES GEHT UM DEIN LEBEN, HANNA! Was ist da schon ein halbes Jahr? Was sind da schon ein paar Monate? Du musst gesund werden. Solange du nicht gesund bist, kannst du fünfmal das Abitur haben, es wird vollkommen nutzlos sein.«

Bevor ich darauf etwas erwidern kann, meldet sich die Nächste zu Wort.

»Man hätte dich schon längst zwangseinweisen lassen müssen. Zack, zum Amtsgericht gehen und dich entmündigen lassen. Und ich verstehe auch nicht, wie das überhaupt möglich ist, dass du hier noch so vor uns stehst. Dass du jeden Tag in deiner Verfassung mit dem Fahrrad zur Schule fährst. Dass du bis vor Kurzem sogar noch am Sportunterricht teilgenommen hast. Dass nicht schon längst deine Eltern oder dein Arzt dich haben zwangseinweisen lassen. Und ich habe mich informiert. Mit deinem Gewicht ist das kein Problem. Da reicht eine Unterschrift und dann wärst du weg. Da kannst du gar nicht mehr lange nachdenken, ob du in die Klinik willst oder nicht. Du hast das gar nicht mehr zu entscheiden. Und dass nicht schon längst eine Entscheidung über dich getroffen wurde, das geht einfach nicht in meine Birne rein. Das finde ich unvorstellbar und verantwortungslos. Das denke ich jedes Mal, wenn ich dich morgens auf deinem Fahrrad zur Schule fahren sehe. Es ist verantwortungslos von deinem Arzt und auch von deiner Mutter, dass sie nicht endlich handeln. Und sollten sie das nicht bald mal gebacken bekommen, dann werde ich zum Amtsgericht gehen und handeln und ich weiß ganz genau, dass alle hinter mir stehen und mir recht geben würden.«

Ich weiß genau, dass sie recht hat mit dem, was sie sagt, und trotzdem macht es mich tierisch wütend. Klar, sie macht sich Sorgen, aber rechtfertigt das, so über meine Mutter zu reden? Weiß sie überhaupt, wie schlecht es meiner Mutter momentan geht? Wie schlecht es ihr geht mit dem Gedanken, das eigene Kind eigentlich zwangseinweisen lassen zu müssen? Zu wissen, dass das Kind kurz vorm Abitur steht und deswegen eine Welt zusammenbrechen würde? Zu wissen, dass eine Zwangseinweisung aufgrund meiner Volljährigkeit schrecklich ablaufen würde? Und einfach immer wieder die Hoffnung zu haben, dass ich von mir aus sage: »Mama, ich gehe freiwillig in die Klinik.«

Und da ich genau dieses Bild vor meinen Augen habe, von meiner Mutter, wie sie sich mit diesem Gedanken quält und von allen Leuten gemustert wird, weil sie »ihr Kind verhungern lässt«, macht mich diese Aussage meiner Freundin besonders traurig.

»Du weißt doch gar nicht, wie das ist. Du kannst dich hier einfach so hinstellen und sagen, dass du mich zwangseinweisen lassen würdest. Und dass es nichts Einfacheres gäbe. Und dass meine Mutter ja NUR eine Unterschrift machen müsste. Als ob du einfach so dein Kind entmündigen lassen könntest. Du weißt überhaupt nicht, in was für einer Situation sie sich deswegen befindet.«

Damit die Situation nicht eskaliert, versucht eine weitere Freundin, das Gespräch etwas umzulenken.

»Es geht ja jetzt auch nicht darum, deine Mutter oder irgendjemanden schlechtzureden oder zur Verantwortung zu ziehen. Aber sagen wir mal, du würdest dein Abitur noch machen. Was ist danach? Du hast dich doch immer schon gegen Kliniken gesträubt. Du würdest doch nie im Leben freiwillig in eine Klinik gehen. Auch nach dem Abitur nicht. Sag ehrlich: Würdest du nach dem Abitur freiwillig in eine Klinik gehen?«

»Nein, ich denke nicht. Ich will nicht mehr in eine Klinik. Ich war jetzt dreimal und es hat einfach nichts gebracht. Warum sollte es dann diesmal etwas bringen?«

»Siehst du? Und was willst du dann mit deinem Abitur machen?«

Das ist eine der beängstigenden Fragen, die in meinem Kopf herumschwirren.

Denn es ist eine Frage, die ich nicht beantworten kann.

Die Zukunft.

Da ist etwas, was nicht sicher ist.

Etwas, wovon ich nichts weiß.

Nicht weiß, was kommt.

Aber ich geh doch jetzt nicht in eine Klinik. Ich bin doch nicht bescheuert. In ein paar Monaten fangen die Vorabiturklausuren an und ziemlich kurz danach kommen auch schon die richtigen

Abiturklausuren. Da gebe ich doch nicht kurz vorher auf, um in eine Klinik zu gehen. Das bringt doch sowieso nichts, das weiß ich ja mittlerweile. Dreimal habe ich das jetzt ausprobiert, gesund zu werden in einer Klinik, und danach ging es mir wieder schön schlecht und ich hab das zugenommene Gewicht wieder abgenommen.

Dann verschwende ich doch jetzt nicht wieder ein Jahr, hole mein Abitur nach in einer neuen Stufe und bin womöglich dann wieder an dem Punkt, an dem ich jetzt bin.

Und als ob ich jetzt in den nächsten Monaten sterben würde! So schnell stirbt man auch nicht. Außerdem wiege ich jetzt schon seit einigen Wochen 32 kg. Das heißt, ich schaffe es immerhin, die 32 kg zu halten und nicht weiter abzunehmen, und das werde ich jetzt die nächsten Wochen und Monate auch halten können. Dann klappt das auch alles. Auch wenn das eher ein niedriges Gewicht ist – solange ich damit leben kann, ist doch alles in Ordnung. Ich versuche jetzt einfach, das Gewicht zu halten. Dass ich damit leben kann, weiß ich ja. Ich fühle mich nicht schwach, ich kann zur Schule fahren, das Konzentrieren klappt auch noch einigermaßen gut. Also kann ich doch auch so weiterleben, oder nicht?

Und wenn es so gefährlich wäre, wäre ich doch schon längst gestorben. Klar, ich weiß, dass das kein gesundes Gewicht ist, aber für die nächste Zeit reicht das erst mal.

Die Ärzte sagen immer, dass ich damit jetzt vielleicht leben kann, aber ich mit einem solchen Gewicht niemals das 30. Lebensjahr erreichen werde.

Mein Gott, jetzt bin ich gerade mal 19 und bis dahin ist ja noch viel Zeit. Vielleicht bin ich bis dahin ja auch gesund. Nach dem Abitur werde ich sowieso gesund werden und zunehmen. Glaube ich zumindest. Aber mit dem Zunehmen muss ich ja jetzt noch nicht anfangen. Das kann ich auch nach dem Abitur machen. Ich wette, das klappt dann schon. Auf jeden Fall weiß ich, dass ich nicht noch einmal in eine Klinik gehe, egal ob ich mein Abitur habe oder nicht. Auch nach meiner Schulzeit nicht. Dann starte ich erst mal durch.

Ich weiß zwar noch nicht wirklich, was ich genau studieren möchte, aber so ein paar Ideen habe ich schon.

Modedesign fände ich ganz cool. Oder Modejournalismus. Oder Medienmanagement?

Auf jeden Fall werde ich mir eine schöne Uni suchen in einer schönen Stadt. Einer Großstadt. München. Hamburg. Frankfurt. Berlin.

Oder ob ich ins Ausland gehen soll? Ein anderes Land fände ich super. Am liebsten an eine Modeschule in London oder Paris? Oder vielleicht Mailand? Das wäre so genial. Aber das sind nur Träume, da muss man erst mal rankommen. Auf jeden Fall möchte ich in eine andere Stadt und von zu Hause ausziehen.

Ich weiß gar nicht, warum ich so gerne in eine andere Stadt möchte. Würde ich das überhaupt aushalten? Von zu Hause weg zu sein? Wenn ich so daran denke, sehe ich da eigentlich kein Problem. Irgendwie wundert mich das. Wenn ich in den Kliniken war, wollte ich immer unbedingt nach Hause und jetzt möchte ich unbedingt in eine andere Stadt. Aber das ist doch ein super Zeichen, oder nicht? Alle meinen immer, ich würde sowieso zu Hause bleiben, aber das möchte ich gar nicht. Ich kann mir gut vorstellen, von zu Hause wegzugehen, und möchte das eigentlich auch.

Und ich wette, dann klappt der Rest auch von ganz alleine, wenn ich erst mal in einer anderen Umgebung bin, an einer Uni mit einem Studiengang, der mir gefällt. Dann klappt auch das Essen wieder. Dann habe ich nämlich eine neue Aufgabe und keiner ist da, der mich zum Essen drängt und dem ich mit dem Essen etwas beweisen muss. Dann esse ich nicht für andere, sondern für mich. Und wenn es dann so weit ist, kann ich bestimmt essen und zunehmen werde ich dann sowieso ganz schnell. Das geht ja bei mir eh so schnell. Und wenn das dann so weit ist, bin ich ja schon so gut wie gesund.

Wenn ich mit anderen darüber rede, werde ich immer ganz komisch angeschaut, als ob ich sonst etwas vorhätte. Als ob ich zum Mond fliegen wollen würde. Die sollen sich mal alle nicht so anstellen. Fast jeder geht doch nach dem Abitur studieren, also warum nicht ich? Nur weil ich weniger wiege?

Vielleicht gehe ich ja auch ins Ausland, das machen andere auch. Und das mit dem Gewicht wird sich dann schon noch positiv entwickeln. Aber eigentlich möchte ich ja gar nicht zunehmen. Ob sich meine Gedanken dann wirklich ändern, wenn ich alleine bin? Wenn ich bis jetzt mal für ein paar Tage alleine war, habe ich nie etwas gegessen. Warum sollte es dann in einer anderen Stadt klappen?

Doch das klappt. Ich glaube schon. Das kann man nämlich nicht vergleichen. Das wird schon werden. Jetzt konzentriere ich mich erst mal aufs Abitur und kümmere mich einfach nebenher darum, dass es schnell weitergeht danach. Hauptsache, ich hab etwas für danach und dann wird das schon alles klappen. Zumindest ist schon mal eins sicher: Nie wieder Klinik.

Eigentlich ist mein Plan ja ganz simpel. Das Problem dabei sind nur meine Familie, insbesondere meine Mutter, und meine Ärzte.

Heute habe ich mal wieder einen Termin bei meinem Psychiater, bei dem ich auch immer gewogen werde. Auf der Waage bin ich immer 1 kg schwerer als auf der Waage zu Hause, was gut ist, da ich da unmöglich mit meinem Gewicht aufkreuzen kann.

Und da ich alleine mit Mamas Auto dorthin fahre, kann ich auf dem Weg dorthin schon mal ungefähr 1,5 Liter trinken. Dann würde ich plus dem Kilo mehr, das die Waage dort anzeigt, ungefähr 34–35 kg wiegen. Das ist zumindest schon mal besser als 32 kg. Und der Abstand zum Gewicht beim vorhergehenden Termin ist nicht allzu groß. Da wog ich, glaube ich, um die 36 kg.

Als ich dann bei meinem Psychiater im Behandlungszimmer sitze, meint er: »Frau Blumroth, was wollen Sie eigentlich? Ich sehe bei Ihnen keinerlei Fortschritt. Wenn Sie unbedingt wollen, können Sie so weiterleben und werden, wenn Sie Glück haben, vielleicht 28. Wenn überhaupt.

Also was wollen Sie? Sie lügen sich doch selber an. Immer wieder heißt es, dass Sie zunehmen wollen, und ich selber sehe nur Rückschritte. Sie sollten sich dafür entscheiden, in eine Klinik zu gehen, sonst erledigen das andere für Sie. Und ich werde das hier nicht weiterführen, weil ich keinen Sinn darin sehe. Man kann Ihnen noch so viel erzählen, dadurch, dass Sie kein Eiweiß mehr in der Birne haben, können Sie noch so oft zu mir kommen, es wird nichts bringen. Mir selber am allerwenigsten. Ich werde also dafür sorgen, dass Sie einen Betreuer bekommen. Und der wird Sie einweisen lassen.«

»Nein, ich möchte aber keinen Betreuer, ich mache ja bald Abitur und danach wird es bestimmt klappen, wenn ich erst mal was Neues habe und eventuell in einer anderen Stadt bin oder so. Außerdem habe ich mir ja schon vorgenommen zuzunehmen.«

»Machen Sie sich doch nicht lächerlich. Das sagen Sie jedes Mal, wenn Sie hier sind, und jedes Mal wiegen Sie weniger. Ich sehe nur Rückschritte. Ich persönlich halte es für unsinnig, über jemanden zu entscheiden. Wenn jemand unbedingt sterben will, sollte er das tun, aber in Deutschland sorgt man dafür, dass das nicht passiert, also ist es meine Pflicht, Sie entmündigen zu lassen. Denn Sie sind so ein Kandidat, der dabei ist, sich umzubringen. Nicht durch Suizid, sondern schön langsam, bis Sie verhungert sind. Warum bringen Sie sich nicht einfach um? Das würde schneller gehen.«

»Ja, eigentlich möchte ich ja gar nicht sterben.«

»Sie tun aber alles dafür, dass es bald passiert. Sie könnten natürlich auch, wenn Sie Glück haben, noch ein paar Jährchen vor sich hin vegetieren und dann irgendwann alleine, vereinsamt und klapprig sterben. Dann haben Sie ja richtig was geschafft. Dann redet man vielleicht noch ein paar Wochen über Sie, man ist traurig, aber dann geraten auch Sie in Vergessenheit. Da haben Sie nicht so viel von.«

»Ja, das weiß ich doch alles, aber ich werde ja nicht sterben.«

»Also wollen Sie so schnell wie möglich über die 40-kg-Grenze kommen und dann weiter zunehmen, bis Sie Normalgewicht haben? Denn erst dann hat das Gehirn wieder genug Eiweiß, um richtig arbeiten zu können.«

»Mhm, ich weiß nicht, also die gesunde Seite möchte das ja eigentlich schon, aber die kranke Seite irgendwie ja nicht. Aber sterben möchte ich nicht und ich schaff ja jetzt schon, etwas mehr zu essen. Abends zum Beispiel, wenn der Tag um ist, fällt es mir etwas leichter, weil ich weiß, dass ich danach ins Bett gehe und dann nicht mehr den ganzen Tag darüber nachdenken muss.«

»Ach, erzählen Sie mir doch nichts. Ich möchte, dass Sie mir bis Dienstag sagen, was Sie eigentlich wollen und ob Sie in eine Klinik gehen. Ich werde die Behandlung so nicht weiterführen. Und dann ist es meine Aufgabe, einen Betreuer für Sie anzufordern.«

»Nein, das geht doch nicht. Ich nehme wirklich jetzt zu.«

»Ach ja? Und wie viel?«

»Ja, weiß ich nicht genau.«

»Das sagten Sie schon oft. 1 kg bis übernächste Woche.«

»1 kg? Das schaffe ich nicht. 700 g?«

»Beim nächsten Mal wiegen Sie 1 kg mehr, also 36 kg. Je nachdem, wie viel sie heute getrunken haben, ist das sehr wohl machbar. Trotzdem möchte ich, dass Sie am Dienstag anrufen. Und mit Ihrer Mutter möchte ich auch sprechen. Also bräuchte ich eine Schweigepflichtentbindung und eine Nummer, unter der ich Ihre Mutter erreichen kann.«

»Mhm, ja okay, dann bis Dienstag.«

»Bis Dienstag, Frau Blumroth, und viel Erfolg.«

Wir schütteln uns die Hand und ich gehe hinaus. Am Empfang hinterlasse ich die Nummer meiner Mutter und lasse mir einen neuen Termin für die übernächste Woche geben. Toll. Jetzt stehe ich schon wieder total unter Druck. Boah Hanna, du bist so doof. Jetzt muss ich bis übernächste Woche 36 kg wiegen und ich hab heute schon mit den Kilos geschummelt. Jetzt muss ich erst mal das Getrunkene aufholen und zunehmen, bevor ich überhaupt noch 1 kg zunehmen kann. Na super. Wieso komme ich eigentlich immer wieder in diese scheiß Situationen? Lerne ich denn eigentlich nie aus meinen blöden Fehlern? Jedes Mal sage ich mir, nicht mehr zu trinken, nicht mehr zu schummeln, endlich zuzunehmen, und was ist?

Jedes Mal stehe ich wieder am gleichen beschissenen Punkt und ärgere mich über mich selbst.

Ob ich es schaffe zuzunehmen? Ich hab mir das jetzt schon so oft vorgenommen, aber ich schaffe es einfach nicht, mehr zu essen, beziehungsweise anders zu essen. Das kann doch einfach nicht sein.

Hanna, willst du etwa einen Betreuer? So kurz vorm Abitur? Oder überhaupt. Jetzt reiß dich mal zusammen.

Wenigstens ein bisschen. Ich meine, ich muss ja nicht unbedingt das Kilo schaffen, aber wenigstens ein bisschen, sonst muss ich beim nächsten Mal wieder über 3 Liter trinken, das halte ich nicht noch mal aus.

Also los. Wenigstens versuchen, etwas mehr zu essen. LOS LOS LOS.

Außerdem muss ich eh zunehmen, sonst macht Mama das auch nicht mehr länger mit. Ständig droht sie mir mit der Zwangseinweisung und dass sie dies auf jeden Fall auch noch vor dem Abitur machen würde, wenn ich nicht zunehme. Aber ich schaffe es einfach nicht. Mein Gewicht schwankt immer zwischen 32 kg und 33 kg. Manchmal schaffe ich es, mir ein bisschen was zu erlauben, dann esse ich zum Beispiel abends ein kleines Stück Schokolade oder ein paar eingefrorene Früchte mit fettarmem Joghurt, aber sobald mein Gewicht gestiegen ist, selbst wenn es nur 200 g sind, schraube ich die Nahrungszufuhr direkt wieder zurück. Dabei weiß meine gesunde Seite ganz genau, dass das normal ist, dass das Gewicht schwankt und die 200 g dann kein wirkliches zugenommenes Gewicht sind, sondern normale Schwankung oder Flüssigkeit, oder Essen im Magen, das sowieso wieder ausgeschieden wird. Aber das hilft mir nicht. Ich stehe auf der Waage, sehe diese Zahl und bekomme Panik und ein schlechtes Gewissen. Mein Kopf ist ein einziger Brei.

Hinzu kommt, dass ich mich eigentlich auf die Schule konzentrieren müsste, aber das klappt nicht wirklich. Immer wenn ich etwas lernen möchte oder lernen muss, schwirren Kalorien, Gewicht, Zwangseinweisung, Druck und Essen, Essen, Essen in meinem Kopf herum.

Jedes Mal, wenn Mama mich wiegt und sieht, dass ich nicht zugenommen beziehungsweise abgenommen habe, flippt sie völlig aus. Jetzt waren wir auch noch im Skiurlaub, in dem ich nicht mal mit Ski fahren durfte und abends immer warm essen musste, und ich habe trotzdem nicht zugenommen. Aber ich weiß auch genau, woran das lag. Dadurch, dass ich wusste, dass ich abends warm essen muss, hab ich den ganzen Tag, wenn die anderen Ski fahren waren, nichts gegessen und beim Frühstück immer geschummelt. Ich hab mir vorher vorgenommen, im Urlaub ordentlich zu essen und einfach mal zu genießen und meine Gedanken abzuschalten. Es hat wieder nicht geklappt. Und so flippt Mama ein weiteres Mal aus, als sie mich nach dem Urlaub wiegt.

15. KAPITEL

Eiswürfel gegen den Hunger

März 2011

Ich halte das einfach nicht mehr aus. Mein Kopf nervt mich. Immer diese Gedanken. Ich bin total fertig. Nicht körperlich, davon merke ich nichts. Keine Kraftlosigkeit. Nein. Aber totale Erschöpfung und Müdigkeit. Und das jetzt, wo meine Vorabiturklausuren anfangen.

Nächste Woche geht es los und ich hoffe einfach nur, dass ich weiß, was ich schreiben soll, und nicht ans Essen denken muss oder daran, dass vor Müdigkeit mein Kopf einfach leer ist oder dass ich vielleicht vor dem Abitur zwangseingewiesen werde. Aber das ist auch kein Wunder, immerhin schlafe ich nicht mehr als drei Stunden in der Nacht. Es ist einfach nicht möglich. Wenn ich vor zwei Uhr in der Nacht einschlafe, ist das schon echt ein Wunder. Jeden Abend gehe ich gegen halb elf ins Bett mit einem eingefrorenen Joghurt. Den »gönne« ich mir jeden Abend. Einen eingefrorenen, mit Wasser und Süßstoff verdünnten fettarmen Joghurt, an dem ich eine Stunde lang herumkratze, bis er endlich aufgegessen ist. Aber schlafen kann ich danach auch nicht.

Danach habe ich meistens Bauchschmerzen, wobei ich nicht weiß, ob das von der Kälte kommt oder ob es Hunger ist. Ich glaube, es ist ein Hungergefühl. Dann liege ich eine weitere Stunde wach und versuche, wenigstens zu schlafen, aber es klappt nicht, weil ich nur ans Essen denken muss, beziehungsweise daran, was ich am Tag gegessen habe. Und so stehe ich auf, schleiche durchs Treppenhaus in den Keller und hole mir noch einen eingefrorenen Joghurt oder esse Salatblätter mit Salz oder Pfeffer, um dieses grässliche Bauchgefühl wegzubekommen.

Aber seit Kurzem habe ich etwas Neues für mich entdeckt. Ich friere mir jetzt tagsüber Wasser vermischt mit Kuchen oder Kekskrümeln ein, sodass ich in der Nacht Eiswürfel kauen kann. Das ist genial, denn die schmecken dann nach Kuchen, aber bestehen fast nur aus Wasser und haben kaum Kalorien. Also gehe ich zum dritten Mal heute Nacht in den Keller und hole mir eine Portion Eiswürfel in mein Zimmer, die ich dann genüsslich vor dem Fernseher verspeise. Dann versuche ich, wieder einzuschlafen, und merke, dass dieses Bauchgefühl immer noch nicht vorbei ist, sodass das von vorne losgeht und ich mehrmals in der Nacht in die Küche oder den Keller schleiche, um Salat oder eingefrorene Wasserplörre zu essen.

Wenn ich daran denke, was für eine Zeitverschwendung das ist. Es ist ja nicht nur diese eine Stunde Joghurt-Kratzerei und Hin-und-her-Gerenne in der Nacht. Es ist auch das Vorbereiten dieser Joghurts und Eiswürfel.

Wie oft ich in der Woche im Keller stehe und mir dieses Zeug mische und einfriere. Das ganze Eisfach ist voll davon. Wenn ich wenigstens nur einen Joghurt und eine Portion Eiswürfel einfrieren würde. Nein. Ich habe mindestens zehn Joghurts im Eisfach und zwei große Becher voll mit Eiswürfeln, die ich meistens auch alle in der Nacht esse. Doch der erste Grund, warum ich so viel davon einfriere, ist, dass ich Panik habe. Keine Panik, dass nicht genug da ist, sondern Panik vor einer Fressattacke. Ich hatte noch nie in meinem Leben eine Fressattacke und trotzdem habe ich eine Riesenpanik davor, eine zu bekommen und dadurch die Kontrolle zu verlieren. Da ich gerade abends und nachts einen unerträglichen Appetit habe, denke ich, ich könnte die Kontrolle verlieren und plötzlich alles in mich hineinstopfen, was ich finden kann. Und um dieser Angst und diesem Appetit entgegenzuwirken, friere ich Eiswürfel ein, so viele wie möglich.

Diese Panik und diese Gelüste sind so groß, obwohl ich eigentlich genau weiß, wie diszipliniert ich bin und dass ich wahrscheinlich niemals eine Fressattacke haben werde. Aber das denkt nur die gesunde Seite. Die kranke Seite versichert mir immer wieder: »Du brauchst einen großen Vorrat an Eiswürfeln, denn wenn heute Nacht nicht genug da sind, kannst du dich sicher nicht kontrollieren und stopfst irgendwas in dich rein, um das Bauchgefühl loszuwerden, und dann nimmst du sofort extrem viel zu.«

Also stehe ich Tag für Tag im Keller, manchmal über eine Stunde, um verschiedene Krümel einzufrieren.

Mittlerweile ist es wieder vier Uhr, bis ich dann irgendwann aus Müdigkeit doch einschlafe. Blöderweise klingelt dann um halb sieben schon wieder der Wecker und ich fühle mich wie gerädert.

Wenn ich da an nächste Woche denke, an die Klausuren, hab ich keine Ahnung, wie ich das schaffen soll, wenn ich jetzt schon so oft Tage habe, an denen ich einfach nur einschlafen möchte im Unterricht. Ganz oft sage ich mir, einfach mal liegen zu bleiben, weil ich kaum aufstehen kann, aber das mache ich dann doch nicht, obwohl ich in diesem Halbjahr noch nicht eine Stunde gefehlt habe, woran ich dann wieder diesen unglaublichen Zwang zur Disziplin bemerke.

Am liebsten würde ich mich wenigstens jetzt, nachdem ich doch aufgestanden bin, auf die Schule konzentrieren, doch die ersten Gedanken verschwende ich direkt ans Frühstück und wie ich es schaffen könnte, nichts zu frühstücken, ohne dass Mama es merkt.

Während ich mich anziehe, gehe ich, wie jeden Morgen, in Gedanken meine Tricks durch, die ich in welcher Situation zu welchem Zeitpunkt wie durchführen könnte. Da es zurzeit Winter ist, dauert das Anziehen entsprechend lang.

Unterwäsche, dünne Strumpfhose, dicke Strumpfhose, Leggins, dicke Socken, Hose, T-Shirt, dünner Pulli, dicker Pulli und Schmuck.

Ich finde diese vielen Schichten so dermaßen ätzend, weil es immer an irgendeiner Stelle kratzt oder Falten wirft, und wirklich wärmen tut es auch nicht.

Mittlerweile ist es Viertel nach sieben und wie jeden Morgen höre ich Mamas genervte Stimme: »Hanna, kommst du bitte endlich zum Frühstück, ich muss um halb los und das weißt du ganz genau, wir hatten abgemacht, dass du wie deine Geschwister um zehn nach unten bist.«

Ich weiß genau, wie recht sie hat, und trotzdem zögere ich es weiter hinaus und antworte: »Ja, Mann, ich bin doch schon längst auf dem Weg.«

Dann gehe ich ganz langsam die Treppe hinunter und verstaue erst mal meine Wärmflasche, die ich mir mehrmals mache in der Nacht, hinter der Kellertür, damit ich sie direkt griffbereit habe, wenn ich aus der Schule komme. Als ich dann endlich in der Küche ankomme, ist es bereits 20 nach sieben und meine Geschwister sind schon fertig mit dem Frühstück.

Sobald ich mein Brot auf dem Teller sehe, welches mir von Mama jeden Morgen vorgelegt wird, bekomme ich sofort Panik und keife los: »Willst du mich veräppeln? Das Brot soll ich essen? Das ist viel größer als das von gestern, das esse ich nicht.«

»Und wie du das isst. Das ist genau das gleiche Brot wie gestern auch. Aus der Packung, vorgeschnitten. Und die Scheiben in der Packung sind alle gleich groß und gleich schwer. Und jetzt fange nicht direkt schon wieder an zu diskutieren. Ich bin jetzt schon stinksauer. Zehn nach sieben hatten wir abgemacht und jetzt ist es 20 nach.«

»Auf der Badezimmeruhr war es erst Viertel nach, da kann ich ja nichts für, dass die Uhr hier unten anders geht.«

Während ich merke, wie behämmert ich argumentiere, gehe ich zum Toaster, stecke das Brot hinein und stelle den Toaster auf die höchste Stufe und möchte gerade ganz langsam den Schalter herunterdrücken, als Mama schon sagt: »Du brauchst jetzt gar nicht noch lange zu toasten. Allerhöchstens auf drei. So schwarz wie dein Brot immer ist, das ist ungesund und krank. Und du musst nicht auch noch Krebs bekommen.

Als ich dann sage: »Da kommt es auch nicht mehr drauf an«, und dabei anfange zu lachen, muss auch sie wieder ein bisschen schmunzeln. Ich glaube, wenn es diese kleinen Scherze zwischendurch nicht gäbe, hätten wir wahrscheinlich schon längst aufgegeben.

Trotzdem bin ich sofort wieder voll in meinem Plan und stelle den Toaster heimlich auf fünf, sodass das Brot nicht schwarz wird, aber schön knusprig und es wieder etwas Zeit in Anspruch nimmt. Als ich jedoch merke, dass Mama wieder kurz davor ist zu explodieren, hole ich mein Brot aus dem Toaster. Gerade rechtzeitig, denn an einer Stelle fängt es schon an zu verkohlen. Bevor ich das Brot beschmiere, breche ich rundherum die knusprigen Kanten ab, sodass auf meinem Teller mindestens sieben Brotstückchen liegen inklusive des Innenteils. Die Kantenstücke sind so dünn, dass ich sie gar nicht bestreichen könnte, und ich nehme sie einzeln in die Hand und knabbere daran herum. Die Kanten sind so knusprig und trocken, dass man meinen könnte, ich würde Knäckebrot essen.

Dadurch, dass das Innenteil nur noch handtellergroß ist, brauche ich auch nur wenig Marmelade, die ich darauf kratze, und wieder merke ich, dass ich den Bogen total überspanne, weil Mama meint: »Kratz doch lieber noch ein bisschen weniger Marmelade aufs Brot, dann kannst du es dir bald ganz sparen. Und mein Gott, Hanna, jetzt fang endlich mal an zu essen, sonst flippe ich hier gleich aus und dann sitzt du morgen um sechs Uhr hier mit mir am Tisch zum Frühstücken.«

Ich grummele nur und beiße ganz langsam eine Brotspitze ab und kaue diese noch langsamer und habe dabei Herzrasen.

Warum kann die Zeit nicht schneller vorbeigehen? Ich hab das Gefühl, dass sie gar nicht vorangeht. Mein Herz rast immer schneller, weil ich einerseits ungeduldig darauf warte, dass meine Mutter aufsteht, um zur Arbeit zu fahren, und ich andererseits immer mehr Panik bekomme, weil ich von meinem Brot abbeißen muss. Plötzlich klingelt das Telefon, was mir eine unglaubliche Freude bereitet und meiner Mutter wohl Erschrecken, da sie die Augen verdreht und ganz schnell zum Telefon rennt, um genauso schnell wieder neben mir am Tisch zu sitzen. Während sie das tut, lasse ich blitzschnell eine meiner Brotkanten unter meinem Rollkragenpullover und dann im BH verschwinden. Während sie dann neben mir sitzt und telefoniert, tue ich die ganze Zeit so, als würde ich kauen, und bekomme nebenher grob mit, worum es in dem Telefonat geht: »Ja, wenn es ihr so schlecht geht, ist es wirklich besser, sie bleibt heute zu Hause. Und je nachdem, wie sie sich erholt, schauen wir dann morgen weiter.«

Oh mein Gott. Mama hat frei, weil ihre Schülerin krank ist. Für mich bricht eine Welt zusammen. Warum habe ich immer so ein Pech. Wenn ich dieses Brot aufessen muss, ist der Tag für mich gelaufen. Das kann doch nicht sein. Mein Herz rast schneller als ein Düsenjäger und am liebsten würde ich jetzt anfangen zu heulen, aber ich versuche, ruhig zu bleiben. Doch ich merke, wie meine Hände anfangen zu zittern.

»Das war die Katrin, ich hab heute frei, mein Schatz.«

Ich antworte mit ganz unsicherer Stimme: »Oh, ist ja cool.«

Also hatte ich recht. Mama hat frei und ich bin ein panisches Wrack. Als sie sich kurz zur Seite dreht, um das Telefon wegzulegen, lasse ich wieder rasend schnell eine Brotkante unter meinem Pullover verschwinden, schaffe es aber diesmal nicht ganz bis zum BH und tu wieder so, als würde ich kauen. Doch es hat sich eh erledigt, denn anscheinend hat Mama aus den Augenwinkeln die hastige Bewegung bemerkt und fragt sofort: »Was hast du gerade gemacht?«

Ich schauspielere wie jeden Morgen und frage entrüstet: »Wie, was habe ich schon wieder gemacht? Was soll ich denn gemacht haben? Ich sitze einfach hier und frühstücke und jetzt tu nicht schon wieder so, als hätte ich irgendwas gemacht.«

»Wo ist denn dann die Brotkante, die da gerade noch auf deinem Teller lag?«

»In meinem Magen vielleicht? Wo soll sie denn sonst sein?«

»Ja, das frage ich dich, du isst doch sonst nicht so große Stücke auf einmal. Steh mal auf.«

»Oah Mama, ich steh jetzt nicht auf. Jetzt lass mich doch einfach mal in Ruhe hier sitzen und dieses scheiß Brot aufessen. Ich muss zur Schule und hab jetzt schon kaum noch Zeit zum Zähneputzen.«

»Ja, das geht ja nun mal auf deine eigene Kappe und jetzt steh bitte auf.«

Mürrisch stelle ich mich neben meinen Stuhl und schaue zu, wie meine Mutter erst unter dem Kissen, unter dem Teller und dann in meinen Hosentaschen und Ärmeln sucht. Plötzlich fängt sie an, mich auch noch abzutasten und …

ERWISCHT! Sie fühlt an meinem Hals etwas Hartes und bringt eine Brotkante zum Vorschein, die sie auf meinen Teller schmeißt.

»Was ist das?«, fragt sie ganz ernst, obwohl die Frage eigentlich überflüssig ist.

Also antworte ich ganz leise, aber ohne den Blick abzuwenden: »Eine Brotkante.«

»Und was soll das?«

»Weiß nicht«, sage ich erst, doch dann sprudele ich los: »Oh Mama, du weißt ganz genau, wie sehr ich das Frühstück hasse, und die Scheibe Brot war heute viel größer als gestern und …«

»Jetzt hör aber mal auf«, schreit sie und knallt dabei so dermaßen die Faust auf den Tisch, dass ich zusammenzucke.

»Mir reicht es. Ich lasse mich doch hier nicht länger verarschen. Ich sitze hier wie eine Blöde jeden Morgen am Tisch und riskiere, zu spät zur Arbeit zu kommen, und das Einzige, was du zu tun hast, ist, das Brot in deinem Pullover verschwinden zu lassen. Du verarschst uns hier alle nach Strich und Faden und alle leiden darunter. Nur du ziehst dein Ding weiter durch.«

»Ich verarsche euch gar nicht nach Strich und Faden, das war heute das erste Mal, weil das Brot größer war, und da hab ich …«

»Halt ja den Mund jetzt, sonst gibt es hier gleich einen Riesenknall. Geh jetzt in die Schule, ich will dich nicht mehr sehen und ich kümmere mich darum, dass du zwangseingewiesen wirst. Ich bin doch nicht bescheuert. Die Leute müssen ja schon denken, ich hätte komplett einen an der Waffel, was ich hier mit dir mache. Und dein Abitur kannst du dir sonst wohin stecken, das geht mir nämlich links am Arsch vorbei. Ich gebe mir von Tag zu Tag Mühe, dich zu unterstützen, mit dir zu reden und du machst lustig weiter wie bisher. Ich dachte, du willst dein Abitur machen? Mir ist dein Abitur so was von scheißegal. Von mir aus kannst du das in zehn Jahren noch machen. Ich lasse hier doch nicht meine Tochter verhungern, nur weil du unbedingt in diesem Jahr dein Abitur machen willst. Ich hab damals schon gesagt, du sollst die Zwölfte wiederholen, und hab dich trotzdem weitermachen lassen. Und du veränderst an deinem Verhalten gar nichts. Abitur. Ts. Was willst du eigentlich damit? Tot bringt dir das nicht viel. Und jetzt geh lieber, bevor hier noch ein Unglück passiert.«

Wenn man jetzt meinen Puls messen würde, würde das Messgerät platzen. Zwangseinweisung. Das kann sie doch nicht machen. Warum konnte ich dieses scheiß Brot nicht einfach essen. Immer diese Panik. Mensch Hanna, denke ich mir, warum kannst du dich nicht einfach mal zusammenreißen. Und wieder hast du es verbockt. Und das ist ganz alleine deine Schuld. Jetzt mach doch mal endlich was und verschiebe es nicht immer auf morgen.

Ich schaff es echt noch, dass ich vor dem Abitur zwangseingewiesen werde, das kann doch echt nicht sein.

Ich versuche, mich innerlich zu beruhigen, doch es klappt nicht. Trotzdem denke ich: Gott sei Dank hat sie nicht auch noch die Kante in meinem BH gefunden.

Langsam stehe ich auf und gehe in mein Zimmer, um mir die Zähne noch schnell zu putzen. Eigentlich kann ich mir das Beeilen sparen, denn ich werde eh zu spät zum Unterricht kommen.

Trotzdem schnappe ich mir blitzschnell meine Jacke, schwinge mich aufs Fahrrad und rase los, um wenigstens noch ein bisschen was zu retten.

Den Tag über in der Schule habe ich wieder meine altbekannte, lächelnde Maske auf, um zu zeigen, wie gut es mir doch geht, und das natürlich immer an der Heizung sitzend, um nicht allzu sehr zu frieren.

Auf dem Weg nach Hause denke ich wie bereits den ganzen Tag über ans Mittagessen, weil ich einerseits tierischen Hunger habe und andererseits eine Riesenpanik davor, wie ich die Mahlzeit überstehe und wie ich schummeln kann. Je näher ich unserem Haus komme, desto größer wird die Angst.

Als ich dann die Tür aufschließe, meine Jacke aufhänge und heilfroh bin, es jetzt endlich wärmer zu haben, merke ich, dass ich immer noch das Stück Brot im BH habe, und lasse es kurz darauf in der Toilette verschwinden.

Das Mittagessen verläuft ein wenig anders als sonst, weil ich die ganze Zeit denke: Iss Hanna. Einfach essen. Du hast Hunger. Du darfst essen. Du wirst zwangseingewiesen. Du hast Untergewicht. Du musst essen. Du hast eigentlich keine Wahl. Tu es einfach. Hör nicht auf die schlechte Stimme. Die erzählt Mist.

Ich esse extrem langsam und zerteile alles in kleinste Stücke, obwohl ich eigentlich nur Gemüse und ein kleines Stück Fleisch und eine halbe Kartoffel auf dem Teller habe. Trotzdem nehme ich das Stück Fleisch in den Mund, manövriere es unter meine Zunge, stehe auf, um mir Senf aus dem Kühlschrank zu holen, und spucke dabei das Fleisch in meine Hand und verstecke es im Kühlschrank. Dann frage ich scheinheilig: »Möchte noch jemand Senf?«

Mama und Robert sagen beide Nein und als ich Maria anschaue, kann ich nur in ihrem Blick lesen, dass sie sehr wohl meine Aktion bemerkt hat. Doch sie schaut mich nur genervt an.

Wenn ich nur einfach diese blöde Stimme abschalten könnte.

Ich lande wieder in der Klapse, ich sehe es kommen.

Den restlichen Tag verbringe ich, so gut es geht, in meinem Zimmer, damit ja keine Gesprächssituation zustande kommen kann. Gegen Nachmittag rufe ich dann in der Praxis des Arztes an, um ihm mitzuteilen, dass ich mich gegen die Klinik entschieden habe und stattdessen das Kilo zunehmen werde bis zum nächsten Termin.

Er lässt mich jedoch sehr genau spüren, dass er nicht wirklich daran glaubt, dass es jetzt klappen würde, und dass für ihn die richterliche Anordnung eines Betreuers nicht mehr sehr fern liegt.

Die darauffolgenden Tage versuche ich mir so oft zu sagen: Iss, Hanna, du wirst sonst zwangseingewiesen, willst du das? So kurz vor deinem Abitur? Und dann per richterlicher Anweisung? Dann darfst du nichts mehr. Du darfst nichts entscheiden. Dann bist du entmündigt. Gerade erst die Volljährigkeit erreicht und schon entmündigt. Dann musst du bei allem, was du machen möchtest, erst einen Antrag stellen. Dein Betreuer kann dir alles verbieten und muss dir alles erst erlauben. Das kann doch nicht das sein, was du willst. Nur damit du dünn bist. Nur damit du hungern kannst, obwohl dich nachts der Hunger quält. Mensch Hanna, iss doch einfach, selbst wenn du jetzt 10 kg zunimmst, bist du noch im untergewichtigen Bereich. Und du musst gerade erst mal ein Kilo zunehmen, das wird doch wohl zu schaffen sein …

Und immer so weiter gehen die Gedanken. Doch es klappt nicht. Vor der Mahlzeit immer Zusprüche der gesunden Seite, doch sobald eine neue Mahlzeit beginnt, bin ich wieder voll im Magersuchtmodus. Je weniger, desto besser. Ich habe einfach so eine panische Angst vorm Essen, das ist unbeschreiblich, obwohl ich am liebsten den ganzen Tisch leerfuttern würde. Solch eine Lust habe ich auf das Essen. Diese zwei Seiten machen mich einerseits so aggressiv, dass ich mich am liebsten einfach nur auseinanderreißen möchte. Andererseits ist es zermürbend, dass ich einfach den Wunsch habe, nur noch schlafen zu wollen, um meinen Kopf auszuschalten, oder mich in körperliche Arbeit zu stürzen, um mich abzulenken und meinen Körper zu spüren.

Doch immer wieder ist da die Panik. Die Zwangseinweisung ist immer präsent und für mich doch so weit weg. Denn wenn ich die Panik vor der Zwangseinweisung wirklich verinnerlicht hätte, warum schaffe ich es dann nicht, alles dafür zu tun, um diese abzuschalten, zu essen, zuzunehmen, auf die Ärzte zu hören, auf meine gesunde Seite, diese klitzekleine minimale gesunde Seite?

Ach. Es gibt so viele Fragen in mir, die ich einfach nicht beantworten kann, und das macht mich mürbe.

Die Zukunft macht mir genauso Angst. Panische Angst. Wieso kann ich nicht einfach wissen, was in der Zukunft sein wird, dann würde ich wissen, ob es sich überhaupt lohnt weiterzuleben. Seit vielen Jahren nämlich finde ich mein Leben nicht lebenswert.

16. KAPITEL

Bitte nur noch Abitur!

März bis April 2011

Als ich an diesem Tag aus der Schule komme, freue ich mich wie immer auf die Wärme im Haus und auf meine Wärmflasche. Zugleich denke ich aber schon an den Nachmittagsunterricht bis 18 Uhr und dass ich dann wieder frieren muss. Es ist egal, was und wie viel ich anziehe, ich friere und friere. Meine Wärmflasche ist für mich wie für andere eine Wellness-Behandlung und eine riesige Erleichterung. Im Flur rieche ich dann bereits das Mittagessen und wieder steigt die Panik, das Herz fängt an zu rasen und meine Hände zu zittern. Trotzdem atme ich tief ein, um wenigstens diesen wunderbaren Geruch zu genießen und mir vorzustellen, wie es wäre, wenn ich mir jetzt erlauben würde zu essen.

Doch da ist noch etwas anderes. Irgendetwas liegt in der Luft. Irgendetwas sagt mir, dass da noch was ist. Etwas Bedrohliches. Und da mich mein Gefühl selten trügt, gehe ich sehr langsam Richtung Küche. Als ich eintrete, sehe ich sofort im Blick meiner Mutter, dass mein Gefühl recht hatte. Jetzt ist nur die Frage, was schon wieder los ist. Da ich mir denken kann, dass es schlechte Nachrichten gibt, versuche ich, so locker wie möglich zu wirken, und begrüße sie mit einem fröhlichen Kuss und frage dabei: »He, na wie war dein Tag heute?«

»Oh joar, es ging so, meine Schülerin war heute ziemlich durcheinander. Außerdem habe ich einen Anruf bekommen«, antwortet sie.

Oh nein, welcher Arzt hat diesmal angerufen, denke ich. Was ist jetzt schon wieder. Bitte kein Arztanruf. Bitte. Mein Herz rast und ich kann kaum fragen und muss mich extrem zusammenreißen, um so locker wie möglich zu wirken.

»Einen Anruf bekommen? Von wem denn, beziehungsweise wieso?«

Sie antwortet: »Die Schule hat angerufen. Frau Gerb hat dich heute wohl seit Längerem zum ersten Mal wieder gesehen auf dem Flur und sich so erschrocken, dass sie deine anderen Lehrer darauf angesprochen hat. Und es haben ihr einige zugestimmt, dass du so nicht mehr zur Schule gehen dürftest. Und sie wollen, dass du in eine Klinik gehst. Hanna, mach dir das mal klar. Du hast keinerlei Wahl mehr. Wenn ich dich nicht einweisen lasse, kümmert sich deine Schule darum. Das kann die Schule gar nicht mehr verantworten, dich zu unterrichten. Stell dir mal vor, dir passiert etwas. Alles, was du momentan tust, ist unverantwortlich und gefährlich. Hanna, ich habe gar keine andere Wahl, als dich zwangseinweisen zu lassen. Bitte sei doch vernünftig und gehe wenigstens freiwillig, um uns allen, aber vor allem dir, diesen Zwang zu ersparen.«

»Ich geh nicht noch mal in eine Klinik. Niemals.«

»Hanna, mir reicht es langsam, du machst die ganze Familie kaputt mit deiner Sturheit. Du hast doch gar keine andere Wahl mehr. Willst du in die Psychiatrie kommen und mit einer Sonde ernährt werden, bis du ein unterstes Gewicht erreicht hast, um dann wieder entlassen zu werden und genauso krank zu sein wie vorher?«

»Oh nein, Mann, aber ich will in gar keine Klinik mehr.«

Das restliche »Gespräch« eskaliert total. Meine Mutter heult. Ich heule. Meine Mutter ist stinksauer und flippt völlig aus, sodass ich das Gefühl habe, sie schlägt das ganze Wohnzimmer kurz und klein. Anschließend bricht sie auf dem Boden zusammen und weint so verzweifelt, dass man sie nicht einmal in den Arm nehmen kann. Meine Geschwister sitzen um sie herum und versuchen, sie irgendwie zu beruhigen und ihr immer wieder neue Taschentücher zu reichen. Ich möchte sie auch in den Arm nehmen, doch sie blockt ab. In den Blicken meiner Geschwister kann ich lesen, was sie denken: »Sieh nur, was du angerichtet hast. Du machst unsere Mama kaputt.«

Ich schäme mich so dermaßen, das ist unbeschreiblich. Mama ist immer die Starke. Immer diejenige, die alles im Griff hat. Immer alles regelt. Immer alles klärt. Immer für einen da ist. Sie mit einem solchen Nervenzusammenbruch auf dem Boden liegen zu sehen ist unbeschreiblich grausam und für mich beschämend.

Zu wissen, dass ich schuld an diesem Nervenzusammenbruch bin. Schuld an ihrem Befinden bin. Ich bin so unendlich traurig und wütend auf mich und meine Krankheit. Jeder würde jetzt zu mir sagen: »Hanna, geh doch einfach noch mal in eine Klinik. Lass dich behandeln. Lass dich darauf ein. Tu es doch wenigstens für deine Mutter und deine Familie. So kann es doch nicht weitergehen. Und du weißt doch selber, dass du es alleine nicht schaffen kannst.«

Wie wahr diese Worte doch sind. Doch ich kann nicht. Ich kann einfach nicht. Ich kann nicht noch mal in eine Klinik gehen. Ich habe so panische Angst davor und bin zusätzlich noch enttäuscht von den letzten drei Klinikaufenthalten.

Warum sollte es dann diesmal klappen?

Auf der einen Seite habe ich immer an Gewicht zugenommen, was für mich schon schwierig genug und mit Panikattacken und Ängsten verbunden war, aber sobald ich zu Hause war, habe ich gemerkt, wie krank ich immer noch bin und wie wenig ich mit mir und meinem Körper leben kann, und so ging der Horror mit dem Fasten weiter.

Aber wovor habe ich genau Angst? Vor der Klinik, vor dem Essen, vor dem Zunehmen, vor der Trennung von zu Hause, davor, dann nicht das Abitur in diesem Jahr machen zu können? Ich weiß es nicht. Ich denke, es ist alles und noch vieles mehr.

Und nur weil ich zu feige bin, mich diesen Ängsten zu stellen, mache ich lieber meine Familie kaputt?

Hanna, du bist so feige und egozentrisch, das ist unbeschreiblich.

Am Abend sitzen meine Mutter und ich bei meinem Hausarzt, der mir wieder erklärt, dass auch er die Verantwortung nicht länger übernehmen kann und eine Zwangseinweisung klar auf der Hand liege.

Diesmal breche ich auf dem Stuhl zusammen und weine so bitterlich, da mir langsam einiges klarer wird. Es ist ernst. Sehr ernst. Mir wird plötzlich klar, dass ich bereits mit einem Bein in der Psychiatrie stehe und dass ich dann mein Abitur knicken kann.

»Bitte, bitte, das könnt ihr doch nicht machen so kurz vor dem Abitur, dann war alles umsonst. Ich verspreche euch, dass ich zunehmen und ordentlich essen werde, aber lasst mich doch wenigstens das Abitur noch machen. Es ist doch nicht mehr so lange bis dahin. Bitte. Das könnt ihr doch nicht machen!«

Mama kann meine Worte kaum fassen, weil ihr in diesem Moment mein Abitur so dermaßen egal ist.

»Du willst dein Abitur noch machen? Ist dir denn gar nicht bewusst, dass dir jeden Moment etwas passieren kann? Dass du jeden Moment sterben kannst? Ich kann nachts nicht schlafen, weil ich Panikattacken habe, dass du nicht mehr aufwachst. Du selbst schläfst höchstens drei bis vier Stunden in der Nacht und da willst du dein Abitur machen?«

»Ja, es ist doch nicht mehr lange. Ich verspreche euch, ich werd mich ändern. Ich packe das an. Ich schaffe das, damit ich mein Abitur machen kann. Aber bitte nicht Klinik. Bitte nicht schon wieder.«

Ich bin eigentlich ganz sicher, dass mein Leben nun gelaufen ist, weil ich wieder in eine Klinik muss, als Mama fragt: »Was bist du denn bereit, dafür zu geben und einzugehen?«

Hoffnung! Hoffnung! Habe ich doch noch eine Chance? Lassen sich Mama und mein Arzt darauf ein? Bitte, lieber Gott. Bitte mach das, dass ich noch eine letzte Chance bekomme.

»ALLES. Ich mache alles, was ihr wollt, ich esse mehr und versuche zuzunehmen, aber bitte bringt mich nicht schon wieder in eine Klinik, bitte.«

Ganz lange schaut mich Mama an, bis sie irgendwann sagt: »Ich lasse mich darauf ein, ein allerletztes Mal. Ich biete dir an, dich bis zu deinem Abitur zu begleiten. Dich zu begleiten, was das Essen anbelangt, und dich zu begleiten, was deine Psyche anbelangt, und ich versuche, dich so gut es geht in allem zu unterstützen, das weißt du. Aber das geht nur, wenn du dich und dein Verhalten änderst und du wirklich zunimmst. Ich möchte dich jeden Tag wiegen und sehen, dass du zunimmst. Bis du dein Abitur hast, keinen Tag länger.«

Ich bin so erleichtert, dass es sich anfühlt, als würde mir der Himalaya vom Herzen fallen. Ich bekomme eine allerletzte Chance. Es ist wirklich. Eine allerletzte Chance. Ich bin Mama so dankbar, dass ich sage: »Wirklich, ich gebe mir die allergrößte Mühe, glaub mir.«

Wir haben nun einen Deal. Ich muss zunehmen. Jeden Tag wiegen mit Mama. Einmal in der Woche zum Arzt zur Gewichtskontrolle und zum anschließenden Gespräch.

Danke. Danke. Danke. Danke. Ich bin so dankbar.

Die nächsten Wochen klappen, was das Essen angeht, einigermaßen. Aber eigentlich ändere ich gar nichts an meinem Essverhalten. Ich faste weiterhin den ganzen Tag, damit ich denke, dass ich abends schön viel essen kann, um meiner Mutter zu beweisen, dass es gut klappt. Wenn es dann allerdings Abend ist, schaffe ich nicht wirklich, mehr zu essen.

Zusätzlich essen klappt bei mir nur nachts. Ich freue mich den ganzen Tag auf mein eingefrorenes Zeug, das ich nachts esse. Da ich weiß, dass ich zunehmen muss, traue ich mich, etwas mehr zu essen als sonst, aber leider nicht tagsüber. Nur nachts. Dann stehe ich auf und gehe an mein Schränkchen, in dem ich Süßigkeiten gehortet habe, und schaue erst mal, auf was ich wohl Lust habe. Am liebsten würde ich den ganzen Schrank leer futtern und habe sogar totale Panik davor, dass ich mich in einer Nacht mal nicht zurückhalten kann und dies wirklich tue.

Die letzten Nächte habe ich dann immer ein bisschen Schokolade gegessen und versucht, einfach zu denken: DU darfst etwas Zusätzliches essen, Hanna. Denk an dein Abitur. Wenn du nicht zunimmst, kommst du noch vor dem Abitur in die Klinik. Dann war alles umsonst. Dann musst du das ganze Jahr wiederholen. Außerdem hast du es Mama versprochen zuzunehmen. Also hab kein schlechtes Gewissen. Klappt nicht. Ich traue mich zwar, etwas Schokolade zu essen nachts, aber das schlechte Gewissen ist immer da. Und die Panik ebenfalls. Jeder Tag ist eine neue Hürde. Am schlimmsten jedoch ist das abendliche Wiegen von Mama. Jedes Mal habe ich Angst, dass sie mein wirkliches Gewicht erfährt. Sie denkt, dass ich ca. 34 kg wiege.

Am Anfang, nachdem wir bei meinem Arzt waren, habe ich es sogar geschafft, etwas zuzunehmen, doch damit bin ich überhaupt nicht klargekommen, sodass ich das Essen sofort wieder reduziert habe und wieder bei meinem Anfangsgewicht bin. Jeden Abend, wenn Mama mich wiegt, muss ich etwas drauf trinken, damit sie sieht, dass ich zunehme. Jedes Mal, wenn sie mich lobt, dafür, dass ich es schaffe, langsam zuzunehmen, fühle ich mich so dermaßen mies, das ist unbeschreiblich. Sie gibt sich so eine Mühe. Wiegt mich jeden Abend, bleibt beim Essen immer sitzen, bis ich fertig bin, und ich hasse es einfach nur. Dabei weiß ich ganz genau, dass sie das für mich tut. Damit ich mein Abi machen kann und was mache ich? Ich trete ihre Hilfe mit Füßen und verarsche sie weiterhin von vorne bis hinten.

Jeden Abend renne ich ins Bad auf die Waage, damit ich mein Gewicht dahingehend manipulieren kann, dass sie denkt, ich würde wirklich konstant zunehmen. Jeden Tag kommt etwas Flüssigkeit hinzu. Mehr anziehen kann ich schon gar nicht mehr. Mittlerweile trage ich beim Wiegen drei Paar Socken, zwei Hosen, zwei Pullover und eine Sweatshirtjacke. Ich habe totale Panik davor, dass sie irgendwann wieder auf die Idee kommt, mich abzutasten. Das hat sie schon einige Male gemacht, aber bis jetzt nicht gemerkt, dass ich so viele Schichten anhabe. Zusätzlich trinke ich jeden Abend ein bisschen mehr hinzu. Und jedes Mal habe ich ein tierisch schlechtes Gewissen nach dem Wiegen und sage mir: Hanna, du musst zunehmen. Du kannst nicht jeden Tag noch was trinken. Stell dir vor, sie wiegt dich mal zwischendurch und sieht, dass du in Wirklichkeit über 2 kg leichter bist. Du landest wieder in der Klinik. Heute Nacht. Heute Nacht traust du dich mal, mehr Schokolade zu essen. Denk einfach ans Wiegen und deine Panik, erwischt zu werden, was dein wirkliches Gewicht betrifft. Denk dran, Hanna. Klinik. Das willst du nicht. Iss heute Nacht. Du weißt, du darfst es. Du darfst es. Erlaube es dir.

Wie jede Nacht sitze ich dann wieder vor meinem Schränkchen und probiere, etwas Süßes zu essen. Das mache ich dann auch und traue mich, eine Praline zu essen, die ich fünfmal durchschneide vorher. Danach fühle ich mich wie immer mies und denke, dass das reicht zum Zunehmen, dabei reicht das gerade mal, um mein Gewicht zu halten.

Ach hätte ich doch einfach nur mein Abitur, dann hätte ich all diese Gedanken und den Druck nicht. Aber was ist danach?

Was ist nach dem Abitur? Da bin ich ja nicht gesund ...

Dann werde ich anfangen zu studieren und dann werde ich bestimmt von ganz alleine gesund, weil ich mich um mich kümmern muss.

17. KAPITEL

Das Projekt »stern TV«

April bis Mai 2011

Gott, bin ich erleichtert. Heute habe ich wieder eine Abiturklausur hinter mich gebracht. Jetzt kann ich mich erst mal etwas beruhigen. Jetzt kommt bald noch eine weitere Klausur und dann hab ich es endlich geschafft. Aber was soll ich bloß danach machen?

Während ich mich mal wieder mit meiner Zukunft beschäftige, stöbere ich im Internet und schaue mir Reportagen über Magersucht an. Aber mittlerweile kenne ich fast alle Reportagen darüber, da fällt mir plötzlich etwas ein. Warum »bewerbe« ich mich nicht einfach selber beim Fernsehen für eine Reportage über Magersucht? Der erste Gedanke, der mir kommt, ist: *stern TV*. Die drehen doch öfter über solche Themen, die aktuell sind. Und mehr als absagen können sie ja nicht. Aber soll ich das wirklich machen? An die Öffentlichkeit gehen? Soll ich einfach mal hinschreiben? Aber warum eigentlich? Was erhoffe ich mir davon? Weiß ich eigentlich gar nicht. Aber vielleicht ist es ja so, dass mir meine Krankheit dadurch besser vor Augen geführt wird? Vielleicht wird es mir dann deutlicher, wenn ich mich im Fernsehen sehe? Vielleicht kann ich dann mit dem Thema abschließen und gesund werden? Vielleicht denke ich dann, dass ich die Krankheit »eingeschweißt« habe und sie dann besser aufgeben kann. Vielleicht kann ich ja sogar anderen Mädchen damit helfen? Mir schwirren so viele Gedanken im Kopf herum, bis ich mir sage: Ich schreibe einfach mal eine Nachricht an *stern TV* und warte ab. Sollte es klappen, kann ich mir immer noch Gedanken machen.

Also klicke ich die Seite von *stern TV* an und schreibe über deren Kontaktformular eine Nachricht an die Redaktion:

»Liebes Team von *stern TV*,

ich bin 19 Jahre alt, seit drei Jahren magersüchtig und mein Body-Mass-Index beträgt nur noch 12. Ich wollte Sie fragen, ob Sie vielleicht Interesse hätten, eine Reportage für *stern TV* zu drehen, weil ich gerne andere Mädchen warnen möchte.«

Dann klicke ich auf Senden. Ich bin ganz schön gespannt. Das wäre der Hammer, wenn die sich melden würden, vielleicht werde ich ja danach wirklich gesund?

Erst mal abwarten und nicht zu früh freuen.

Und ich habe mich anscheinend zu früh gefreut, denn es kommt nichts. Keine Nachricht, kein Anruf, keine Bemerkung, aber auch keine Absage, bis eines Tages mein Handy klingelt.

»Guten Tag, spreche ich da mit Hanna Blumroth?«

»Ähm, ja?!«

»Hallo, mein Name ist Blufarb, ich rufe an aufgrund Ihrer Nachricht, die Sie an die Redaktion von *stern TV* geschrieben haben, die wurde vor Kurzem an mich weitergeleitet. Ich bin seit Längerem dabei, einen Film über Magersucht zu drehen, und wollte wissen, ob das bei Ihnen noch aktuell ist, also ob Sie noch Interesse hätten, an meiner Reportage mitzuarbeiten.«

Ich bin total perplex, damit habe ich überhaupt nicht gerechnet, dass sich doch noch jemand meldet, also stammele ich etwas komisch ins Telefon: »Ach so, ähm ja, natürlich hätte ich noch Lust.«

»Das ist prima, am besten, wir machen einen Termin, um uns mal kennenzulernen und zu schauen, ob das auch wirklich passt und Sie ein bisschen von sich erzählen können.«

Das ist ja der Hammer. Aber will ich das wirklich? Dann muss ich mein Innerstes nach außen tragen. Diese Reportage kann jeder sehen. Das ist wie ein Seelenstriptease. Ich warte am besten erst mal das erste Gespräch mit der Redakteurin ab. Jetzt muss ich Mama fragen, ob das für sie überhaupt in Ordnung ist, denn wenn ich das wirklich machen sollte, möchte ich, dass Mama mit im Boot sitzt und auch dahintersteht.

Besagtes Gespräch läuft dann richtig gut. Mama ist mit dabei und steht hinter mir. Sie greift wahrscheinlich nach jedem Strohhalm und hofft, das DAS endlich etwas sein könnte, was mir hilft. Die Redakteurin ist total nett. Und je länger das Gespräch dauert, desto sicherer werde ich mir, dass ich das wirklich durchziehen möchte.

Das wird auf jeden Fall ein niveauvoller Beitrag für *stern TV* und ich merke, dass die Redakteurin sehr einfühlsam ist und Ahnung hat von der Materie.

Die Reportage soll so aufgebaut sein, dass zwei Mädchen gefilmt werden: einmal ein Mädchen, das ihren Alltag mit der Krankheit lebt, also ich, und ein weiteres Mädchen, das sich in einer Klinik befindet. Mit dem anderen Mädchen hat sie bereits gedreht in der Schön Klinik. Sie möchte sozusagen zwei Wege darstellen. Zwei Wege, mit der Magersucht zu leben. Gegen Ende des Gespräches merke ich, wie meine Mutter immer wieder Fragen zu dieser Klinik stellt. Der Redakteurin zufolge soll es eine der besten Kliniken in Deutschland für Essstörungen sein. Sofort merke ich, wie Mama ganz Feuer und Flamme ist und immer mehr Fragen zu dieser Klinik stellt.

Hey. Darum geht es doch gar nicht. Es geht hier um eine Reportage über Magersucht und nicht darum, was für eine tolle Klinik das sein soll. Hoffentlich kommt sie jetzt nicht auf die Idee, mich in diese Klinik zu schicken. Oh mein Gott, sie wirkt auf einmal richtig begeistert. STOPP. Ich will nicht noch mal in eine Klinik. Auch nicht in diese blöde Schön Klinik. Nie wieder in irgendeine. Das hilft mir nicht. Jetzt geht es doch erst mal um die Reportage. Vielleicht werde ich ja danach gesund?

Und dann geht plötzlich alles ganz schnell. Wir vereinbaren zwei Drehtage, an denen das Fernsehteam nach Hamm kommt und mich im Alltag mit der Krankheit filmt, und noch plötzlicher sitze ich mit Mama am Mittwochabend, dem 21.05.2011, um 23:15 Uhr bei *stern TV* im Studio. Live.

Der Arzt der Klinik, welcher auch im Film vorkommt, ist mit dabei. Mama und mir werden Fragen gestellt und die ärztliche Seite wird von besagtem Arzt erklärt. Eigentlich ist der Arzt ja ganz nett und Ahnung hat er, glaube ich, auch. So ein Gefühl hatte ich bis auf meinen zweiten Hausarzt bei einem Arzt noch nie. Alle Ärzte in den anderen Kliniken fand ich nicht sonderlich hilfreich. Aber bei ihm ist das anders. EGAL. Ich gehe nicht noch mal in eine Klinik, egal wie sehr ich mit dem Arzt klarkomme.

Als die Sendung bei *stern TV* vorbei ist, bin ich total traurig. Jetzt ist das Projekt *stern TV* also beendet. Jetzt habe ich also wieder nur noch das Projekt Abi. Ich habe das Gefühl, dass mir die Zeit davonläuft. Bald mache ich mein Abi und für danach habe ich nichts. Nur grobe Vorstellungen, aber nichts Festes, das halte ich nicht aus. Ich brauche etwas Neues. Trotzdem bin ich jetzt erst mal sehr froh, dass ich das mit *stern TV* durchgezogen habe, denn es hat mich doch einen Schritt weiter gebracht.

Umso trauriger bin ich, dass es vorbei ist. Das ging mal wieder viel zu schnell, obwohl auch sehr viel Arbeit dahintersteckte, was man sich kaum vorstellen kann. Aber das Projekt hat mich nicht nur in dem Sinne weitergebracht, dass ich einen Einblick bekommen konnte. Das merke ich, als ich mich das nächste Mal in meinen Facebook- und E-Mail-Account einlogge.

Über 1000 neue Nachrichten von Menschen, die den Beitrag über mich gesehen haben. Oh mein Gott, wie soll ich die denn alle lesen und auch noch beantworten? Was die wohl alle geschrieben haben? Ich bin total gespannt und perplex, damit hätte ich nie gerechnet. Aber erst mal abwarten, was so drinsteht.

Zwei Tage lang sitze ich fast nur am Computer, um all die Nachrichten zu lesen. Jede Nachricht ist einzigartig und wundervoll und bestärkt mich ungemein:

»Liebe Hanna, ich habe deinen Beitrag bei *stern TV* gesehen und wollte dir meine Beachtung aussprechen, damit an die Öffentlichkeit zu gehen, das hat auch mir selber sehr geholfen. Ich wünsche dir alles erdenklich Gute und dass du die Krankheit in den Griff bekommst. Du bist so ein toller Mensch. Du musst kämpfen, du schaffst das. Liebe Grüße!«

So oder so ähnlich sind alle Nachrichten. Entweder von Betroffenen selber, von Angehörigen oder einfach von ganz lieben Menschen, die mir Mut machen und Zuspruch geben wollen.

Ganz viele schreiben auch, dass ich auf jeden Fall in die Schön Klinik gehen solle, da sie entweder selber erfolgreich dort behandelt wurden, jemanden kennen, der dort war oder einfach unbedingt möchten, dass ich Hilfe annehme.

Aber noch mal Klinik? Ich weiß es nicht. Ich bin total dagegen. Immerhin war ich schon so oft, was soll an dieser Klinik denn anders sein? Gut, ich komme mit dem Arzt der Klinik ganz gut klar und finde ihn auch sehr sympathisch, aber das heißt nichts. Sobald ich Patientin bin, ist das bestimmt wieder ganz anders. Ich bleibe dabei, ich gehe nicht noch mal in eine Klinik. Da können die Leute noch so viel Werbung machen für diese Klinik. Klinik bleibt Klinik. Nie wieder. Das ist zwar nett gemeint, aber die wissen nicht, was ich in den Kliniken schon alles mitgemacht habe. Wie schrecklich es für mich war. Das mache ich nicht noch mal. Immer wieder monatelange Quälerei für nichts. Wo bin ich jetzt? Wieder vollkommen am Boden, da sieht man mal, wie viel es gebracht hat. Ich bleibe dabei.

Klinik? Nie wieder!

18. KAPITEL

Fortsetzung folgt

Mai bis Juni 2011

Mein Gott, habe ich einen Hunger, das ist ja nicht mehr normal, warum muss das immer gerade nachts so stark sein? Also schleiche ich zum dritten Mal heute Nacht in den Keller, um mir eine Portion Eiswürfel zu holen und meine Wärmflasche neu zu befüllen. Das Eiswürfelkauen dauert eine weitere Stunde, doch das bringt nichts, bis auf dass ich noch mehr friere und Bauchschmerzen bekomme. Der Appetit beziehungsweise Hunger ist immer noch da und mittlerweile ist es halb vier. Ich kann auch danach einfach nicht einschlafen. Also gehe ich noch einmal runter, aber diesmal in die Küche, und esse grünen Salat und Tomaten mit Salz. Das füllt und ist nicht allzu kalt. Anschließend trinke ich ein paar Schlucke Gemüsebrühe, um meinem Magen vorzugaukeln, dass er jetzt etwas Warmes bekommt, und mich somit nicht mehr ganz so hungrig zu fühlen.

Wenn es überhaupt Hunger ist, oder einfach nur Bauchschmerzen. Währenddessen denke ich die ganze Zeit daran, dass ich in zwei Stunden schon wieder aufstehen und anschließend meine schriftliche Abiturprüfung schreiben muss. Wie soll ich das bloß schaffen? Ich bin jetzt schon total aufgeregt, wie gut, dass mich das Essen wenigstens etwas ablenkt. Na super. Jetzt lenkt es mich zwar ab, aber ohne den blöden Hunger und das Essen würde ich wahrscheinlich schon seit Stunden schlafen. Also ist es sowieso nur Pseudoablenkung.

Gegen vier Uhr liege ich endlich wieder im Bett und schlummere langsam ein. Um sechs Uhr klingelt dann bereits mein Handywecker, damit ich mir noch mal meinen Zettel für die schriftliche Prüfung durchlesen kann, doch ich kann mich kaum aufsetzen. Ich bin so dermaßen müde, das ist unbeschreiblich. Aber da lässt sich jetzt nichts dran ändern. Also hämmere ich mir noch mal ein paar Sätze in den Kopf und hoffe, dass wenigstens ein bisschen was hängen bleibt. Anschließend stehe ich auf und mache mich fertig.

Als ich in die Küche gehe, sehe ich dort wieder ein Brot liegen, das mir Mama hingelegt hat. Natürlich esse ich das Brot nicht und trinke auch diesen Morgen keinen Kaffee, damit ich ja nicht zur Toilette muss während der schriftlichen Prüfung. Die kühle Luft auf dem Fahrrad, auf dem Weg zur Schule, macht mich leider auch nicht wacher, sodass ich noch nervöser werde.

Während ich die schriftlichen Aufgaben vor mir liegen habe, kann ich die Müdigkeit zwar nicht ganz abschalten, aber wenigstens muss ich mal eine Zeit lang nicht ans Essen denken. Somit bin ich einerseits aufgeregt bei Prüfungen, andererseits lenken sie mich aber auch mal ab, was mir unglaublich guttut.

Als die Zeit vorbei ist und ich mich zu Hause aufs Sofa fallen lasse, fällt mir schon mal der erste Stein vom Herzen.

Trotzdem ist der Druck nicht ganz weg, denn egal wie die Prüfungen ausgehen, zufrieden bin ich sowieso nicht.

Als ich später am Schreibtisch sitze und versuche, mir Theorien für meine Pädagogikprüfung in den Kopf zu jagen, merke ich schnell, dass es nicht viel bringt, denn ich schweife immer wieder ab. Ich denke so viel über die Klinik nach und all die Nachrichten, die ich von den Zuschauern bekommen habe. In fast jeder Nachricht steht, dass ich in diese Klinik gehen solle. Dass sie so toll sei. Dass sie schon so vielen geholfen habe. Dass ich ein toller Mensch bin und Hilfe annehmen soll.

Und wenn diese Klinik wirklich anders ist als andere? Hab ich vielleicht einfach schlechte Erfahrungen gemacht? Oder hab ich den Kliniken nie eine wirkliche Chance gegeben? Hab ich mich »herausgefressen«, um so schnell wie möglich wieder nach Hause und in die Schule zu können? Wenn ich darüber nachdenke, glaube ich kaum, dass es an den Kliniken lag. Ich fand es einfach von vornherein schrecklich dort. Aber warum sollte es diesmal dann anders sein? Ich würde ja auch nicht freiwillig gehen, sondern gezwungenermaßen.

Ich meine, wenn man vor die Wahl gestellt wird, entweder Schön Klinik oder Zwangseinweisung, ist es doch klar, dass ich mich für die Schön Klinik entscheiden MÜSSTE. Wer will schon eine Zwangseinweisung. Aber die Entscheidung wäre ja dann auch erzwungen und der Aufenthalt würde wieder nichts bringen. Ich muss es selber wollen. Und ich möchte doch eigentlich gesund werden. Aber trotzdem möchte ich auch etwas von der Sucht behalten. Ich habe Angst, sie zu verlieren. Sie hilft mir ja auch. Aber sie ist auch so schrecklich.

Was möchte ich eigentlich? Halb gesund werden? Oder doch ganz? Ich kann es mir kaum vorstellen, noch mal weg zu müssen. Aber ich merke den ganzen Tag meine Abhängigkeit. Ich kann es gar nicht alleine schaffen. Wenn es die Möglichkeit gäbe, es alleine zu schaffen, dann wäre ich doch nicht süchtig, oder? Und ich bin süchtig. Süchtig nach diesem Hunger tagsüber. Nach dem Hunger, der mich nachts nicht schlafen lässt.

Und wenn ich es ein letztes Mal versuche? Mit Experten? Gemeinsam mit anderen Mädchen? Dieser Gedanke ist einfach so weit weg. Und das nur, weil ich diese Riesenpanik habe vorm Zunehmen und Essen? Möchte ich das mein ganzes Leben haben? Möchte ich mit spätestens 30 tot sein? Ich möchte doch auch Kinder haben. All das möchte ich und all das werde ich mit der Sucht nicht haben können. Aber ich möchte auch nicht noch mal in eine Klinik.

AHHH. Mein Kopf platzt. Ich weiß nichts. Nicht was ich denken soll. Ich möchte jetzt einfach nur meine Prüfung im Kopf haben und schaffe es einfach nicht. Gibt es keinen Schalter, um meinen Kopf wenigstens für kurze Zeit umzuprogrammieren? Von Klinik auf Pädagogik? Es klappt nicht. Und wenn ich mir die Klinik einfach mal anschaue? Vielleicht sage ich danach: Die Klinik ist so toll, hier möchte ich hin.

Aber vielleicht sage ich auch: Jetzt bin ich mir noch sicherer, dass ich auf gar keinen Fall in diese Klinik möchte.

Dann hätte ich zumindest einen Eindruck.

Also gehe ich auf die Internetseite der Klinik und stöbere ein bisschen herum. Die Fotos sehen ja eigentlich ganz schön aus. Die Zimmer auch, aber irgendwie überzeugt mich das trotzdem nicht. Ich kann mir das irgendwie nicht vorstellen, dass diese Klinik so anders sein soll, denn zunehmen muss ich da auch. Und das halte ich nicht aus. Ich weiß, dass man sich seinen Ängsten stellen sollte, um sie loszuwerden. Aber möchte ich die Magersucht überhaupt loswerden? Für irgendetwas habe ich sie ja. Und sie gibt mir ja auch irgendwie Halt. Wenn ich die Sucht nicht mehr habe, was hab ich denn dann? Ich weiß ja nicht einmal, was ich studieren möchte. Möchte ich studieren? Ich glaube schon. Oder nicht? Ach, ich weiß es einfach nicht. Wenn ich mir jetzt vorstelle, ich hätte nicht einmal die Magersucht, dann wäre ich ja vollkommen haltlos.

Klinik anschauen?

Aber jetzt mitten in meinem Abi?

Gut, meine Schriftlichen hab ich erst mal geschafft, bis zur nächsten Prüfung hab ich noch etwas Zeit.

Aber wenn ich an die nächste Prüfung denke, bekomme ich gleich wieder Bammel. Ich kann mich einfach nicht konzentrieren. Immer wenn ich lernen möchte, schweifen meine Gedanken ab. Zur Klinik. Zum Essen. Dann wieder zur Schule. Klinik. Essen und so weiter. Hinzu kommt, dass es immer häufiger vorkommt, dass Mama ausflippt und mir droht, dass sie mich, wenn es sein muss, noch vor der letzten Prüfung in die Klinik einweist. Das kann sie doch nicht machen! Es scheint für sie bereits sicher, dass sie mich nach dem Abitur einweisen lässt. Aber ich will doch gar nicht! Ich möchte es alleine schaffen. Da klingelt plötzlich mein Handy und die Redakteurin von *stern TV* ist am anderen Ende:

»He Hanna, na wie geht es dir jetzt so nach der Sendung? Ich hab hier noch ganz viele Mails von Zuschauern liegen, die wir an dich weiterleiten wollen, ich schick sie dir am besten per Post, es sind Hunderte. Hast du denn noch mal über die Klinik nachgedacht? Konnten wir sie dir wenigstens ein bisschen nahebringen?«

»Ich weiß nicht. Den Arzt fand ich schon ganz nett, und die Nachrichten, die ich bekommen habe, haben mich schon irgendwie ein bisschen in die Richtung geschickt, aber ich stehe wie gesagt auf dem Standpunkt: Nie wieder Klinik. Und ich glaube, dabei bleibe ich auch. Zusätzlich frage ich mich auch, was jetzt an dieser Klinik so anders sein soll als an den anderen.«

»Alleine das Umfeld. Du bist da in Prien direkt am Chiemsee, hinzu kommt, dass das die größte Essgestörtenstation weit und breit ist. Du bist da mit Mädchen zusammen, denen es genauso geht. Und wenn du dir die Klinik einfach mal anschaust?«, fragt sie.

»Ja, das habe ich auch schon überlegt und ich hab auch viele Zusprüche bekommen für diese Klinik, aber ich weiß nicht. Jetzt einfach so mal eben nach Prien fahren, mitten in der Prüfungszeit ...«

»Ich hab eine Idee, ich wollte dich doch sowieso am Mittwoch besuchen. Ich organisiere dir einen Flug nach München, dann treffen wir uns dort und fahren weiter nach Prien. Zusätzlich sorge ich für ein Kamerateam und wir dokumentieren, wie du dir die Klinik anschaust. Dann machen wir eben noch eine Sendung mit dir, immerhin wollen die Leute ja vielleicht auch wissen, wie es mit dir weitergeht. Vielleicht kannst du ja dann besser eine Entscheidung treffen.«

»Echt, das würdest du machen? Ja, wenn das so ist, das dauert ja dann allerhöchstens zwei Tage. Aber ich hoffe, ihr habt nicht zu große Erwartungen, denn eigentlich bleibe ich dabei, nie wieder in eine Klinik zu gehen.«

»Natürlich haben wir dann keine Erwartung. Es würde uns, deine Mutter und mich und das Team, sehr freuen, wenn du dich dafür entscheidest, aber wie gesagt, das liegt alles bei dir. Zwingen können wir dich nicht und das würde auch nichts bringen, das meinte ja auch der Doktor Leibl. Wenn du gezwungen wirst, bringt es nichts. Aber wie gesagt. Du kannst sie dir anschauen, wir sind dabei und bringen noch einen Beitrag mit dir und der Rest liegt bei dir. Dann sehen wir uns am Mittwoch? Ich freue mich.«

»Okay, alles klar, dann bis Mittwoch in München. Ich freue mich auch.«

Wie geil. Das erste Mal fliegen. Aber ich wette, wenn ich mir die Klinik angeschaut habe, erwarten erst recht alle von mir, dass ich auch dahin gehe. Das merke ich allein schon daran, wie sehr Mama sich freut. Sie hat mir nämlich schon Tausende Male angeboten, mit mir nach Prien zu fahren, damit ich die Klinik kennenlernen kann, aber ich habe immer abgelehnt. Umso größer ist jetzt ihre Freude.

»WAS? Du willst dir jetzt doch die Klinik anschauen. Ach Hanna, wenn du wüsstest, wie glücklich du mich damit machst.«

»Jaja, ist ja gut, ich hab ja nicht wirklich eine Wahl, aber das heißt nicht, dass ich dahin gehe. Ich bleibe dabei, dass ich nicht noch mal in eine Klinik gehe.«

»Ja, aber ...«

»Nicht ja aber, du drängst mich ja irgendwie dazu, mir die Klinik anzuschauen. Ich schau mir die Klinik aber nur an, weil es dann vielleicht Klick macht bei mir und ich es besser schaffe, etwas zu ändern, um AUF KEINEN Fall noch mal in eine Klinik zu müssen.«

Und so ist es auch. Nie wieder. Nie, nie wieder. Anschauen okay. Mehr nicht.

Zwei Tage später ist es dann so weit. Ich sitze das erste Mal in einem Flugzeug und fliege von Dortmund nach München. In München angekommen, nehme ich mir ein Taxi und treffe am Münchener Bahnhof die Redakteurin und das Kamerateam von *stern TV*. Ab jetzt wird dokumentiert, wie ich in den Zug steige und nach Prien fahre.

In Prien angekommen, begrüßt mich Dr. Leibl, der stellvertretende Chefarzt der Klinik, der auch in der ersten *stern TV*-Sendung mit im Studio saß, und zeigt mir die Klinik.

Also was die Umgebung angeht, ist es schon ein Unterschied. Vom Aufzug aus kann man den Chiemsee sehen und auch die Station, auf die ich kommen würde, ist sehr schön. Die Zimmer sind hell und eigentlich auch sehr komfortabel.

Wenn doch bloß dieses blöde Zunehmen nicht wäre in den Kliniken. Ich glaube, sonst würde ich es hier ganz gut aushalten.

Aber nein. Klinik heißt Druck. Klinik heißt Zwang. Klinik heißt Kontrolle. Da kann das Drumherum noch so schön sein. Aber die

Kontrolle habe ich doch jetzt eigentlich auch. Mama kontrolliert mich von morgens bis abends und ich selber kontrolliere mich auch, was das Essen angeht. Zugleich habe ich schon längst die Kontrolle verloren.

Mein Gott, ist das kompliziert. Ich weiß gar nicht, was ich denken soll. Die Klinik ist schon ganz schön und die anderen Mädchen sind auch alle sehr nett, soweit ich das in der Kürze der Zeit beurteilen kann. Mit dem Arzt komme ich auch gut klar, also was das angeht, sind die äußeren Bedingungen auf jeden Fall gut. Aber noch mal Klinik? Ein viertes Mal?

NEIN!

Weitere zwei Wochen später sitzen meine Mutter, mein Hausarzt, Dr. Leibl und ich wieder bei *stern TV* im Studio und sehen den Film an, wie ich mir die Klinik anschaue.

Die letzte Frage, die mir der Moderator stellt, lautet: »Glauben Sie denn, dass es Ihnen helfen wird, diesen Schritt, den sich, glaube ich, das ist klar geworden, alle wünschen würden, diesen selbst entschiedenen Schritt auch zu gehen?«

»Ich weiß es nicht. Kann ich gar nicht sagen. Ich wünschte mir, dass es eindeutiger wäre, auch für mich selber, dass ich selber auch sagen würde, ich möchte diese Entscheidung jetzt treffen. Ich glaube, das wäre viel einfacher. Aber irgendwie bin ich da noch nicht«, antworte ich.

Nach der Sendung ist allen die Enttäuschung ins Gesicht geschrieben. Ich wusste es doch. Alle haben sie erwartet, dass ich mich für die Klinik entscheide.

Ja, ich habe gesagt, dass die äußeren Umstände gegeben wären, aber zugleich habe ich schon vor der Sendung klargemacht, dass es immer noch eine Klinik bleibt und für mich eine Klinik nicht noch mal infrage kommt. Anscheinend haben alle ein Wunder erwartet, was mein Denken über Kliniken betrifft. Auch wenn es niemand tatsächlich ausspricht, dass er enttäuscht ist von meinen letzten Worten, so merke ich es trotzdem im Umgang mit meinem Umfeld.

Meine Mutter wirkt kühl und ja, eben enttäuscht. Meine Oma, die diesmal mit dabei war und im Publikum saß, fing bei meinen Worten an zu weinen, was ich aus den Augenwinkeln beobachten konnte. Da sind die Worte der Redakteurin schon etwas deutlicher: »Da du nicht in die Klinik gehst, kannst du dir sicherlich vorstellen, dass wir nicht noch mal mit dir drehen können, es sei denn, du wirst jetzt ganz plötzlich gesund. Aber in irgendeiner Weise wolltest du ja auch anderen Betroffenen helfen und dann können wir ja jetzt schlecht dokumentieren, dass du weiterhin krank bist und dein Ding einfach weitermachst. Das würde ja in dem Sinne anderen Betroffenen keinerlei Hoffnung machen. Ich möchte dir in keinerlei Hinsicht Druck machen, ich bin auf jeden Fall der Ansicht, dass es deine Entscheidung ist, was du tust, aber du solltest bedenken, dass du jetzt für viele andere Betroffene ein Vorbild darstellst und in irgendeiner Weise dich auch deswegen verpflichtet fühlen wirst, ein Zeichen zu geben, dass man es schaffen kann, gesund zu werden.«

Wie recht sie doch hat. Jetzt stehe ich da. Habe meine Geschichte dokumentieren lassen und bin an einem Punkt angelangt, der mich in irgendeiner Weise schon dazu drängt, etwas zu ändern. Ich bin ein Vorbild für andere Betroffene. Hinzu kommt, dass das Projekt *stern TV* nun endgültig beendet ist, sollte sich nichts ändern. Ich habe mein Abitur gemacht, ich weiß nicht, was ich nun machen soll, weil mir alle sagen, dass ich unmöglich studieren kann, und weil mich in weiteren 1000 Nachrichten die Leute regelrecht anflehen, doch endlich Hilfe anzunehmen und in die Klinik zu gehen. Ein Zeichen zu setzen. Es allen zu beweisen.

Das setzt mich einerseits unglaublich unter Druck, andererseits macht es mir einiges deutlich. Wäre es vielleicht doch sinnvoll? Soll ich der Klinik doch eine Chance geben? Was spricht eigentlich dagegen?

Ich stehe am Anfang. Die Schule ist vorbei. Ich bin ein körperliches Wrack. Ich bin ein psychisches Wrack. Niemand vertraut mehr darauf, dass ich es alleine schaffen kann. Hanna. Du hast den Schritt an die Öffentlichkeit gemacht, nun lebe auch mit den Konsequenzen, dass du eine Vorbildfunktion hast und nun zeigen kannst, dass es einen Weg aus der Sucht gibt. Aber gibt es den? Bei manchen Mädchen ja, aber bei mir auch? Ich bin so hoffnungslos und doch so hoffnungsvoll. Man könnte mich zweiteilen. Was mache ich mit meinem Leben? Krank oder gesund? Klinik oder nicht Klinik? Gelungenes oder misslungenes Leben?

Klinik, ja oder nein?

Klinik oder Zwangseinweisung oder plötzliche Heilung?

Die plötzliche Heilung, kann ich die streichen? Ich glaube immer wieder daran, doch in Wirklichkeit weiß ich, dass ich zu tief drinstecke. Warum werde ich nicht einfach gesund für all die lieben Menschen, dir hinter mir stehen? Warum schaffe ich es nicht mal mit so viel positivem Background?

Mir wird langsam immer deutlicher, wie schwach ich doch bin, wie süchtig, wie unkontrolliert, wie egoistisch, wie eingefahren in meinen Mustern. Ich sehe plötzlich, wie krank ich doch bin und wie wenig lebenswert mein Leben zurzeit ist, und fange an zu weinen. Ich schaffe es nicht, ich kann es nicht alleine schaffen.

Oder doch? Ich weiß es nicht.

Mit Tränen in den Augen lese ich in einem kleinen Büchlein von Bekannten meiner Oma und weitere Zuschauerbriefe, die mir Hoffnung machen, dass es sich lohnt zu kämpfen. So viele Menschen stehen hinter mir und glauben an mich und ich bleibe weiterhin in meinem Denken gefangen. Doch es gibt mir Zuversicht, Zuversicht für die Zukunft und weniger Angst, ein weiteres Mal zu versagen. Ich merke, wie ich mich plötzlich erleichtert fühle. Aber Klinik?

19. KAPITEL

Auf in den Kampf

Juni bis September 2011

Mama? Ich habe mich dafür entschieden, noch mal in die Klinik zu gehen. Nach Prien.« Ich glaube, meiner Mutter fällt in diesem Moment der größte Stein vom Herzen.

Ich sage das mit sehr schwerem Herzen, da ich eine Riesenpanik habe. Hinzu kommt, dass ich so nun nicht an meiner Entlassungsfeier und an meinem Abiturball teilnehmen kann. Das macht die Sache insgesamt nicht leichter, doch durch all die Nachrichten versuche ich zu denken: Wenn ich erst mal gesund bin, kann ich das alles nachholen, und es werden noch genug Feiern kommen, die ich dann überhaupt erst mal genießen kann, wenn ich gesund bin.

WENN ich gesund werde. Ich habe unglaubliche Panik, unglaubliche Freude, unglaubliche Hoffnung, unglaubliche Hoffnungslosigkeit, aber unglaubliche Unterstützung.

Ich versuche zu vertrauen. Zu vertrauen auf mich und die Klinik, zu vertrauen auf meinen Willen, endlich gesund werden zu wollen.

Montag, 20. Juni 2011 – 29,9 kg

Heute ist es fast so weit. Ich stehe um acht Uhr in der Früh auf, da ich bereits seit fünf Uhr wach im Bett liege und nicht mehr schlafen kann. Ich stolpere fast über meine beiden Koffer und mache mich zügig fertig. Allerdings bekomme ich meinen Koffer nicht zu und habe so schon das Gefühl, dass ich ganz viel vergessen habe einzupacken.

Jetzt habe ich noch sechs Stunden zu Hause und dann geht die Reise los.

Gegen 14 Uhr kommt Mama von der Arbeit nach Hause und dann werden wir direkt losfahren Richtung München, um dort bei Bekannten zu übernachten. Am nächsten Tag treffen wir uns dann mit dem Team von *stern TV* und dann geht es weiter nach Prien, um zwischen zehn und 14 Uhr aufgenommen zu werden.

Ich kann gar nicht beschreiben, wie es gerade in mir aussieht. Einerseits habe ich panische Angst vor der Klinik und vor dem, was vor mir liegt, andererseits bin ich total erleichtert, dass meine Qual nun endlich ein Ende hat. Ich habe das Gefühl, dass es bald so weit ist, dass ich mich fallen lassen kann. Fallen lassen in die Hände von erfahrenen Ärzten und endlich essen zu dürfen. Ich habe panische Angst davor, essen zu müssen, und auf der anderen Seite eine große Hoffnung, dass ich in der Klinik endlich essen kann, dadurch, dass ich denke: Hanna, du darfst essen, denn du musst zunehmen, weil du jetzt in der Klinik bist.

Um meine Angst etwas zu bewältigen, denke ich an meine Freundinnen und lese mir noch einmal die ganzen Nachrichten und Zusprüche durch, die ich durch *stern TV* bekommen habe, und die Panik wird gleich weniger. Ohne diese vielen Kontakte hätte ich mich wahrscheinlich nie noch einmal dafür entschieden, in eine Klinik zu gehen. Zumindest kann ich ganz sicher sagen, dass es mir die Entscheidung um einiges erleichtert hat.

Als Mama gegen halb drei dann nach Hause kommt, geht alles auf einmal ganz schnell. Die Koffer landen im Auto, ich verabschiede mich von Matthias und sitze plötzlich neben meiner Mutter auf dem Weg nach München.

Wir kommen spät in München bei den Bekannten an und sitzen dann gemeinsam beim Abendbrot. Ich bekomme keinen Bissen herunter. Ich schaffe es nicht mal, ein bisschen zu trinken, damit ich ja nicht an Gewicht zunehme. Jeder Tropfen Wasser oder Flüssigkeit, den ich jetzt zu mir nehmen würde, könnte auf der Waage der ausschlaggebende Tropfen sein.

Ich bin extrem geschwächt, gehe ins Bett und schlafe extrem schnell ein, da ich unglaublich schwach bin. Ich sehne mich nur noch nach dem nächsten Tag, dass ich endlich gewogen werde und mir dann erlauben kann zu essen.

21.06.2011 – 29,9 kg

Am nächsten Morgen kommt Mama ins Zimmer, um mich zu wecken. Ich antworte nicht direkt, sodass sie gleich Panik bekommt: »Hanna, du müsstest langsam aufstehen, das Frühstück ist fertig und danach können wir gemütlich losfahren. Hanna? Hanna? Bist du wach? Hanna? Was ist los?«

»Nichts, nichts, keine Angst, ich bin ja wach«, versuche ich, sie direkt zu beruhigen.

»Um Gottes willen, Hanna, hast du mich erschreckt, du lagst da wie eine Tote.«

Sie gibt mir einen Guten-Morgen-Kuss und verschwindet wieder nach unten in die Küche. Ganz langsam stehe ich auf und setze mich auf die Bettkante, was mich allein schon unglaublich anstrengt. Ich fühle mich wie eine Hülle. Durch das Abführmittel, das ich am Vortag genommen habe, bin ich nun komplett leer. In der Nacht war ich noch zweimal auf der Toilette und habe, glaube ich, jetzt nichts mehr in mir und so fühle ich mich auch. Leer und schwach und durch die Kraftlosigkeit trotzdem unglaublich schwer.

Plötzlich wird mir schwarz vor Augen und ich habe das Gefühl, ich müsste mich jeden Moment übergeben. Ganz langsam schleppe ich mich ins Bad und kann mich kaum schminken, da mir immer wieder schwarz wird vor Augen. Ich bin so schwach, dass ich mich bereits nach zwei Minuten auf den Boden setzen muss, um mich anzuziehen. Zweimal bin ich kurz davor, mich zu übergeben, und frage mich, was ich denn dann erbrechen würde, denn mein Magen ist leer. Seit Dienstag habe ich jetzt nichts mehr gegessen und nur minimal getrunken. Als ich angezogen bin, krieche ich zurück ins Zimmer. Da ich nun mittlerweile meinen Zustand selber kaum aushalten kann und es mir so dreckig geht, rufe ich nach unten: »Mama, kannst du mal kurz kommen bitte?«

Als sie neben mir steht, fange ich an zu weinen und meine: »Mama, mir ist so schlecht.«

Ich sinke aufs Bett und möchte am liebsten nur schlafen. Hinzu kommt, dass mir eiskalt ist.

»Oh mein Gott, Hanna, du dehydrierst. Du musst unbedingt was trinken, dein Mund riecht schon nach Vertrocknung. Oh mein Gott, Hanna, warum tust du dir das an.«

Sie wirkt total panisch und hat Tränen in den Augen, rennt nach unten und kommt mit einem Glas Wasser zurück ins Zimmer, in das sie etwas Zucker und etwas Salz streut: »Bitte trink das, Hanna, das ist wie eine Art Kochsalzlösung. Bitte, Hanna, du bist wahrscheinlich total unterzuckert und ausgetrocknet, bitte trink das.«

»Ich kann nicht, Mama, wenn ich jetzt etwas zu mir nehme, muss ich mich übergeben.«

Während ich das sage, merke ich, dass mir vom einen auf den anderen Moment auf einmal ganz heiß wird und ich kalten Schweiß schwitze.

»Ich rufe jetzt einen Krankenwagen, so können wir nicht nach Prien fahren. HANNA, DU STIRBST!«

»Nein, Mama, ich brauche keinen Krankenwagen, bitte, ich trinke ja schon.«

Ganz langsam trinke ich ein halbes Glas und muss anschließend erst mal würgen und sinke zurück ins Bett.

Ich fühle mich so unglaublich schwach und elend. Doch nach dem halben Glas Flüssigkeit merke ich, wie langsam wieder etwas Leben in mir aufkommt und ich weinend zu Mama sage: »Mama, ich kann nicht mehr, bitte lass uns endlich fahren.«

»Ja, mein Kind, wir fahren sofort los, ich bereite jetzt alles vor und du bleibst hier liegen und dann fahren wir.«

Am liebsten würde ich im Liegen nach Prien fahren, weil ich so schwach bin. Ich bin so verrückt. Warum mache ich das? Nur um ein so niedriges Gewicht bei der Aufnahme zu haben, wie es irgendwie geht? Ich bin so krank im Kopf. Und es macht mir nicht einmal Angst, was gerade passiert ist. Trotzdem ist es mir ganz deutlich.

Ich glaube, ich bin gerade fast gestorben. Immer wieder war ich kurz weg und hatte das Gefühl, mein Herz würde jeden Moment aufhören zu schlagen. Ich brauche endlich Hilfe. Ich kann nicht mehr. Kurze Zeit später trifft auch das *stern TV*-Team ein und ich schleppe mich langsam zum Auto und bin direkt froh, als ich wieder sitzen kann.

Ich möchte einfach nur noch endlich gewogen werden, damit diese Quälerei ein Ende hat.

Als wir an der Klinik ankommen, findet die typische Aufnahme statt mit den dazugehörigen Formalien. Anschließend komme ich auf mein Zimmer und habe dann meine medizinische Untersuchung, in der geschaut wird, ob meine Reflexe funktionieren, mein Gleichgewichtsvermögen, meine Knochen usw.

Ich hoffe die ganze Zeit, dass ich endlich gewogen werde, und es bricht eine Welt für mich zusammen, als ich erfahre, dass das Aufnahmewiegen erst am nächsten Morgen stattfindet. Das hätte ich mir eigentlich auch denken können, dass ich morgens gewogen werde, aber jetzt, als es gewiss ist, würde ich am liebsten zusammenklappen. Ich kann einfach nicht mehr. Jetzt weiß ich, dass ich doch noch bis zum nächsten Morgen warten muss, bis ich mich wieder traue, etwas zu trinken.

Ich spiele mit meinem Leben, nur um am nächsten Morgen so wenig wie möglich zu wiegen.

Das ist doch krank. Trotzdem denke ich, dass es okay ist, so wie ich handele, immerhin bin ich ja magersüchtig. Ich brauche einfach immer wieder die Bestätigung, dass ich wirklich magersüchtig bin und diese Therapie auch wirklich brauche. Dass ich mich therapieren lassen darf. Und das darf ich eben nur, wenn ich wirklich so wenig, wie es eben geht, wiege.

Auf die medizinische Aufnahme folgt die psychologische, also das Aufnahmegespräch mit meinem Therapeuten.

Ich bin total froh, dass ich einen Mann als Therapeuten habe. Da habe ich einfach ein besseres Gefühl und fühle mich aufgehobener. Dass mein Therapeut bereits seit 15 Jahren an der Klinik ist, trägt auch maßgeblich zu diesem Gefühl bei. Trotzdem bin ich froh, als die Aufnahme endlich vorbei ist und ich auf mein Zimmer kann. Auf dem Weg dorthin lerne ich bereits einige Mädchen der Station kennen, die sich alle sehr nett und herzlich vorstellen und mir Mut machen, dass man sich schnell einlebt.

Ich bin unglaublich froh, dass die Mädchen so nett sind, denn ich hatte auch eine riesige Angst, dass ich mit den anderen nicht klarkommen würde. Ob es untereinander Konkurrenzdruck gibt, werde ich wahrscheinlich spätestens am Esstisch bemerken. Und da ist wieder der Gedanke ans Essen.

Ich bin so unglaublich geschwächt, dass ich nur noch schlafen möchte und mich nach dem nächsten Morgen sehne, an dem ich mir hoffentlich endlich erlauben kann, wenigstens ein bisschen was zu essen. Gegen Abend geht es dann an die Verabschiedung von Mama. Ich bin so unglaublich traurig, dass sie jetzt fährt, und habe panische Angst davor, mich einsam zu fühlen.

Wir liegen uns in den Armen und weinen beide so bitterlich, weil wir wissen, dass wir uns jetzt erst einmal eine Zeit lang nicht sehen werden. Hinzu kommt, dass wir für die Verabschiedung kaum Zeit haben, weil ich bereits jetzt von meiner Patin zum Abendessen abgeholt werde. Jeder, der neu ist, bekommt eine Patin, die »der Neuen« alles zeigt und sie am Anfang überall hinführt. Als ich in den Fahrstuhl steige und winke, kann ich gerade noch so erkennen, dass Mama so stark weint wie schon lange nicht mehr.

Das folgende Abendessen ist der Horror. Es gibt so leckere Sachen und ich bekomme einfach nichts runter. Nicht einmal ein Salatblatt, und auch kein Wasser. Das macht die Stimmung an meinem Tisch natürlich sehr gedrückt. Die anderen Mädchen versuchen, mir zuzureden, doch wenigstens ein halbes Brot zu essen. Immer und immer wieder, doch ich kann einfach nicht. Nicht einen einzigen Bissen, sodass am Tisch peinliche Stille herrscht, bis ich Fragen zum Ablauf stelle.

Es gibt erst mal drei feste Mahlzeiten am Tag und zu jeder Mahlzeit gibt es eine bestimmte Richtmenge, die man essen muss.

Frühstück: 2 Brötchen mit 2 x 10 g Butter oder 20 g Margarine, Belag, Beilagen

Mittagessen: Suppe, die wenigstens probiert werden muss, Eine vorgegebene ganze Portion, Nachtisch muss auch probiert werden

Abendbrot: 3 Scheiben Brot mit 2 x 10 g Butter oder 20 g Margarine, Belag, Beilagen

Wenn man mit dieser Richtmenge nicht zunimmt, kommen Zwischenmahlzeiten gegen zehn Uhr und 15 Uhr dazu.

Zusätzlich ist der Essenssaal in verschiedene Tischgruppen eingeteilt. An welchem Tisch man sitzt, ist davon abhängig, wie weit man bereits therapiert ist und mit dem Essen zurechtkommt.

Es gibt den Phasentisch I & II: An diesen beiden Tischen wird das Mittagessen uns portioniert vorgesetzt. Es gibt eine feste Zeitspanne für die Mahlzeit und es wird erst aufgestanden, wenn alle fertig sind. Vor und nach dem Essen wird am Tisch »geblitzt«, das heißt, dass jeder vorher kurz sagt, was er essen wird und wie viel und wie es ihm geht. Danach, was und wie viel er gegessen hat und wie es ihm geht. Außerdem sitzt mittags, wenn es die Therapeutenbesetzung erlaubt auch morgens und abends, ein Therapeut am Tisch, der die Mahlzeiten kontrolliert und Hilfestellung gibt.

Weiterhin gibt es den Familientisch: Dort sitzt kein Therapeut mehr und das Essen wird auf großen Platten serviert. Die Patientinnen üben so, ihr Essen zu portionieren, sodass auf dem Teller von jeder Komponente (Hauptspeise, Gemüse und Beilage) passend viel liegt und jeder eine gleich große Portion vor sich hat. Auch an diesem Tisch wird »geblitzt« und es muss gewartet werden, bis jeder fertig ist. Der fortgeschrittenste Tisch ist der »Freie Tisch«: Dort gibt es nur eine grobe Zeitspanne, in der man essen soll. Es muss nicht erst auf die anderen gewartet werden, man darf sich sein Essen aus dem Speisesaal vom Buffet nehmen und es wird nicht mehr vor und nach der Mahlzeit »geblitzt«.

Ich sitze natürlich am Phasentisch und bin geschockt von den Richtmengen, die ich essen soll. Dass man ca. zwei Wochen Zeit hat, um sich an die Richtmengen heranzutrauen, kann mich nicht wirklich beruhigen.

Nach dem Abendessen packe ich meinen Koffer aus, muss aber die ganze Zeit dabei auf dem Boden sitzen, weil ich so schwach bin.

Jedes Mal wenn ich zum Schrank krieche und aufstehe, wird mir schwarz vor Augen, doch ich kann mit dem Kofferauspacken nicht warten bis zum nächsten Tag, sonst würde ich die ganze Zeit im Bett liegen und denken, ich müsste den Koffer noch ausräumen. Ich muss alles immer sofort erledigen.

Schlafen kann ich jedoch trotzdem nicht. Ich hätte nie gedacht, dass man so erschöpft sein kann, dass man nicht einmal schlafen kann. Ich liege also fast die ganze Nacht wach und denke nur ans Essen und Trinken. Meine Fantasien sind unbeschreiblich und quälerisch. Ich sehne mich so sehr nach dem nächsten Morgen. Endlich wiegen. Doch jetzt würde ich am liebsten einfach nur schlafen, um nicht mehr die ganze Zeit ans Essen denken zu müssen. Doch wenn ich jetzt einschlafe, wache ich dann am nächsten Morgen auch auf, oder bleibt mein Herz stehen?

Mittwoch, 22.06.2011 – 31,0 kg

Mein Handywecker klingelt um 20 nach sechs. Anscheinend bin ich doch noch eingeschlafen so gegen fünf Uhr, denke ich. Ich stehe so langsam wie möglich auf, damit mir nicht wieder schwarz wird vor Augen.

Auf die Toilette zu gehen, kann ich mir fast sparen, denn es kommt nichts. Ich musste nicht einmal zur Toilette, als ich das Glas Wasser mit dem Salz und dem Zucker getrunken habe. Anscheinend ist diese Flüssigkeit direkt im Körper geblieben.

Also lege ich mir ein Handtuch um und gehe aus dem Zimmer zum Wiegeraum, begrüße die Co-Therapeutin und stelle mich auf die Waage. Mein Herz rast und es fühlt sich an, als dürfte ich ein Geschenk auspacken. Ich bin so gespannt, was die Waage anzeigt, dass ich fast anfange zu zittern.

Ich stelle mich drauf und die Anzeige zeigt 30,9 kg an, schwankt dann aber doch auf genau 31 kg. Anstatt geschockt zu sein, bin ich enttäuscht und denke: Mist, ich wäre gerne wieder im 20er-Bereich.

Ich schäme mich unglaublich für diesen Gedanken und versuche, ihn in die hinterste Schublade meines Kopfes zu stecken. Das funktioniert auch einigermaßen gut, da ich jetzt nur noch ans Frühstück denke. Endlich wieder etwas trinken und eventuell auch etwas essen zu dürfen. Blitzschnell ziehe ich mich an und werde von meiner Patin abgeholt. Bevor es jedoch zum Frühstück geht, muss ich zur Blutabnahme.

Kurz darauf sitze ich endlich am Frühstückstisch und esse ein Brötchen mit Marmelade. Es ist so herrlich. Das erste Essen nach fast fünf Tagen. Ich kann mich gar nicht erinnern, wann ich das letzte Mal ein GANZES Brötchen gegessen habe. Dementsprechend habe ich anschließend ein furchtbar schlechtes Gewissen, weil ich denke, es wäre doch zu viel gewesen. Gegen Mittag habe ich dann mein erstes richtiges Therapiegespräch und habe auch weiterhin ein gutes Gefühl. Beim Mittag- und Abendessen bin ich wieder voll drin in meiner Magersucht, esse nur Gemüse und Salat, abends eine halbe Scheibe Brot. Nicht einmal jetzt, da ich in der Klinik angekommen bin und genau weiß, dass ich so oder so zunehmen muss, schaffe ich es, mehr zu essen. Ich ärgere mich so sehr. Ich möchte einfach endlich essen, ohne schlechtes Gewissen. Einfach essen, wenn ich Hunger und Lust habe, und aufhören, wenn ich satt bin. Warum klappt das einfach nicht? Nicht einmal jetzt in der Klinik?

Auch in dieser Nacht kann ich kaum schlafen, nicht aus Erschöpfung, sondern weil ich einen riesigen Hunger beziehungsweise Appetit habe. Ich kann es nicht wirklich beschreiben. Es ist zumindest ein schrecklich zermürbendes Gefühl. Zusätzlich habe ich panische Angst vorm Wiegen am nächsten Morgen, weil ich weiß, dass ich auf jeden Fall zugenommen habe. Allein schon weil ich ja viel Gemüse und Salat gegessen habe, was gerade in meinem Magen verarbeitet wird.

Hinzu kommt die Flüssigkeit. Ich habe ungefähr zwei Gläser Wasser getrunken und musste nicht zur Toilette. Anscheinend krallt sich mein Körper gerade alles, was er bekommen kann.

23.06.2011 – 32,8 kg

Diesen Morgen kann ich normal aufstehen, da ich nicht mehr SO leer bin beim Aufstehen. Trotzdem sind meine Beine schwer wie Beton und gleichzeitig total wackelig. Auf die Toilette muss ich schon wieder nicht. Als ich dann auf die Waage steige, kommt der Schock.

32,8 kg. Das kann doch nicht sein. Vom einen auf den anderen Tag 1,8 kg mehr? Ich halte das nicht aus. Nein, das darf nicht sein.

Doch es ist wahr. Die Waage zeigt 32,8 kg an und schwankt nicht mehr um. Ich sterbe. Ich weiß ja, dass ich zunehmen muss, aber innerhalb eines Tages so viel? Das halte ich nicht aus.

Ich lege mir ganz schnell mein Handtuch wieder um, gehe ins Zimmer und setze mich auf die Bettkante: 1,8 kg. 1,8 kg. 1,8 kg.

Ich zittere und versuche, mich zu beruhigen: Bleib ruhig, Hanna. Ganz ruhig. Das ist ganz normal. Das ist kein wirkliches Gewicht.

Du hast nicht 1,8 kg zugenommen. Das ist nur das Gewicht der Nahrung, die du die letzten beiden Tage zu dir genommen hast. Das scheidest du wieder aus. Das ist kein Gewicht, was du jetzt sicher wiegst. Vielleicht ist es auch nur Flüssigkeit. Beim nächsten Toilettengang ist das wieder weg.

Hanna, du hast 1,8 kg zugenommen, du darfst jetzt nicht mehr essen … Nein, Hanna, du hast nicht 1,8 kg zugenommen, das ist nur Masse … Doch, hast du, schau dir doch mal deinen Bauch an, der wölbt sich schon nach vorne … Der wölbt sich nicht nach vorne … Doch, tut er, siehst du doch … Der ist nur nach vorne gewölbt, weil du den letzten Tag so viel Salat gegessen hast … Nein, das kommt nicht vom Salat … Guck dir deinen Bauch doch einmal an … Sieht aus, als wärst du schwanger … Nein, Hanna, das ist ganz normal … schwanger … Ruhe jetzt. Das soll aufhören. Immer diese zwei Stimmen. RUHE. RUHE. RUHE. Mein Kopf soll still sein. Ich will gar nichts denken. Doch das funktioniert nicht. Den ganzen Tag quälen mich Gedanken und das Essen läuft dementsprechend schlecht.

Zum Frühstück schaffe ich gerade mal ¼ Brötchen mit minimal Marmelade darauf. Beim Mittagessen esse ich wieder nur das Gemüse mit etwas Soße. Es schwirrt einfach die ganze Zeit diese Zahl in meinem Kopf herum und ich denke, dass ich nicht zu viel essen darf, da sonst mein Gewicht weiter in die Höhe schießt. Meine gesunde Seite weiß, dass das eigentlich nicht möglich ist, jeden Tag 1,8 kg zuzunehmen. Aber die Panik ist einfach da und die lässt sich auch mit rationalen Gedanken nicht ausschalten. Umso froher bin ich, dass ich am Nachmittag ein Therapiegespräch habe.

»Das ist ganz normal, Frau Blumroth. Wenn Sie die anderen Mädchen fragen, werden die Ihnen sagen, dass bei allen am Anfang das Gewicht in die Höhe gegangen ist, einfach weil der Körper sich alles nimmt, was er braucht, aber Sie werden schnell merken, dass das kein wirkliches Gewicht ist. Irgendwann pendelt sich das wieder ein und dann wird es sogar schwerfallen, an wirklichem Gewicht zuzunehmen. Diese 1,8 kg sind kein zugenommenes Gewicht, aber ich denke, das wissen Sie selber eigentlich auch.«

»Ja, eigentlich schon. Meine klitzekleine gesunde Seite denkt das auch, aber trotzdem komme ich nicht damit klar und denke, dass ich jetzt gar nicht mehr essen darf«, antworte ich.

»Das glaube ich Ihnen, aber glauben Sie mir. Machen Sie sich keine Sorgen und versuchen Sie, auf diese gesunden Anteile zu hören. Sie dürfen jetzt auf keinen Fall den Rückwärtsgang einlegen, weil Sie denken, Sie hätten so viel zugenommen. Es kann sogar sein, dass das alles nur Wassereinlagerungen sind. Immerhin haben Sie nach vier Tagen das erste Mal wieder etwas mehr getrunken. Ich gebe Ihnen mein Versprechen, dass das kein Gewicht ist.«

»Ja, ich war einfach nur so geschockt heute Morgen, dass ich direkt weniger gegessen habe, weil ich so ein schlechtes Gewissen hatte. Und ich denke die ganze Zeit, dass ich das wieder abnehmen muss, obwohl ich weiß, dass das total paradox ist und ich das nicht machen darf.«

»Versuchen Sie, so gut es geht, sich an die Richtmengen heranzutasten. Sie müssen ja nicht sofort die Richtmenge essen, aber versuchen Sie wenigstens, von Tag zu Tag etwas mehr zu essen. Haben

Sie bei den anderen Patientinnen schon gesehen, dass jeder eine Gewichtskurve hat? Da zeichnen Sie die Wochentage ein. Pro Woche 700–1000 g. Dann entsteht in diesem Koordinaten-System eine Art Trichter. Momentan liegen Sie damit sogar über der Kurve, aber wie gesagt, ich versichere Ihnen, dass das kein wirkliches zugenommenes Gewicht ist«, erklärt mir mein Therapeut.

Dann gibt er mir ein großes Blatt Papier mit einem Koordinatensystem, in das ich anschließend, nach der Therapiestunde, diesen Trichter einzeichne. Ich trage mein Startgewicht von 31 kg ein und die 32,8 von heute Morgen und zeichne eine Kurve. Ich liege im wahrsten Sinne des Wortes ÜBER der Kurve und bekomme direkt wieder Panik, weil ich denke, ich hätte SO viel zugenommen. Bitte, lass es nur Wasser sein. Bitte. Ich möchte einfach nur noch auf die Toilette und diese 1,8 kg wieder loswerden. Ich möchte einfach nur IN der Kurve liegen, um mir endlich das Essen erlauben zu können.

Aber so ist es nun mal. Ich liege über der Kurve. Bleib ruhig, Hanna. Nur Wasser. Nur Wasser. Nur Wasser. Kein wirkliches Gewicht. Zugenommen. Zugenommen.

24.06.2011 – 33,2 kg

Als ich heute Morgen auf die Waage steige, hoffe ich so sehr, einfach wieder bei den 31 kg angekommen zu sein. Doch das kann sowieso nicht sein, da ich immer noch nicht auf der Toilette war. Und die Waage bestätigt mir mein Gefühl. 33,2 kg.

Ich halte das nicht länger aus. Ich fühle mich so unglaublich mies. Meine kranke Stimme macht mich kaputt. Ich will sie nicht hören, aber sie ist die ganze Zeit da, sodass ich auch diesen Tag wieder kaum schaffe, mich wenigstens annähernd an die Richtmenge heranzutasten. Jeden Tag soll ich ein bisschen mehr essen, aber ich schaffe es nicht. Wieder versuche ich bei jeder Mahlzeit, so wenig wie möglich zu essen, was die Tischsituation sehr unangenehm macht.

»Hanna, du weißt, dass das kein halbes Brötchen war, das war nicht einmal ein drittel«, sagen die anderen Mädchen am Tisch, als ich gerade »blitze«, dass ich ein halbes Brötchen gegessen hätte. Und sie haben recht. Jetzt, als ich mir das Brötchen anschaue, sehe ich es auch. Bis gerade eben war ich noch vollkommen überzeugt, dass ich eine Hälfte vom Brötchen gegessen habe. Am Nachmittag habe ich dann eine medizinische Sprechstunde beim Arzt, mit dem ich meine Blutwerte bespreche und die Ergebnisse vom Bodyanalyser.

»Ja, Frau Blumroth. Also, dass Sie im extremen Untergewicht liegen, keinerlei Muskelmasse, geschweige denn Fettmasse mehr haben und Ihre Knochen geschädigt sein können, brauche ich Ihnen ja nicht noch einmal zu erklären. Die Wassereinlagerungen sind zwar da, aber noch nicht zu hoch.

Jetzt zu den schlechten Nachrichten. Also man sieht an den Blutwerten deutlich, dass Sie die Tage zuvor nichts mehr gegessen beziehungsweise getrunken haben. Ihr Blutzuckerspiegel war ganz im Keller. Hinzu kommt, dass Ihre Harnsäurewerte und Ihre Cholesterinwerte sehr hoch sind. Was mir allerdings am meisten Sorge bereitet, und dazu komme ich jetzt, sind Ihre Nieren. Ihre Nieren sind sehr zerstört. Das Schlimme daran ist, dass, wenn die Nieren kaputt sind, sie kaputt bleiben.«

Jeder normale Mensch wäre jetzt geschockt. Ich merke kein bestimmtes Gefühl. Es ist eher so, als würde er das zu jemand anderem sagen und es würde mich gar nicht betreffen, sodass ich gar nicht weiß, was ich jetzt sagen soll: »Oh. Und zu wie viel Prozent sind sie kaputt, kann man das sagen?«

»Eine genaue Prozentzahl kann man aus den Werten nicht lesen, aber ich kann Ihnen sagen, dass ab einer Zerstörung des Gewebes über 50 Prozent die Werte schlechter werden. Und Ihre Werte sind sehr schlecht. Deswegen appelliere ich an Ihre Vernunft. Versuchen Sie, tagsüber mindestens 2 Liter zu trinken, denn sonst ist es mit aller Wahrscheinlichkeit so, dass, wenn Sie älter sind, Ihre Nieren nicht mehr arbeiten und Sie dann nur noch ein Glas Wasser am Tag trinken dürften, weil es sonst lebensgefährlich wird, da die Nieren nichts mehr verarbeiten können. Wie viel trinken Sie am Tag?«

»Ich weiß es nicht. Sehr wenig. Allerhöchstens 0,5 Liter? Wenn überhaupt.«

»Das sollten sie schleunigst ändern. Ich persönlich kann Ihnen sagen, dass DAS das Letzte ist, was ich jemals haben wollen würde. Von mir aus Osteoporose und all der Kram, aber mit den Nieren ist nicht zu spaßen. Und Sie können sich nicht vorstellen, wie das ist, nur ein Glas Wasser am Tag trinken zu DÜRFEN. Stellen Sie sich das mal im Hochsommer vor. Also bitte. TRINKEN. TRINKEN. TRINKEN.«

»Ja okay, ich werde es versuchen.«

Was soll ich denn jetzt denken? Muss ich geschockt sein? Muss ich froh sein, dass ich noch eine klitzekleine Chance habe? Ich kann einfach kein Gefühl in mir entdecken, aber warum habe ich keine Angst?

Ich versuche, es mir vorzustellen, wie es wohl ist, zur Dialyse zu müssen oder nur ein Glas Wasser trinken zu dürfen, doch es ist zu weit weg. Nicht greifbar und deswegen auch für mich nicht beängstigend.

Als ich Mama von meinen Werten am Telefon erzähle, fängt sie an zu weinen und ist total geschockt. Immer wieder fleht sie mich an: »Bitte, Hanna, du musst trinken, so viel es geht. Wenn es geht auch mehr als 2 Liter. Das ist das Schrecklichste, was dir passieren kann, dass deine Nieren nicht mehr arbeiten. Und nimm nicht zu viel Salz. Bitte, Hanna, bitte, wenn du es schon nicht für dich tust, dann tu es für mich. Ich hab es gewusst. Das konnte ja nicht gut gehen bei der wenigen Flüssigkeit. Oh mein Gott, das halte ich nicht aus, bitte, Hanna, trink ...«

»Oh ja, Mama, jetzt ist es mal gut, es reicht, wenn mir der Arzt das sagt.«

»Aber Hanna, ich will dir doch nichts Böses. Bitte beruhige mich ein bisschen, ich halte das sonst nicht aus.«

»Mama, ich werde viel trinken.«

»Danke, Hanna, du schaffst das, ich denke immer an dich.«

Direkt nach dem Telefonat gehe ich runter ins Foyer und fülle meine Flasche mit Sprudel.

Wie ätzend das doch sein wird. Ich hasse es zu trinken. Jetzt muss ich auch noch trinken. Trinken UND essen.

Trotzdem setze ich die Flasche an und trinke ein paar Schlucke. Ätzend. Ich hab gar keinen Durst.

03.07.2011 – 33,2 kg

Es ist Sonntag und genauso wie letztes Wochenende ist nichts los. Beim Wiegen wog ich 33,2 kg, sodass ich einigermaßen ruhig bin, was schon viel heißt. Bei den Mahlzeiten mehr zu essen, schaffe ich trotzdem nicht. Beim Mittagessen werde ich dann sogar von einer Adipositas-Patientin angepflaumt, dass ich mir nicht nur die Brühe aus der Suppe nehmen solle, dabei habe ich extra darauf geachtet, nicht nur Brühe zu nehmen, sondern auch Einlage, sodass mich der Kommentar stinksauer macht: »Ich nehme, wie Sie sehen, nicht nur Brühe. Und kümmern Sie sich gefälligst um Ihre eigenen Probleme.«

Am liebsten hätte ich gesagt, dass sie selber vielleicht auch mal lieber mehr von der Brühe statt von der Einlage nehmen solle, aber der Spruch fällt mir wie immer erst hinterher ein, als die Situation bereits vorbei ist.

Als ich anschließend in meinem Zimmer bin, möchte ich am liebsten schlafen. Ich bin hundemüde und einfach nur erschöpft. Ob das von den neuen Tabletten kommt? Oder bin ich einfach nur müde?

Ich weiß es nicht, aber hinlegen tue ich mich auf jeden Fall nicht. Das ist Zeitverschwendung. Irgendwas muss ich machen. Also setze ich mich aufrecht ins Bett, damit mir nicht die Augen zufallen, und lese das Buch über Magersucht, welches Dr. Leibl, der stellvertretende Direktor der Klinik, geschrieben hat.

Gegen Mittag ruft Sabine, ein Mädchen von der Station, mit der ich mich sehr gut verstehe, an und fragt mich, ob ich mit ihr mitgehen wolle zum Bäcker, da sie ihre Zwischenmahlzeit zu sich nehmen muss. Eigentlich bin ich viel zu erschöpft, aber in Gedanken an etwas Sauerstoff und die tollen Torten, die ich mir dann anschauen kann, gebe ich mir einen Ruck.

Im Café angekommen, das direkt neben der Klinik ist, bestellt sich Sabine ein Stück Sachertorte und ich traue mich sogar, einen ganz kleinen Bissen zu probieren. Ich hab mich extra so hingesetzt, dass ich die restliche Zeit auf die Kuchen- und Tortentheke starren kann. Wie gerne würde ich jetzt von jeder Torte und von jedem Kuchen und von jedem Gebäck, das da so schön steht, naschen. Eigentlich dürfte ich ja sogar, immerhin muss ich ja zunehmen, aber der Gedanke, jetzt ein Stück Torte oder Kuchen zu essen, ist so unvorstellbar. Meine Lust darauf aber umso größer.

Ach wie schön wäre es jetzt, in diesen herrlichen Apfel-Streusel-Kuchen zu beißen und ... NEIN. Du darfst nicht. Davon nimmst du in kürzester Zeit mehrere Kilos zu. Morgen auf der Waage wirst du dich schwarzärgern und außerdem könntest du dich sowieso nicht für den Apfelkuchen entscheiden, weil du dann alle probieren möchtest und dann kannst du nicht mehr aufhören. Also, lass es lieber gleich. Außerdem kostet das nur wieder unnötig Geld. Lieber fährst du morgen wie geplant zum Supermarkt und kaufst dir Diätjoghurt für den Abend, von dem nimmst du nämlich dann auch ganz schnell zu und dann brauchst du gar kein Stück Kuchen mehr.

Aber ich hab doch so einen Appetit und ich muss doch sowieso zunehmen. Ich bin wieder total zwiegespalten, doch ich weiß ganz genau, dass ich mir nie im Leben jetzt ein Stück Kuchen oder Torte kaufen würde, wo es doch in drei Stunden Abendbrot gibt.

Meistens beginnt der Horror erst richtig nach dem Abendessen. Zum Abendessen traue ich mich gerade mal, eine halbe Scheibe Brot zu essen, nehme mir aber zusätzlich immer extrem viel Salat und Gemüse als Beilage, damit ich ja nicht so einen großen Hunger in der Nacht habe und wieder nicht schlafen kann. Um irgendetwas gegen dieses Gefühl zu tun, hab ich geplant, mir morgen Diätjoghurt zu kaufen für die Nacht, falls ich es gar nicht aushalte. Hinterher komme ich noch auf die Idee, die Schokolade zu essen, die ich auf dem Zimmer habe. Das wäre ja katastrophal. Aber wie soll ich das diese Nacht aushalten? Ich hab nur Schokolade auf dem Zimmer und was ist, wenn ich plötzlich eine Fressattacke bekomme? Dann hab ich am nächsten Tag den Ultra-Gewichtssprung nach oben und darf mir gar nichts mehr erlauben.

Während ich an die bevorstehende Nacht denke, träume ich davon, wie es wäre, wenn ich jetzt einfach diese herrlichen Torten und Kuchen essen könnte. Als Sabine mit ihrem Stück Sachertorte fertig ist, stehen wir auf und ich überlege, ob ich mir nicht etwas kaufen soll für die Nacht. Vielleicht traue ich mich ja heute Nacht, etwas zu probieren? Vielleicht habe ich ja heute Nacht andere Gedanken und vielleicht klappt es zu probieren?

Also kaufe ich mir ein Bobbes. Ein Gebäckstück mit Streuseln zum Mitnehmen. Am liebsten würde ich es direkt verspeisen, aber das klappt nicht. Mein Kopf verbietet es mir.

Die restlichen Stunden versuche ich, mich weitestgehend abzulenken, und freue mich tierisch auf die halbe Scheibe Brot am Abend mit viel Salat und Gemüse, weil mich extremer Appetit quält. An das Teilchen traue ich mich nicht dran, das habe ich direkt sicher im Kühlschrank verstaut. Also trinke ich sehr viel Wasser gegen das Gefühl. Mittlerweile hängt mir das Trinken echt zum Hals raus und ich muss mich extrem dazu zwingen. Zugleich bin ich stolz, dass ich es machmal sogar schaffe, über 2 Liter am Tag zu trinken, und hoffe einfach, dass das meine Nieren wieder etwas aufpäppelt.

Trotzdem ist da immer noch keine Angst oder Panik davor, dass es nicht klappt. Für mich ist der Gedanke, dass ich später eventuell zur Dialyse müsste, so weit weg und unvorstellbar, dass es mich ärgert. Warum kann ich nicht einfach Angst davor haben zu sterben? Warum habe ich keine Angst davor, zur Dialyse zu müssen? Warum habe ich keine Angst vor Osteoporose? Warum habe ich keine Angst davor, die Zähne zu verlieren? Ich wünsche mir so sehr, dass mir diese Dinge alle mal bewusst würden, vielleicht würde es dann besser klappen. Vielleicht würde ich dann essen FÜR MICH. Für MEINE Gesundheit. Aber nein. Alles ist so weit weg. Und immer ist da eine riesengroße Angst vorm Zunehmen, vorm Dicksein, vorm Essen. Wie oberflächlich das doch alles ist. Und dafür nehme ich so viel Schlechtes in Kauf.

Hanna. Stell dir doch mal vor, du solltest wirklich gesund werden und dann musst du mehrmals die Woche für mehrere Stunden zur Dialyse. STELL ES DIR VOR. Ich stelle es mir vor, aber es kommt nicht in meinem Innersten an. Es ist zu weit weg. IN der Zukunft. Die Zukunft, auf die ich mich einerseits freue und die mir andererseits eine riesige Angst bereitet, nicht klarzukommen und nichts erreichen zu können. Angst vor körperlichen Schäden? Nein. Die habe ich nicht.

Die Minuten vergehen wie Stunden und wie befürchtet, habe ich nach meiner halben Scheibe Brot etwas später wieder meinen altbekannten Appetit beziehungsweise Hunger oder was es auch immer sein mag.

Als ich im Bett liege, wechsle ich alle zwei Minuten die Seite. Ich kann einfach nicht schlafen. Die ganze Zeit muss ich an diese Torten denken. Wie wundervoll sie aussahen und wie es wäre, wenn …

Na ja, ein Gebäckteilchen habe ich mir ja gekauft, ob ich es essen soll? Immerhin habe ich mich heute wieder so extrem zurückgehalten und ich muss doch sowieso zunehmen. Also los. Los. Los.

Nein, Hanna. Halte dich im Zaun. Denk daran, dass du, wenn du einmal probierst, bestimmt nicht mehr aufhören kannst. Stell dir doch mal das Desaster vor, wenn du dann doch das ganze Ding isst. Es ist zwar nur so groß wie ein Tennisball, aber die Kalorien darin sind umso zahlreicher. Und dann kannst du nicht mehr aufhören und dann isst du bestimmt noch zusätzlich die Schokolade, die du gehortet hast.

Aber ich hab doch so eine Riesenlust. Langsam stehe ich auf und laufe im Zimmer auf und ab. Ans Schlafen ist jetzt gar nicht mehr zu denken, ich bin viel zu stark in meinen Fantasien gefangen. Ganz langsam gehe ich vor dem Kühlschrank in die Hocke und überlege und überlege. Soll ich probieren? Soll ich es lassen? Ich mache den Kühlschrank auf und schneide mir ein daumengroßes Stück vom Gebäck ab und beiße ganz langsam die Ecke ab. Insgesamt beiße ich fünfmal minimalgroße Stücke von dem bereits kleinen Stück ab und kaue, solange es geht. Jedes Mal beim Runterschlucken sticht mein Herz und mein Kopf schreit: NEIN. NEIN. NICHT RUNTERSCHLUCKEN. TU ES NICHT. DU WIRST ES BEREUEN.

Und der Kopf hatte recht. Als das daumengroße Stück in meinem Magen ist, fühle ich mich noch mieser als vorher. Und schlafen kann ich jetzt immer noch nicht, denn viel gebracht gegen mein Bauchgefühl hat es nicht. Hätte ich es mal nicht probiert. So kurzer Genuss für so schlechte Gedanken. Ich hätte es wissen müssen. Ach hätte ich doch jetzt wenigstens ein bisschen Diätjoghurt, ich könnte ein gefülltes Pferd verspeisen. Als ich mich wieder hinlege, kreisen die Gedanken weiter, sodass ich mal wieder erst sehr spät einschlafe. Die Tabletten, die ich seit Kurzem zur Beruhigung bekomme, helfen da auch nicht viel.

Hanna, hättest du dich nicht zurückhalten können? Die Gedanken drehen sich im Kreis und einer davon ist, dass ich am liebsten das ganze Stück gegessen hätte, denn es war SO lecker.

04.07.2011, – 33,7 kg

Heute muss ich noch früher aufstehen, da ich vor dem Frühstück noch einen Termin zum Blutabnehmen habe. Also klingelt gegen Viertel nach sechs mein Wecker, ich gehe zur Toilette, mache mich etwas frisch und stehe um halb sieben vor dem Zimmer zum Wiegen. Wie jeden Morgen bin ich total gespannt und aufgeregt, was die Waage wohl anzeigt, und hoffe wie jeden Morgen, dass es weniger ist als am Tag zuvor.

Als ich dann auf der Waage stehe, bekomme ich einen richtigen Schock. 33,7 kg. Ich bin fast an meinem Höchstgewicht vom ersten

Tag angelangt. Am liebsten würde ich heulen, doch ich bin noch dabei, den Schock zu verarbeiten. Wieso nehme ich so schnell zu? Ich esse doch noch so zurückhaltend. Bei jeder Mahlzeit quäle ich mich, möchte viel lieber mehr essen und mache es dann trotzdem nicht und mein Gewicht schnellt immer weiter in die Höhe. Ich weiß ja, dass ich so oder so zunehmen muss, aber so schnell? Und gleich so viel? Hätte ich mal nicht gestern Nacht das halbe Teilchen gegessen, dann hätte ich auch nicht so viel zugenommen.

Alle anderen Mädchen hier essen schon die Richtmenge und liegen gerade mal IN ihren Gewichtskurven – und ich? Ich verbiete mir weiterhin die bösen Kohlehydrate und nehme zu wie ein Sumoringer. Während mich diese Gedanken völlig kirre machen, ziehe ich mich an und gehe zur Blutentnahme und anschließend zum Frühstück. Eigentlich sollte ich langsam mal anfangen aufzustocken, was das Essen betrifft und wie es auch eigentlich geplant war mit meinem Therapeuten, aber nachdem ich heute auf der Waage wieder diese Zahl gesehen habe, klappt es kaum, also sage ich nicht, wie ich eigentlich laut Plan sollte, dass ich ein Dreiviertel Brötchen esse, sondern sage wie die ganze letzte Woche: »Ich esse ein halbes Brötchen mit Belag und Beilagen, und mir geht es heute nicht so gut.«

Als ich dann am Buffet stehe, nehme ich mir zwar auch etwas Obstsalat, aber lasse an diesem Morgen den kleinen Klecks Joghurt, den ich mir die letzten Morgen gegönnt habe, weg. Auch der Belag meines Brötchens ist wieder sehr dürftig. Und das nur, weil ich heute Morgen geschockt war? Nur wegen dieser blöden Zahl?

Nach dem Frühstück geht es mir nicht viel besser, trotzdem mache ich mich auf zu meinem geplanten Einkauf für den Abend. Im Laden angekommen, geht es erst mal in die Gemüseabteilung.

Nehme ich jetzt die geschnittenen Tomaten oder die Tomatensoße oder doch die passierten Tomaten? Um meiner Entscheidung entgegenzukommen, schaue ich mir von fast allen Gemüsedosen die Kcal-Menge an und entscheide mich dann für eine Dose Sauerkraut (32 kcal/100g) und eine Packung Tomatensoße (30 kcal/100g). Hinzu kommen mein altbekannter Joghurt mit 0,1 Prozent Fettgehalt und eine Packung gefrorene Erdbeeren.

Warum mache ich das hier eigentlich? Statt mich an die Richtmengen heranzutrauen, kaufe ich mir Essen mit so wenigen Kalorien wie möglich, um abends gegen meinen Hunger anzukämpfen.

Wie gerne hätte ich abends meine eingefrorenen Wasser-Joghurts und Eiswürfel. Jetzt müssen gefrorene Erdbeeren und normaler Joghurt reichen und den Joghurt verdünne ich mir abends mit Wasser. Und trotzdem liege ich anschließend im Bett und denke, dass ich schwach bin, weil ich etwas ZUSÄTZLICH gegessen habe.

Aber dieser Hunger, oder was es auch ist, oder Appetit, ist gerade abends so stark, dass ich das brauche. Letztendlich hilft es dann aber doch nicht gegen dieses blöde Gefühl, weil es nur eine Handvoll Erdbeeren mit verdünntem Joghurt sind.

Deswegen habe ich mir auch noch Sauerkraut gekauft und Tomatensoße. Das hat wenig Kalorien und hilft vielleicht besser gegen dieses blöde Bauchgefühl.

Ich stopfe die Einkäufe in meine viel zu kleine Handtasche, renne zum Bus, weil ich schon wieder zu lange geschaut habe im Laden, und verschwinde so schnell und unauffällig wie möglich in meinem Zimmer. Das ist jedes Mal ein Adrenalinkick, dass mich ja keiner sieht, denn eigentlich ist Essen nur so viel erlaubt, dass es für einen Tag reicht. Diätprodukte sowie Süßstoff sind im ganzen Haus verboten. In der Broschüre habe ich gelesen, dass ab und zu Zimmerkontrollen stattfinden. Sollte das wirklich passieren, bin ich ganz schön am AR**H, denn ich habe Kekse, Schokolade, Marmelade, Müsliriegel, Senf, Lutscher, Bonbons usw. in einer Kiste gesammelt, da ich hoffe, mir irgendwann etwas davon zu gönnen.

Ja. Und hinzu kommt, dass ich Diät-Joghurt und Süßstoff im Kühlschrank habe für mehr als einen Tag. Immer wieder räume ich zwischendurch die Sachen um, da ich Angst habe, es könnte jeden Moment mein Zimmer kontrolliert werden. Sobald das Pflegepersonal Feierabend hat, landet es wieder im Kühlschrank. Nachdem ich alles einigermaßen versteckt habe, was sich bei den verschiedensten Sachen als ziemlich schwierig erweist, habe ich Stationsgruppe. Jeder muss sich für zwei Dinge loben, sich für die kommende Woche zwei Ziele setzen und sagen, ob man über, in oder unter seiner Gewichtskurve liegt.

Als ich an der Reihe bin, sage ich: »Also ich lobe mich dafür, dass ich so viel trinke im Moment und es sogar schaffe, mehr als 2 Liter am Tag zu trinken, und dass ich mich traue, Käse zu essen. Ja, und meine Ziele sind, dass ich weiterhin gut trinke, was ich gestern zum Beispiel etwas vernachlässigt habe, sodass ich dann abends sehr viel nachtrinken musste, und dass ich mich nicht zu sehr von der Zahl beeinflussen lasse, die morgens auf der Waage steht.«

Da meldet sich mein Therapeut zu Wort: »Und was das Essen angeht? Wollen Sie sich da auch ein Ziel setzen, zum Beispiel sich an die Richtmengen heranzutasten?«

»Ja eigentlich ja schon. Die letzten Tage hat das nicht geklappt und da ich über meiner Gewichtskurve liege, fällt mir das so schwer.«

»Dann versuchen Sie jetzt, immer auf Ihren Plan zu gucken und es zu versuchen, den haben Sie mir ja schon gezeigt und das können Sie sich doch dann als Ziel setzen.«

»Ja, ich möchte es zumindest versuchen.«

Beim Mittagessen merke ich dann, dass ich es nicht schaffe, mich weiter heranzutasten an den Plan: »Also ich probiere die Suppe und den Apfel zum Nachtisch und das Hauptgericht zu einem Drittel.«

Sofort schaltet sich der Therapeut ein, der mit mir am Tisch sitzt.

»Ein Drittel, Frau Blumroth, das wäre ja ein Rückschritt. Das letzte Mal hatten Sie doch schon die Hälfte. Und dann wollen Sie jetzt nur ein Drittel essen?«

»Ja, ich weiß, aber die Portionen sind heute so extrem groß, da schaffe ich nie im Leben die Hälfte.«

»Doch doch, das schaffen Sie schon. Jetzt Rückschritte zu machen wäre kaum sinnvoll.«

Als dann das Essen kommt, Couscous mit gegrilltem Ratatouille und vegetarischen Falafelbällchen, picke ich mir das Gemüse aus dem Couscous und stochere in meinem Essen herum. Eigentlich finde ich es total lecker, aber es klappt einfach nicht vom Kopf her.

»Frau Blumroth, jetzt nehmen Sie doch mal eine herzhafte Gabel voll und nicht nur Gemüse, sondern auch mal die Bällchen essen.«

Nach einer halben Stunde und immer noch fast vollem Teller bin ich bereits die Letzte, die »fertig« ist, und lege mein Besteck auf den Teller.

»Sie haben noch Zeit, Frau Blumroth.«

»Nein, ich bin fertig.«

»Frau Blumroth, das ist aber nie im Leben eine halbe Portion, die Sie gegessen haben. Probieren Sie noch ein bisschen. Die Falafelbällchen liegen ja fast alle noch auf Ihrem Teller.

Erst murre ich ein bisschen und esse noch ein halbes von den Bällchen, die ungefähr golfballgroß sind, und lege dann wieder mein Besteck auf den Teller.

»Probieren Sie doch, noch etwas mehr zu essen.«

Auch meine Tischnachbarin schaut mich liebevoll an und nickt mir zu: »Du schaffst das«, aber mehr geht einfach nicht.

»Nein, nein, jetzt bin ich wirklich fertig.«

Ich habe noch riesigen Hunger und würde am liebsten weiteressen, aber mein Kopf sagt mir bereits, dass selbst das, was ich jetzt gegessen habe, zu viel war. Sofort fängt mein Bein an zu zittern und ich kann nicht damit aufhören, es die ganze Zeit in Bewegung zu halten, weil ich so unter Druck stehe und mich mies fühle.

In der anschließenden Gruppentherapie landen wir dann plötzlich beim Thema Abschlussball und ich habe plötzlich das Bedürfnis zu weinen und als ich an der Reihe bin, schaffe ich es nicht, die Tränen zurückzuhalten, weil ich an meine Entlassungsfeier am Samstag denken muss: »Ja, mir geht es nicht so gut mit dem Thema, weil am Samstag meine Entlassungsfeier war und meine Mutter mein Zeugnis für mich abgeholt hat und ich nicht dabei sein konnte. Das kommt jetzt auf einmal alles hoch, dass ich so gerne dabei gewesen wäre. Nicht weil ich Angst habe, etwas verpasst zu haben, aber es hat für mich einfach so großen symbolischen Charakter, sein Abiturzeugnis entgegenzunehmen, Gratulationen zu bekommen. Ich bin einfach so furchtbar enttäuscht, dass ich es nicht selber entgegennehmen konnte.«

Sofort steht Jule auf und reicht mir ein Taschentuch und alle anderen schauen mich liebevoll an und versuchen, mir zu vermitteln, dass es doch noch so viele Abschlüsse geben wird, und dass trotzdem alle stolz auf mich sind und ich so vieles nachholen kann, wenn ich erst mal gesund sei.

»Ja, das weiß ich ja auch«, schluchze ich, »aber mein Abiturzeugnis kann ich nur einmal entgegennehmen.«

»Wer ist denn daran schuld, dass Sie nicht dabei sein konnten«, fragt mich mein Therapeut.

»Ja, ich selber!«

»Nein, nicht Sie, sondern Ihre Essstörung, und wenn Sie die erst mal erfolgreich bekämpft haben, was glauben Sie dann, wie viele schöne Momente auch symbolischen Charakters Sie dann haben werden«, erklärt er und alle anderen nicken eifrig.

Recht hat er. Und meine gesunde klitzekleine Seite denkt das auch. Trotzdem wäre ich so gern dabei gewesen. Doch jetzt ist es zu spät. Jetzt bin ich hier in der Klinik und arbeite einfach daran, dass es noch viele andere solcher schönen Momente geben wird und auch geben muss und ich diese dann eventuell sowieso ganz anders genießen kann.

Kurze Zeit habe ich nicht ans Essen denken müssen und an diese grausame Zahl am Morgen. Und auch das Weinen hat mich sehr entlastet, sodass es mir etwas besser geht.

Beim Abendessen schaffe ich es trotzdem wieder nicht, mehr zu essen. Es bleibt bei der halben Scheibe Brot und viel Salat und Gemüse gegen den Hunger, oder was es auch immer sein mag, dieses Gefühl.

Mittwoch, 20.07.2011 – 35,7 kg

Ich bin nun seit vier Wochen und einem Tag hier. Ich zähle immer und immer wieder die Tage und Wochen. Einerseits habe ich das Gefühl, die Zeit rast, aber an den Wochenenden ist es schrecklich. Da kriecht die Zeit und hauptsächlich weine ich oder liege im Bett und kann nichts machen. Das ist unbeschreiblich. Ich bin körperlich extrem schwach und möchte eigentlich nur schlafen, aber es funktioniert einfach nicht. Mein Kopf rattert zu sehr. Quälende Gedanken, dass ich faul sei. Dass ich nicht im Bett liegen dürfe. Dass ich doch IRGENDETWAS machen MUSS. Dass ich die Zeit nutzen MUSS, doch ich bekomme eh nichts hin. Ich bin einfach zu antriebs- und lustlos, es macht mir einfach nichts mehr Spaß. Wenn ich versuche zu malen, merke ich nach kurzer Zeit, wie sehr ich mich eigentlich dazu zwingen muss. Ich könnte mir ein Keyboard ausleihen und Klavier spielen, aber auch dazu fehlt mir die Lust. Und so zieht sich das Wochenende hin wie Kaugummi. Es liegt wahrscheinlich daran, dass ich Mama so sehr vermisse. Ich kann gar nicht beschreiben, wie dieses Gefühl ist. Diese Sehnsucht. So lange war ich noch nie von ihr getrennt. Irgendwie komisch, das zu wissen. Und erst am 20. August kann sie mich besuchen kommen. Ich zähle schon die Tage, bis es endlich so weit ist, dass ich sie in meine Arme schließen kann. Darauf freue ich mich so dermaßen. Aber es dauert einfach noch so unendlich lange. Noch über einen Monat.

Und obwohl ich jetzt schon einen Monat hier bin, schaffe ich es immer noch nicht, die Richtmenge zu essen.

Ich esse morgens 1 ¼ Brötchen, ohne Butter, mit Marmelade und Quark und Obstsalat.

Mittags probiere ich die Suppe und den Nachtisch und esse das Hauptgericht zur Hälfte.

Abends esse ich 1 ½ Scheiben Brot mit Belag und ganz viel Salat und Gemüse.

Allerdings wird mir jetzt langsam Druck gemacht von den Ärzten und Therapeuten, was die Richtmenge betrifft. Das musste ja so kommen. Ist doch klar, dass ich hier nicht wochenlang mein Ding durchziehen kann. Ich meine, mein Gewicht stimmt immer, ich nehme gut zu. Das liegt wahrscheinlich daran, dass ich mich abends, wenn alle Mahlzeiten um sind, traue, noch Joghurt und Schokolade zu essen und viel von den Beilagen esse zu den Mahlzeiten.

Trotzdem musste es ja so kommen, denn so kann es nicht weitergehen. Normalerweise sollte man nach zwei Wochen die Richtmenge essen. Dass die Ärzte jetzt Druck machen, merke ich, als ich heute meine Einzeltherapie habe: »Ja, Frau Blumroth, bis wann haben Sie denn vor, die Richtmenge zu essen? Der Chefarzt macht mir langsam etwas Druck, Sie sind jetzt seit vier Wochen hier und ehrlich gesagt möchten wir nun, dass Sie, wenn Sie schon die Richtmenge nicht schaffen, Fresubin trinken, um voranzukommen.«

»Nein, alles, nur nicht Fresubin.«

»Ja aber wenn Sie es doch nicht schaffen, die Richtmenge zu essen, ist das die einzige Lösung.«

»Dann esse ich lieber. Ich hab mir ja vorgenommen, die Richtmenge zu essen. In der Essstörungs-Bewältigungstherapie musste ich mir als Ziel setzen, bis nächste Woche Freitag die Richtmenge zu essen.«

»Bis nächste Woche Freitag? Dann wären Sie fast sechs Wochen hier. Das ist zu lange, dann müssen Sie Fresubin trinken.«

»Nein, bitte auf keinen Fall Fresubin.«

»Wieso denn nicht, wir haben über zehn verschiedene Sorten, so schlecht schmeckt das Zeug doch gar nicht.«

»Ich hasse dieses Zeug. Ich möchte nie wieder Fresubin trinken.«

»Ja aber bis nächste Woche Freitag die Richtmenge ist eindeutig zu lange. Wenn Sie kein Fresubin trinken möchten, müssen Sie mir etwas Adäquates vorschlagen. Auch mir wird Druck gemacht und auch ich muss dem Chefarzt Vorschläge machen, damit Sie kein Fresubin bekommen. Sonst müssten Sie das schon längst trinken. Also was können Sie mir anbieten? Zu welcher Mahlzeit können Sie sich am ehesten vorstellen, die Richtmenge zu essen?«

»Mhm, ich weiß nicht. Vielleicht ... Ähm, vielleicht ... Na ja, zum Frühstück?«

»Alles klar, zum Frühstück. Sie versprechen mir bis übermorgen, den Freitag DIESER Woche, zumindest schon mal zum Frühstück die Richtmenge zu essen.«

»Mhm, ja okay, ich versuche es.«

»Nicht versuchen. Machen. Versprechen Sie es mir? Sie essen die Richtmenge morgens MIT Butter MIT ausreichend Belag und ich rede mit dem Chefarzt, wenn Sie es schaffen, dass Sie kein Fresubin trinken müssen. Und dann geht es weiter Schritt für Schritt zur Richtmenge. Also versprochen?«

»Ja, versprochen.«

Oh Mann, gerade mal noch die Kurve gekriegt. Bis übermorgen muss ich also zwei Brötchen mit 20 g Butter und Belag essen. Ich muss es schaffen, ich will kein Fresubin trinken müssen. Aber ob ich das wirklich schaffe? Mit der Butter bin ich gar nicht einverstanden. Ich hab so eine Panik vor Butter. Pures Fett. Das setzt ja sofort an. Ich muss es schaffen. Ich schaffe es. Hanna, du packst das.

Freitag, 22.07.2011 – 36,1 kg

Heute ist es so weit. Ich muss zwei Brötchen essen mit 20 g Butter und ausreichend Belag. Es ist einfach so unglaublich schwer, der Kopf rattert und die Hand auszustrecken nach den Butterpäckchen ist, als müsste ich mich trauen, einen Fallschirmsprung zu wagen. Doch ich schaffe es. Ich nehme mir zwei Butterpäckchen und schaffe es sogar, sie zu essen. Das liegt allerdings auch daran, dass wir heute Morgen das erste Mal seit Langem wieder Tisch-Ess-Begleitung morgens haben. Normalerweise sitzt nur mittags jemand dabei. Ich bin so froh, dass jemand dabeisitzt, weil es mir somit wenigstens etwas leichter fällt.

Ich muss mich so dermaßen zwingen, Butter zu essen, das ist unbeschreiblich. Und dann war am Morgen auch noch mein Gewicht so hoch, was das Ganze noch schwieriger machte. Ich bin so erleichtert, als das Frühstück vorbei ist, und habe das Gefühl, dass ich merke, wie sich die Butter schon an meinem Körper festsetzt. Meine gesunde Seite weiß, was das für ein Schwachsinn ist, doch meine kranke Seite sieht schon, wie der Bauch dicker wird.

Trotzdem ist es ein gutes Gefühl, als ich mit meinem Therapeuten im Chefeinzelgespräch sitze und sagen kann: »Ja, ich habe mein Versprechen gehalten. Ich habe heute Morgen das erste Mal die Richtmenge gegessen.«

»Mit der Butter?«, fragt mein Therapeut.

»Mit der Butter«, antworte ich stolz.

»Das ist doch super. Sie können stolz auf sich sein.«

Der Stolz ist aber nur kurz da. Eigentlich fühle ich mich wie eine Versagerin. Doch ich versuche, mir zu sagen, dass ich stolz auf mich sein darf und dass ich so wenigstens mein Versprechen halten konnte, denn ich hasse es, Versprechen nicht einzuhalten. Und somit fühle ich mich nicht ganz so mies.

Samstag, 23.07.2011 – 36,5 kg

Ob ich es beibehalte, Butter zu essen? Pustekuchen. Heute Morgen gehe ich wie selbstverständlich an der Butter vorbei und esse meine Brötchen wieder ohne Butter.

Warum kann ich nicht einfach mal meinen Kopf abstellen und diese blöde Butter essen. Sie bringt mich doch nicht um. Sie bringt mich doch nur voran. Und es heißt doch nicht, dass ich dann mein restliches Leben lang 20 g Butter essen muss. Aber es gehört doch zur Richtmenge, die ich essen soll. Je länger ich damit warte, desto länger dauert die Therapie. Ich habe Angst vor Butter, also muss ich sie essen. Das ist das Prinzip. Immer wieder wird mir gesagt, dass man sich irgendwann daran gewöhnt, sodass ich dann keine Angst mehr habe, Butter zu essen, aber dafür muss ich es erst mal durchziehen. Mensch, Hanna, du hast es gestern doch auch geschafft, warum machst du dann jetzt wieder einen Rückzieher.

Du bist so feige.

Sonntag, 24.07.2011, 35,8 kg

Mir geht es so dermaßen beschissen. Am liebsten würde ich mich umbringen. Ich liege im Bett und habe eine Panikattacke nach der anderen. Ich halte das nicht aus. Ich schaffe das nicht. Ich will nach Hause. Mama, bitte komm zu mir, ich brauche dich so sehr. Ich halte das nicht aus. Wie gern wäre ich jetzt tot.

Es kann doch nicht sein, dass ich jedes Wochenende so eine depressive Stimmung habe. Bitte, lieber Gott, bitte mach, dass es mir besser geht. Mach, dass mein Herz aufhört zu rasen. Mach, dass ich schlafen kann. Ich will einfach nur schlafen, ich halte das nicht aus.

MAMA.

28.07.2011 – 36,8 kg

Morgen kommt meine Oma. Ich bekomme das erste Mal nach fast sechs Wochen Besuch. Ich bin so aufgeregt und freue mich so dermaßen, das ist unbeschreiblich. Auch meine Oma vermisse ich so sehr, dass ich es kaum erwarten kann.

29.07.2011 – 37,3 kg

Heute ist es endlich so weit. Meine Oma kommt. Gegen Mittag ruft sie mich an, um mir zu sagen, dass sie bald da ist. Sofort mache ich mich auf den Weg zu ihrem Hotel, welches fast um die Ecke ist, und setze mich vor die Rezeption, um zu warten. Als sie kommt, überrasche ich sie und falle ihr weinend in die Arme. Ich bin so unendlich glücklich, dass ich sie endlich wiedersehe, dass sie mich ziemlich festhalten muss, weil ich so aufgeregt bin.

30.07.2011 – 37,7 kg

Das Wochenende ist total schön, doch ich muss ziemlich oft weinen, weil ich weiß, dass die Zeit nur so kurz sein wird. Am Dienstag fährt meine Oma wieder. Tagsüber unternehmen wir immer etwas und abends gehen wir gemeinsam zum Essen. Ich esse extrem viel, weil ich denke, dass ich es ausnutzen müsse, jetzt wo meine Oma da ist und es so leckere Sachen gibt, die ich mir aussuchen kann. Immer mit Hauptgang und Nachtisch. An diesem Abend esse ich das erste Mal ein Magnum Chocolate, das ich, seit es auf dem Markt ist, probieren wollte – ich habe mich aber nie getraut. Es ist so köstlich.

Trotzdem denke ich daran, dass es ziemlich klein ist und trotzdem 240 Kalorien hat. Das hat mich immer abgeschreckt. Doch ich schalte meinen kranken Kopf aus und denke einfach daran, dass ich ja sowieso zunehmen muss. Voll und satt schlafe ich an diesem Abend ein und bin schon gespannt aufs Wiegen am nächsten Tag.

31.07.2011 – 37,8 kg

Was soll ich denken? Ich weiß es nicht. Hanna, schalte deinen Kopf aus, es ist nur eine Zahl und sie ist immer noch niedrig.

Am Mittag gibt es Lasagne und es ist das erste Mal, dass ich ein ganzes Stück Lasagne esse. Es ist total mächtig und fettig und käsig, aber es schmeckt unglaublich lecker. Trotzdem ist es ein Gericht, mit dem ich unglaublich zu kämpfen habe und das ich nur sehr schwer schaffe aufzuessen. Danach rattert es in meinem Kopf, ob ich das Stück wirklich hätte aufessen sollen, doch alles in allem bin ich auch stolz auf mich, dass ich auf meine gesunde Seite gehört habe.

Aber mir geht es heute trotz allem mal wieder sehr schlecht. Ich bin extrem weinerlich und möchte einfach nur nach Hause. Als ich in der Gruppe sitze, fange ich sofort an zu weinen, als ich an der Reihe bin zu erzählen, wie es mir geht. Mein Herz scheint fast zu platzen.

Nach der Gruppe halte ich es nicht mehr aus und gehe zu meinem Arzt. Als ich bei ihm im Zimmer sitze, fange ich wieder an zu weinen und frage: »Dr. Müller, ich kann einfach nicht mehr, ich will einfach nur noch nach Hause. Es kann doch nicht sein, dass ich nur noch depressiv bin.«

»Ja, das ist bei Ihnen schon extrem, Frau Blumroth, aber das hat auch mit Ihrer Krankheit zu tun. Haben Sie denn auch Suizidgedanken beziehungsweise würden Sie sich etwas antun?«

»Keine Ahnung. Ich habe oft die Gedanken, dass ich lieber tot wäre, aber dann denke ich an meine Familie, sodass ich mir dann doch nichts antue. Herr Dr. Müller, mir geht es wirklich so schlecht. Bitte geben Sie mir irgendwas. Gibt es nicht irgendwelche Happy-Pillen, die Sie mir verschreiben können?«

»Die Wunder-Tablette gibt es natürlich nicht, aber ich habe auch schon darüber nachgedacht, dass es bei Ihnen sinnvoll wäre, ein Antidepressivum zu geben. Ich hatte da an Cipralex gedacht.«

»Ja, das kenne ich, das habe ich schon mal genommen.«

»Würden Sie das nehmen? Um Sie zu beruhigen und Ihnen die Google-Leserei zu ersparen, sag ich es Ihnen gleich: Sie werden nicht davon zunehmen, also keine Angst. Der Nachteil ist allerdings, dass es erst nach zwei bis drei Wochen wirkt. Außerdem könnte Ihnen am Anfang etwas übel werden und Mundtrockenheit wäre auch noch eine häufige Nebenwirkung. Aber ich würde es Ihnen wirklich empfehlen, weil sich das Medikament schon sehr oft in solchen Fällen bewährt hat.«

»Mir ist das alles egal, Hauptsache es geht mir besser. Und ich nehme wirklich nicht zu davon?«, frage ich unsicher, denn meistens ist das sehr wohl der Fall bei Antidepressiva.

»Sie können es mir ruhig glauben. Es ist häufig so, dass Leute davon zunehmen, aber es ist bewiesen, dass es bei Magersüchtigen bis jetzt nicht der Fall war.«

»Und wieso sollten gerade Magersüchtige davon nicht zunehmen?« Ich kann es irgendwie immer noch nicht so ganz glauben.

»Es ist der Fall, dass Antidepressiva häufig den Appetit steigern und die Leute davon zunehmen, weil sie auch mehr essen. Bei Magersüchtigen ist es so, dass sie gegen den Appetit ankämpfen können und nicht mehr essen, auch wenn sie mehr Appetit haben, und deswegen dann auch nicht zunehmen. Aber Sie können es gerne googeln, wenn Sie mir nicht glauben.«

»Doch, doch, ich glaube Ihnen schon. Außerdem will ich ja auch, dass es mir besser geht. Trotzdem habe ich etwas Schiss. Aber ich werde es nehmen.« Nach dem Gespräch fühle ich mich etwas besser, weil ich so sehr hoffe, dass mir die Tabletten helfen, doch als ich aufs Zimmer gehe, ist da gleich wieder dieses bedrückende Gefühl und gleich ist auch die Panik wieder da. Wann hört diese Scheiße endlich mal auf?

05.08. 2011 – 39,0 kg

Als ich heute Morgen gegen fünf Uhr wach werde, ist es wieder da. Dieses schreckliche Gefühl. Diese Panik. Ich wache vom einen auf den nächsten Moment auf und bekomme Panik. Ich schaue auf die Uhr. Fünf Uhr. Ich habe sofort Herzrasen und mir wird schlecht. Sofort überschlagen sich die Gedanken in meinem Kopf.

Los, Hanna, schlaf ein. Du kannst noch 1 ½ Stunden schlafen. 1 ½ Stunden bis zum Wiegen. Noch 1 ½ Stunden ohne Gedanken. Ich möchte einfach nur wieder einschlafen. Die Nacht ist meine Erlösung. In der Nacht muss ich nichts denken und nichts fühlen. In der Nacht, wenn ich schlafe, bin ich nicht einsam und hab kein Heimweh. In der Nacht vermisse ich meine Mutter und meine Oma nicht. In der Nacht bin ich weit weg. Von der Klinik. Von allen schlechten Gefühlen und Gedanken. Und so kreisen meine Gedanken darum, dass ich einschlafen MUSS. Diese 1 ½ Stunden noch leer und gedankenlos sein. Und so steigere ich mich in die panische Angst hinein, dass ich jetzt diese Zeit bis zum Wiegen wach liege und denke.

Wie lange dauert die Therapie noch?

Werde ich gesund?

Möchte ich gesund werden?

Wie viele Wochen noch?

Und es wird immer schlimmer und schlimmer. In meinem Kopf dreht sich alles. Und mein Herz klopft immer heftiger und mir wird speiübel. Meine Hände fangen an zu schwitzen, meine Füße an zu zittern. Und die ganze Zeit denke ich.

Einschlafen, Hanna.

Einschlafen, Hanna.

Einschlafen, Hanna.

Natürlich schlafe ich in diesem panischen Zustand nicht ein und schaue immer wieder auf die Uhr.

05:02 Uhr.

05:06 Uhr.

05:13 Uhr.

Das kann doch nicht sein.

Ich habe einfach so schreckliche Angst vor dem neuen Tag, der vor mir liegt, und das fast jeden Morgen. Angst davor, dass ich wieder so schlimmes Heimweh habe und mich einsam fühle, dabei sind alle so nett hier.

Und mein Herz rast und rast. Muss ich mich übergeben? Wenn ich jetzt ans Frühstück denke, könnte ich brechen, weil mir so schlecht ist. Wann hört das endlich auf. Ich will einfach nur gesund sein. Endlich gesund sein. Hunger und Sättigung spüren.

05:17 Uhr.

Die Zeit geht einfach nicht um. Aber eigentlich möchte ich auch nicht, dass sie umgeht. Am besten, ich schlafe ein und die Zeit bleibt stehen, sodass ich lange schlafen kann und der Tag nicht anfängt.

Ich will einschlafen!!!

Jetzt! Und weil ich merke, dass ich so unmöglich einschlafen kann, weil mein Herz rast wie nach einem Sprint, schlage ich auf mein Kissen ein und fange an zu weinen.

Das kann doch nicht sein.

Und so liege ich die Zeit wach im Bett, aufgeputscht und panisch, bis ich um 6:28 Uhr noch mal auf die Uhr schaue und meinen Wecker ausstelle. Den brauche ich nun nicht mehr.

Also stehe ich auf und gehe ins Bad, um mich zu schminken. Ich sehe schrecklich aus. Unausgeschlafen und verquollen. Mittlerweile ist es 6:40 Uhr, das heißt, Wiegen ist angesagt. Ich bin wie jeden Morgen total aufgeregt, weil ich nie wirklich einschätzen kann, wie viel ich wiege. Manchmal denke ich, ich hätte total viel zugenommen, dann hab ich es aber nur gehalten oder vielleicht sogar weniger als am Tag zuvor. An anderen Tagen bin ich mir sicher, dass ich weniger wiege, und dann ist das Gewicht aber in die Höhe geschossen.

Wie es heute ist? Ich weiß es nicht, aber auf jeden Fall habe ich totalen Schiss. In den letzten Wochen ist mein Gewicht fast nur gestiegen, weil ich sehr viel esse. Ich esse momentan häufig zwischendurch, weil ich dann denke, dass ich umso schneller zu Hause bin. Ich will einfach nur nach Hause.

Und wieder beginnen die Panik und die Übelkeit.

Ich schnappe mir die lange Jacke, die so schön nach Mama riecht und mit der ich jeden Morgen zum Wiegen gehe, und gehe aus dem Zimmer zum Wiegeraum.

Ich ziehe die Jacke aus und sage meinen Standardspruch: »Blumroth vom Lehn, Zimmer 200.«

Ich halte die Luft an, weil ich denke, dass ich sonst das Gewicht verfälsche, wenn ich Luft eingeatmet habe, und stelle mich auf die Waage.

39 kg. Es ist wahr. Ich wiege 39 kg. Ich weiß gar nicht, was ich denken soll. Einerseits komme ich der 40-kg-Marke immer näher und bekomme Angst.

Anderseits bin ich auch etwas froh, weil ich weiß: Mehr Gewicht. Näher daheim. Ich lege mir die Jacke wieder um, gehe ins Zimmer und ziehe mich an.

Nach dem Frühstück habe ich GSK. Gruppe Soziale Kompetenz. Wir sollen uns in zwei Grüppchen zusammentun und aufschreiben, was der Mensch für persönliche Rechte hat, um anschließend zu lernen, dass wir diese Rechte auch einfordern dürfen.

Das Recht, Nein zu sagen.

Das Recht, krank zu sein.

Das Recht, Kritik zu äußern.

Das Recht, eine Familie zu gründen usw.

Schon am Anfang der Gruppe merke ich, wie schlecht es mir geht. Beim Frühstück war die Panik etwas weg, doch jetzt merke ich, wie sie wiederkommt. Ich sitze in der Gruppe und habe das Gefühl, als müsse ich mich übergeben. Ich halte es kaum aus. Eine Zeit lang sitze ich da und sage kaum etwas und möchte auch nicht Bescheid sagen, weil ich denke, ich würde jammern. Doch in der Pause gehe ich zur Co-Therapeutin, weil ich es kaum aushalte. Ich habe das Gefühl, als würde mein Herz platzen. Es ist ein furchtbares Gefühl.

»Frau Runtsch, kann ich kurz mit Ihnen reden?«

»Aber natürlich, Frau Blumroth, Sie sehen gar nicht gut aus.«

»Mir geht es auch gar nicht gut. Mir ist total schlecht und ich habe Herzrasen.«

»Hat das plötzlich angefangen oder haben Sie das schon länger?«

»Seit heute Morgen, direkt nach dem Aufwachen.«

»Und warum kommen Sie dann jetzt erst, Frau Blumroth? Wenn es Ihnen schlecht geht, können Sie sofort kommen. Sie müssen nicht denken, dass Sie das aushalten müssen oder dass wir denken, Sie würden jammern.«

Ach, die Co-Therapeuten sind immer so nett. Können die hier eigentlich Gedanken lesen, denke ich und bin froh, dass ich Bescheid gesagt habe.

»Dann sag ich jetzt in der Gruppe Bescheid, und Sie gehen bitte direkt zur Medizinischen Zentrale und sagen, dass die Ihren Arzt anpiepen sollen, damit Sie untersucht werden, vielleicht können Sie ja etwas bekommen.«

Mit meiner Wärmflasche im Arm gehe ich zur Medizinischen Zentrale und fange dort direkt wieder an zu weinen: »Mir ist so schlecht und ich habe Herzrasen, können Sie bitte meinem Arzt Bescheid sagen, dass er kommt?«

Ich soll mich erst mal in den Untersuchungsraum setzen und mir wird der Blutdruck, der deutlich höher ist als sonst, gemessen. Anschließend ruft die Schwester bei meinem Arzt auf der Station an.

»Also Frau Blumroth, Sie sollen jetzt erst mal 20 Tropfen Iberogast bekommen und dann, wenn es möglich ist, zurück zur Gruppe gehen.«

Na toll. Iberogast. Als ob das etwas bringt gegen meine Panik. Die Übelkeit habe ich doch, weil ich Panik habe. Trotzdem nehme ich die 20 Tropfen und gehe zurück zur Gruppe.

Die Übelkeit wird wirklich etwas besser, doch als die Gruppe zu Ende ist, ist das Herzrasen wieder da. Denn jetzt weiß ich, dass ich Leerlauf habe bis zum Mittagessen. Zwei Stunden ohne Programm. Das ist immer die schlimmste Zeit, weil ich dann wieder merke, wie depressiv ich bin und wie sehr ich meine Mutter vermisse.

Auch Frau Runtsch merkt, dass es mir nicht wirklich besser geht, und nimmt mich mit auf die Station.

»Setzen Sie sich mal in die Kanzel, ich schau mal, ob der Dr. Müller jetzt Zeit hat, um Sie sich doch mal genauer anzuschauen.«

Kurz darauf sitze ich bei meinem Arzt im Zimmer, zittere am ganzen Körper und weine so sehr, dass ich es kaum beschreiben kann.

»Ich weiß, dass es ihnen sehr schlecht geht, Frau Blumroth, und auch Ihr Puls ist deutlich erhöht. Ich werde Ihnen jetzt Tropfen verschreiben, die sich in solchen Fällen gut behauptet haben, das fährt Sie etwas runter. Wären Sie damit einverstanden?«

»Ich bin mit allem einverstanden. Hauptsache, ich beruhige mich und diese scheußliche Panik hört endlich auf.«

»Gut, dann gehe ich jetzt direkt mit Ihnen runter zur Medizinischen Zentrale, damit Sie sofort die Tropfen bekommen. Der einzige Nachteil wäre, dass sie bis zu 14 Stunden lang wirken.

Da mir das momentan so was von egal ist und der Tag sowieso gelaufen ist, nehme ich die Tropfen und warte.

»Außerdem möchte ich, dass Sie sich mit der Co-Therapie zusammensetzen und Ihr Wochenende komplett durchplanen, damit Sie beschäftigt sind und nicht in ein Loch fallen.«

Mir geht es so was von beschissen, dass ich nur noch nicke und alles über mich ergehen lasse.

Am Sonntag bekomme ich Besuch von der besten Freundin meiner Mutter, die in München lebt. Doch was ist am Samstag? Ich habe immer solchen Horror vorm Wochenende, weil man so viel Zeit hat nachzudenken und ich immer panisch daran denke, wie langsam die Zeit vergeht. Nach dem Mittagessen bin ich schon etwas ruhiger, aber psychisch besser geht es mir nicht. Am Nachmittag klingelt dann mein Handy und eine sehr gute Bekannte von mir ruft an.

»He Hanna, du, wir sind ja zurzeit in Salzburg, bei den Festspielen. Hast du nicht Lust, nach Salzburg zu kommen für einen Tag? Das ist ja nicht weit von dir.«

Ich weiß nicht so recht. Meine Bekannte und ihren Mann würde ich schon gerne wiedersehen, da ich sie sehr gern habe. Aber schaffe ich das in meinem Zustand: Also psychisch gesehen? Mir ist ja nur zum Heulen zumute. Aber ich gebe mir einen Ruck und sage zu. Irgendwie ist mein Samstag ja dann schon mal geplant. Bestimmt wird es schön. Ich hoffe es.

06.08.2011 – 39,4 kg

Wie jeden Morgen habe ich wieder die gleiche Panik. Das Wiegen ist mir eigentlich egal. Ich merke, wie mein Gewicht immer höher steigt, und dabei denke ich die ganze Zeit nur: Nach Hause. Nach Hause. Nach Hause.

Nach dem Frühstück mache ich mich gemütlich fertig und auf den Weg zum Bahnhof. Noch geht es mir sehr schlecht, aber je weiter weg ich von der Klinik bin, desto besser geht es mir. Trotzdem denke ich immer wieder: Es bringt nichts, Hanna, du weißt ganz genau, dass du wieder zurück musst.

Und schon geht es mir wieder schlecht.

Warum kann ich nicht einfach mal diese scheiß Gedanken abstellen. Einfach mal positiv denken. Einfach mal hoffnungsvoll sein. Einfach mal optimistisch sein.

Einfach, einfach, einfach.

Wenn das mal so einfach wäre.

In Salzburg angekommen, holt mich mein Bekannter direkt am Bahnsteig ab. Ich freue mich tierisch, ihn wiederzusehen. Zurzeit ist extrem viel los in Salzburg, weil die Salzburger Festspiele stattfinden. Seine Frau ist im Hotel geblieben, zu dem wir jetzt fahren, als sie ihn plötzlich ganz aufgeregt anruft. Da er Auto fahren muss, gibt er sein Handy an mich weiter und sie ist so aufgeregt, dass ich sie kaum verstehen kann.

»Du Hanna, hör mir zu, es ist kaum zu glauben, also, kannst du mich verstehen, oh Gott, ich bin ganz aufgeregt, also ich habe noch eine Karte besorgen können für *Jedermann*, die allerletzte Karte, würdest du da mitkommen wollen, das ist wirklich unglaublich, eigentlich ist der seit Langem ausverkauft, das ist ein Riesenglück, aber ich muss ja trotzdem erst fragen, du musst mir sofort Bescheid geben, klappt das mit deinem Zug?«

»Ja, auf jeden Fall möchte ich mitkommen, wenn das in Ordnung geht«, antworte ich schnell.

Eigentlich wollte ich um vier Uhr den Zug zurück nehmen, weil meine Bekannten dann in den *Jedermann* gehen wollten, und jetzt haben sie sogar noch eine Karte für mich! Ich bin total aus dem Häuschen. Salzburger Festspiele und dann sogar noch eine allerletzte Karte. Das ist ein unglaublicher Zufall. Ich bin ganz aufgeregt. Im Hotel angekommen, begrüße ich Marianne und freue mich total, auch sie wiederzusehen.

Anschließend probiere ich ein langes schwarzes Kleid von ihr an und eine Perlenkette, um etwas anzuziehen zu haben für abends, für das Schauspiel. Eigentlich fühle ich mich nicht richtig wohl, weil das Kleid viel zu groß ist, aber Marianne und Klaus sprechen mir gut zu, dass mir das Kleid wirklich stehen würde, also lasse ich es an. Danach fahren wir mit dem Taxi in die Salzburger Innenstadt und schauen uns die Salzgasse und das Geburtshaus von Mozart an. Gegen Mittag essen wir eine Kleinigkeit in einem noblen Restaurant, in dem wir auch abends noch mal sein werden zum Essen.

Die Aufführung ist der Hammer. Insgesamt ist es einfach ein wunderschöner Tag. Es ist heiß draußen, ich bin mittlerweile froh, dass ich doch nur ein Kleid anhabe und nicht meine warme Hose, und genieße die Aufführung, wobei ich weiß, was es für ein unglaubliches Glück für mich war, noch diese letzte Karte zu bekommen. Danach geht es zurück zum Restaurant. Ich esse pochiertes Lachsfilet auf einem Spinatbett in Schaumsoße und Kartoffeln. Leider muss ich dann ziemlich hetzen, da um kurz nach neun schon mein Zug kommt. Ich schaffe nicht die ganze Portion, aber es schmeckt total lecker. Es wird angestoßen auf die tolle Aufführung und ich trinke das erste Mal seit Jahren ein ganzes Glas Sekt.

Dann ist leider mein Taxi schon da. Ich verabschiede mich, würde aber am liebsten noch stundenlang bleiben, weil es so ein schöner Tag ist.

Als ich im Zug sitze und anschließend gegen halb elf zurück zur Klinik laufe, bin ich wieder zweigeteilt. Ich bin glücklich, weil es so ein schöner Tag war, andererseits wird mein Herz immer schwerer, je näher ich der Klinik komme.

Ich könnte heulen. Eigentlich ist das Leben doch so schön. Es kann so schön sein, warum bin ich dann so depressiv? Warum kann ich nicht einfach glücklich sein so wie heute? Glücklich und zufrieden und nicht immer übers Essen nachdenken. Ich möchte so gern gesund sein.

Ich meine, die Ärzte und Therapeuten hier in Prien sind wirklich super. Kompetent, erfahren und gleichzeitig nett und liebevoll. Ich habe ja schon wirklich viele kennengelernt und hier sind eindeutig die besten, aber das hilft mir nicht mit meiner Stimmung und meinen Gefühlen. Nur manchmal. Aber mein Hauptgefühl und meine Panik bleiben. Ich möchte einfach nach Hause. Ich kann nicht mehr.

Im Zimmer angekommen, rufe ich noch einmal kurz Mama an und esse noch einen fettarmen Joghurt und Schokolade, was ich mir manchmal noch abends erlaube.

Müde lege ich mich hin und denke jetzt schon an den nächsten Tag. Ich bin einfach nur froh, dass ich Besuch bekomme, sonst würde ich jetzt schon durchdrehen.

07.08.2011 – 39,0 kg

Ich habe etwas abgenommen, aber es ist normal, dass das Gewicht mal schwankt, es kann ja nicht nur raufgehen jeden Tag. Meine Gewichtskurve sieht eh aus wie ein Gebirge. Rauf, runter, rauf, runter.

Gegen halb zwölf kommen dann die beste Freundin meiner Mutter und ihre zwei Jungs aus München, um mich zu besuchen. Ich zeige ihnen die Klinik und anschließend gehen wir zum Italiener zum Essen. Ich bin total aufgeregt, weil ich das Lokal nicht kenne und ich nicht weiß, was ich essen soll. Ich habe zwar tierischen Hunger und würde am liebsten einen Auflauf oder Pizza essen. Aber in meinem Kopf ist verankert: Salat. Salat. Salat.

Doch dann sage ich mir: Hanna. Klar, du hast in den letzten Wochen viel zugenommen, aber du bist immer noch untergewichtig. Es gibt keinen Grund für dich, Salat zu essen. Du hast Hunger, du hast Appetit, du musst zunehmen, also warum dann Salat?

Und so entscheide ich mich für einen Gnocchi-Auflauf mit Pfifferlingen und Scampi und esse danach sogar noch eine Kugel Erdbeereis. Irgendwie bin ich stolz auf mich, dass ich das geschafft habe, und es hat auch wirklich gut geschmeckt.

Dass ich Besuch habe, sorgt schon dafür, dass es mir wieder kurzzeitig besser geht, und es sind auch wirklich schöne Stunden, aber auch heute muss ich wieder ständig anfangen zu weinen und klage mein Leid, dass ich nicht mehr kann und nicht mehr möchte.

Einfach nur nach Hause.

Und mit dem Gedanken geht auch dieser Tag wieder vorbei.

09.09.2011 – 40,1 kg

Ich hab die 40 erreicht. Ich glaub es nicht. Oh Gott. Ich kann es nicht glauben. Was soll ich jetzt denken? Das geht mir zu schnell. Viel zu schnell. Aber ich will doch nach Hause, also ist es gut. Aber so schnell. Kann ich denn jetzt noch normal essen?

Die letzten Wochen habe ich einfach immer so viel wie möglich gegessen, weil ich dann wusste, ich komme nach Hause, aber jetzt wird es ernst. Jetzt habe ich die 40 geknackt und bekomme Angst. Muss ich mich jetzt mit dem Essen zurückhalten oder kann ich einfach weiteressen?

Schießt mein Gewicht weiterhin in die Höhe? Verliere ich die Kontrolle? Ja, das passt. Ich habe die Befürchtung, die Kontrolle zu verlieren. Dass ich esse und mein Gewicht steigt und steigt und steigt. Am liebsten würde ich in meinen Körper hineinfühlen und ihn fragen, wann er vorhat, das Gewicht zu halten.

Gott sei Dank habe ich gleich ein Einzeltherapie.

In der Einzelstunde geht es darum, wie die Therapie weiter verläuft, und gleich fließen wieder Tränen.

»Also Frau Blumroth, um die Magersucht wirklich zu überwinden, sollten Sie einen 18er-BMI mindestens erreichen.«

»Aber ich will einfach nur noch nach Hause, ich kann nicht mehr«, fange ich sofort an zu jammern, »und ich schaffe auch keinen 18er-BMI.«

»Sie können das schon schaffen, die Frage ist, ob Sie das wollen?«

»Ich möchte schon gesund werden, ich hab keine Lust mehr auf diese Krankheit, aber ich habe so panische Angst vor diesem 18er-BMI.«

»Sie meinten letztens in der Therapie, dass Sie nicht wissen, wer Sie sind ohne die Magersucht. Jetzt sind Sie Hanna, die Magersüchtige. Aber wir müssen herausfinden, wer Sie ohne die Magersucht sind.«

»Aber gerade das weiß ich ja nicht. Jetzt weiß ich, wer ich bin, wie Sie schon sagten, ›Hanna, die Magersüchtige‹, aber ich weiß eben nicht, wer ich dann bin. Hanna die, ... Ja, die was?«

»Ich glaube, dass da noch ganz viel dahintersteckt, Frau Blumroth, Sie haben es nur noch nicht herausgefunden. Dadurch, dass Sie die Magersucht haben, haben Sie alles andere verdrängt und ich bin mir sicher, dass Sie, wenn Sie die Magersucht nicht mehr brauchen, auch so erfolgreich sein können, wie Sie es sich wünschen. Das wünschen Sie sich doch?«

»Ja schon, ich möchte schon erfolgreich sein, aber irgendwie weiß ich nicht, was ich will, und kann mich nicht entscheiden und, ach, ich weiß auch nicht. Ich denke halt, wenn ich nicht mehr magersüchtig bin, bin ich so, ich weiß nicht, so normal halt.«

»Erst wenn Sie die Magersucht loslassen, sind Sie wer. Nur dann können sie studieren oder eine Ausbildung oder ein Praktikum machen, erfolgreich sein, einen Freund haben, eine Familie gründen, eine gesunde Lebenseinstellung haben. Und dann wissen Sie auch, wer Sie sind.«

»Aber ich hab so Angst davor und ich möchte einfach nur noch heim. Ich möchte schon gesund werden, aber ich kann nicht mehr«, antworte ich und klappe heulend auf dem Stuhl zusammen.

Ich bin einfach so verzweifelt. Ich kann wirklich nicht mehr. Ich möchte einfach nur noch nach Hause. Jeden Morgen wache ich auf und habe Panik und so eine tierische Sehnsucht nach meiner Mutter und meiner Oma, das ist unbeschreiblich.

Trotzdem haben mich die Worte meines Therapeuten sehr aufgebaut. Vielleicht bin ich ja doch jemand anderes, wenn ich gesund bin?

Vielleicht kann ich dann mal Komplimente und Lob annehmen?

Vielleicht kann ich dann mal Geld ausgeben?

Vielleicht kann ich dann erfolgreich sein?

Vielleicht weiß ich dann, was ich machen möchte?

Wie ich werden möchte?

Wer ich bin?

Was ich kann?

Ach, es ist einfach so schwierig. Ich möchte gesund werden, aber ich möchte nicht mehr wiegen. Warum habe ich so Angst davor, vor dieser bescheuerten Zahl? Diese einfach so blöde bekloppte scheiß Zahl, die eigentlich nichts zu sagen hat. Warum denke ich, dass mich eine Zahl auszeichnet? Was bringt es mir, weniger zu wiegen? Einfach nur Beruhigung? Ja, das ist es. Sicherheit. Damit ich weiß, dass ich nach oben hin im Gewichtskorridor noch mehr Spielraum habe. Als ich das meinem Therapeuten sage, hat er direkt wieder ein super Beispiel.

»Sicherheit, Frau Blumroth. Wenn Sie auf dem Bürgersteig laufen, laufen Sie dann immer ganz links vom Bürgersteig?«

»Nein, eigentlich nicht.«

»Aber da hätten Sie auch mehr Sicherheit vor den vorbeifahrenden Autos.«

Ach, wie recht er doch hat. Aber ich kann mir das einfach nicht vorstellen, mehr zu wiegen. Das schreckt mich so ab.

Und direkt kommt das nächste Beispiel.

»Es ist so, Sie wussten nicht, wer Sie sind und was Sie wollen, und hatten vor irgendetwas Angst, also haben Sie sich die Magersucht gesucht. Stellen Sie es sich so vor: Sie sind in einen reißenden Fluss gefallen und kämpfen darum, über Wasser zu bleiben. Da kommt ein Baumstamm angeschwommen, an dem Sie sich festhalten können. Irgendwann wird der Fluss ruhiger und Sie sollten an Land kommen. Dafür müssen Sie aber den Baumstamm loslassen, sonst schwimmen Sie in dem Fluss immer weiter, bis Sie irgendwann vor Schwäche doch ertrinken. Das sind die Probleme, die Sie damals hatten, mit denen Sie nicht klargekommen sind. Der Baumstamm ist die Magersucht, die Ihnen vielleicht am Anfang geholfen hat. Doch um Ihr Leben weiterzuführen und gesund zu werden, müssen Sie den Baumstamm loslassen, sonst kommt irgendwann der große Wasserfall.«

Ich bin total beeindruckt von der Geschichte. Solche Metaphern bringt mein Therapeut immer wieder ein, sodass ich oft denke: Ja, er hat ja eigentlich recht. Aber warum halte ich noch so sehr daran fest? Immer wieder wird mir gesagt, dass ich so viel erreichen könnte, und dass ich es wert bin, gesund zu werden, aber warum sehe ich das selber nicht?

Ich stell mir immer wieder die Frage, wer ich bin, wenn ich nicht mehr magersüchtig bin. Zugleich freue ich mich aber auch auf die Zeit nach der Klinik. Was ich dann wohl mache, wie ich dann bin? Wer ich dann bin. Nicht mehr Hanna, die Magersüchtige.

»Eigentlich freue ich mich ja auch auf die Zeit, in der ich gesund bin, aber ich möchte einfach nicht mehr wiegen. Diese Zahlen machen mir so Angst. Ich kann es mir einfach kaum denken, dass es mir damit dann besser geht. Und ich habe Angst, dass ich dann so viel wiege und wieder unzufrieden bin und wieder abnehmen möchte. Das halte ich nicht noch einmal aus. Ich kann nicht mehr. Ich möchte endlich mal zufrieden sein mit mir. Am liebsten möchte ich jetzt einfach gesund sein und gar nicht viel darüber nachdenken müssen und einfach nach Hause kommen können. Ich hab so eine Sehnsucht nach Mama. Ich kann nicht mehr, ich will heim.«

Und wieder fange ich an zu weinen.

»Aber was wäre denn, wenn Sie jetzt zu Hause wären?«

»Ich weiß es doch nicht. Ich denke einfach nur die ganze Zeit: Heim. Heim. Heim.

»Aber Frau Blumroth, es ist doch eine absehbare Zeit. Sie müssen ja nicht Ihr restliches Leben hier verbringen. Und Sie haben ja bis jetzt schon sehr gut zugenommen und wenn das so weitergeht, ist es auch keine so lange Zeit mehr. Es ist absehbar.«

»Aber in meinem Kopf ist doch eh verankert, dass ich nicht so viele Kilos erreichen kann. Ich hab so eine Grenze im Kopf. 42 kg möchte ich auf jeden Fall erreichen und dann versuchen, das zu halten. Nicht versuchen. Ich möchte es auf jeden Fall halten. Ich möchte nie wieder weniger wiegen, aber eben auch nicht mehr. Und ich möchte auch gesund sein.«

»Mit 42 kg sind Sie aber immer noch im untergewichtigen Bereich. Klar können Sie versuchen, das Gewicht zu halten, aber es wird immer ein Kampf sein. Sie werden abnehmen, kämpfen müssen, vielleicht wieder etwas zunehmen und wieder kämpfen müssen und so wird es immer hin und her gehen. Sie wollen eben ein bisschen magersüchtig bleiben. Aber das wird nicht funktionieren. Sie werden vielleicht ein einigermaßen normales Leben führen, vielleicht haben Sie auch eine Partnerschaft. Aber Sie werden immer eingeschränkt sein, weil Sie immer mit sich kämpfen müssen, um die Sucht zu unterdrücken.« Das macht mir Angst. Ich möchte ja gesund sein. Nein, nicht: Ich möchte. Ich will. Ich will gesund sein. Und wenn ich es einfach ausprobiere? Ich weiß es einfach nicht. Ich hab so Schiss. Ich wiederhole mich, aber so rattert es eben in meinem Kopf. Ja, nein, ja, nein. Ausprobieren, nicht ausprobieren.

»Versuchen Sie, so zu denken. Denken Sie, Sie seien ein Leistungssportler. Es gibt einen Punkt, an dem der Sportler am Höhepunkt seiner Karriere steht. Aber irgendwann gibt es einen Zeitpunkt, an dem der Sportler aufhören muss, weil es sonst nur noch bergab geht. Denn irgendwann kann er nicht mehr »noch besser« sein. Irgendwann ist der Höhepunkt erreicht. Genauso ist es bei Ihnen. Sie haben die perfekte Magersuchtskarriere gestartet. Sie waren bereits in vier Kliniken. Sie haben mit der Krankheit Ihr Abitur gemacht, Sie waren sogar im Fernsehen. Sie haben es allen gezeigt, dass Sie hungern können. Sie waren mit dem Gewicht so niedrig, wie es eben geht. Aber wie bei dem Leistungssportler. Da kommt nichts mehr. Jetzt geht es darum, eine neue Karriere zu starten. Mit der Krankheit haben Sie alles erreicht, was man nur erreichen kann. Sie sind sozusagen auf dem Höhepunkt angelangt. Aber das war es jetzt. Jetzt muss etwas Neues her. Und ich bin mir sicher, dass da noch viel Neues kommen wird. Wenn Sie gesund werden.«

Und wieder eine Metapher, die mir total viel Kraft gibt. Ja, ich will gesund werden. Eine neue Karriere starten. Neues ausprobieren, aber geht das nicht auch mit 42 kg? Mit ein bisschen Untergewicht? Mit ein bisschen Magersucht? Ein bisschen Sicherheit, vielleicht doch die Kontrolle zu haben?

Da kommt mir wieder die Idee, auf die ich durch eine Mitpatientin gekommen bin, und ich frage: »Kann ich nicht so ein Intervall machen? Dass ich nach einiger Zeit erst mal nach Hause kann, das Gewicht halte und dann eventuell wiederkomme?«

Während ich diese Frage stelle, denke ich schon bei mir: Ich gehe einfach zu einem Intervall nach Hause, aber komme nicht wieder. Das wäre doch was. Es kann mich ja keiner zwingen, wieder in die

Klinik zu gehen. Dass ich das denke, sage ich aber nicht. Und direkt tut es mir wieder leid und ich ärgere mich über meine kranken Gedanken.

»Ja, darüber können wir mal sprechen, ob das in Ihrem Fall Sinn macht, aber generell wäre das schon möglich, wenn Sie es in einem Zug nicht schaffen.«

In einem Zug nicht schaffen. Ich will es ja schaffen, in einem Zug, aber ich möchte auch heim. Jeden Morgen diese Panik, jeden Tag die Heulerei, jeden Tag dieses schreckliche Gefühl. Warum wird es denn nicht besser? Am liebsten hätte ich von morgens bis abends Einzeltherapien bei meinem Therapeuten, weil mir die Stunden immer wieder Mut machen und Kraft geben und Antrieb, aber diese 100 Minuten in der Woche reichen dafür nicht aus, damit es mir besser geht. Ach Mama, wenn du wüsstest, wie gern ich einfach nur bei dir wäre. Mama und Oma. Ich hab so eine Sehnsucht.

Und jetzt ist auch diese Einzeltherapie schon wieder um und ich habe Panik, auf mein Zimmer zu gehen, weil da dieser Geruch ist. Dieser Geruch, der mir immer wieder verdeutlicht, dass ich wirklich in der Klinik bin. Wieder in einer Klinik, wo ich nie wieder hinwollte. Und dann fängt die Herzraserei wieder an.

Und so ist es auch. Ich verabschiede mich von meinem Therapeuten und gehe aufs Zimmer und bekomme direkt eine Panikattacke. Es ist kaum auszuhalten und sofort rufe ich Mama an und schluchze so sehr, dass sie mich kaum verstehen kann.

»Mama, ich kann nicht mehr, ich will hier weg, ich will nach Hause, mir geht es so dermaßen schlecht, das glaubst du kaum. Ich vermisse dich so sehr. Ich will weg. Ich möchte auch gesund sein. Wirklich.«

Als ich am Telefon meiner Mutter mal wieder die Ohren vollheule, sage ich genau das Falsche: »Mama, ich will einfach nur nach Hause, ich halte das nicht mehr aus.«

»Hanna, dass du so sehr nach Hause willst, zeigt mir nur, wie krank du doch noch bist. Du bist jetzt da in der Klinik und jetzt finde dich gefälligst damit ab. Ich kann nicht mehr. Ich schlafe nachts kaum. Du sagst, du hast Panikattacken? Was glaubst du eigentlich, was ich habe? Du meinst, du bist depressiv? Was glaubst du eigentlich, wie depressiv ich war, als du zu Hause warst und ich zusehen musste, wie meine Tochter stirbt? Wenn du jetzt nach Hause kommst, ist mein Leben vorbei. Und du betrittst dieses Haus nicht eher, bis du 48 kg wiegst und die in der Klinik über drei Monate gehalten hast. Eher betrittst du dieses Haus nicht. Nicht, bevor du nicht vollkommen gesund bist. Ich kann nicht mehr, Hanna. Mein Leben ist sonst vorbei.«

Als ich das höre, falle ich völlig in mich zusammen und schluchze ins Telefon, sodass man mich nicht mehr verstehen kann. Ich bin völlig fertig und erwidere weinend: »Aber Mama, das ist doch total unrealistisch. So lange behalten die mich nicht hier. Und so viel muss ich auch gar nicht wiegen. Mama, glaub mir doch, mir geht es so schlecht. Es tut mir leid, dass ich so herumjammere, bitte verzeih mir. Aber … Aber …«

»Ich weiß, dass es dir schlecht geht. Du bist auf Entzug. Und da musst du jetzt durch. Es sei denn, du willst nicht gesund werden. Und das glaube ich momentan sehr bei dir, sonst würdest du dich mit der Situation abfinden.«

»Doch, ich will gesund werden, Mama. Ich will wirklich, aber ich will auch nach Hause.«

Ich rede so einen Mist. Nein, keinen Mist. Es ist schon wahr, aber beides geht nun mal nicht. Das weiß ich. Und das weiß auch Mama.

Und so weine ich wie die meisten Tage und denke, dass ich die Zeit in der Klinik nicht schaffen werde.

11.08.2011 – 40,8 kg

Heute habe ich das erste Mal Lehrküche, das heißt, dass wir uns ein Gericht aussuchen und es selber kochen müssen. Ich bin total aufgeregt und freue mich darauf. Aber ich habe auch etwas Schiss, dass ich es nicht aushalte, oder dass ich versuche einzusparen, z.B.

beim Öl oder so. Ich habe mich für den Gemüse-Käse-Crêpe als Hauptgang und als Nachtisch das Mokka Frappé entschieden und als wir in die Küche kommen, ist bereits alles vorbereitet. Ich fange mit dem Nachtisch an, damit ich ihn schon mal kaltstellen kann. Allerdings schummele ich beim Nachtisch etwas, mixe aber dafür etwas anderes hinzu. Eigentlich sollen in den Frappé ein Löffel Zucker und eine Kugel Vanilleeis.

Den Zucker lasse ich weg und nehme dafür aber Kokossirup. Auch beim Vanilleeis nehme ich nur eine halbe Kugel, mixe aber dafür zusätzlich etwas Himbeeren in meinen Nachtisch. Außerdem bestreue ich den Nachtisch auch noch mit Kokosraspeln, sodass ich letztendlich dann von den Kalorien her doch genug habe.

Anschließend stelle ich den Nachtisch ins Eisfach und fange mit dem Gemüseschneiden und dem Crêpe-Teig an. Mein Gemüse brennt mir etwas an, aber das schmeckt mir ja sowieso besser, doch die Oecotrophologin meint: »Das Gemüse muss sofort vom Herd, das ist ja schon krebserregend.«

Es ist wirklich sehr schwarz geworden, aber als ich es probiere, finde ich es trotzdem noch sehr lecker. Dann schaue ich plötzlich auf die Uhr und merke, dass ich nicht mehr so viel Zeit habe. Ich stehe total unter Druck und fange an zu zittern.

Dann ist es plötzlich so weit. Es geht um das Öl. Ich muss einen Löffel Öl in die Pfanne geben und anschließend den Crêpe-Teig.

Soll ich wirklich das Öl nehmen? Eigentlich ist das doch überflüssig. Die Pfanne ist beschichtet. Aber vielleicht brennt der Teig dann an? Und wieder schaue ich auf die Uhr und merke, dass ich mich endlich entscheiden muss, und wieder fängt mein Herz an zu rasen und meine Hand zittert. Aber: Ich greife zum Öl und gebe, wie es auf dem Rezept steht, einen Esslöffel Öl in die Pfanne. Das ist total komisch für mich und noch weiß ich nicht, ob ich richtig entschieden habe.

Gott sei Dank werde ich noch rechtzeitig fertig und bin froh, als ich dann endlich am Tisch sitze mit meinem selbst gekochten Gericht. Es schmeckt trotz Anbrennerei total lecker und ich genieße es sehr. Allerdings weiß ich nicht, ob es jetzt gut oder schlecht ist, genau zu wissen, welche Zutaten alle in meinem Gericht sind. Ich versuche, nicht allzu viel darüber nachzudenken, und esse mein eigenes, ohne Schummeln selbst zubereitetes Gericht.

14.08.2011 – 39,6 kg

In ein paar Tagen kommt endlich Mama zu Besuch. Nach acht Wochen sehe ich sie das erste Mal wieder. Man kann sich gar nicht vorstellen, wie sehr ich mich darüber freue. Ich kann es kaum aushalten. Trotzdem habe ich extreme Angst davor, wie sie reagiert. Immerhin wiege ich 10 kg mehr als das letzte Mal. Aber da ist noch eine Angst. Eine unbeschreibliche Angst. Zurzeit ist Mama mit meinen Geschwistern und ihrer besten Freundin im Urlaub. Das heißt, wir telefonieren sehr selten miteinander und nur sehr kurz. Damit kann ich überhaupt nicht umgehen und ganz plötzlich bekomme ich Angst, dass sie mich vergisst. Hanna, du bist bescheuert!

Wie kann ich nur so etwas denken. So oft hat Mama mir schon gesagt, wie sehr sie mich liebt, und trotzdem denke ich so einen Mist. Aber sie wirkt so glücklich am Telefon und nicht mehr weinerlich und schwach wie die letzten Male und das irritiert mich. Warum kann ich nicht einfach glücklich darüber sein? Mich freuen, dass es meiner Mutter endlich mal gut geht? Aber nein. Das Einzige, was ich egoistische Kuh denke, ist, dass mich meine Mutter vergisst.

Gott sei Dank habe ich jetzt eine Einzelstunde bei meinem Therapeuten und spreche es direkt an.

»Ich habe jetzt sehr selten mit meiner Mutter telefoniert und sie wirkt immer so glücklich am Telefon und jetzt habe ich irgendwie Angst, dass sie mich vergisst und sich gar nicht freut, mich wiederzusehen«, weine ich ihm vor.

»Ich habe Sie ja schon einmal darauf angesprochen, Frau Blumroth, dass es durchaus sein kann, das solche Gefühle aufkommen bei Ihnen. Wissen Sie noch, was ich Ihnen dazu gesagt habe?«

»Nein, leider nicht, sagen Sie es mir.«

»Sie müssen es ansprechen. Auf jeden Fall ansprechen, sonst steht das zwischen Ihnen und Ihrer Mutter und das wird nicht gut gehen. Also sagen Sie einfach geradeheraus, was Sie fühlen, und wie Ihre Mutter darüber denkt.«

»Okay, ich werde es versuchen.«

Gesagt, getan.

Am Abend nehme ich mit zittrigen Händen das Telefon in die Hand und rufe meine Mutter an. Am Anfang reden wir über ihren Urlaub und das Wetter, weil ich mich gar nicht traue, es anzusprechen. Doch plötzlich fange ich an zu weinen und frage: »Mama, freust du dich überhaupt, mich zu besuchen? Oder würdest du lieber länger Urlaub machen?«

»Hanna, wie kannst du so etwas denken, natürlich freue ich mich, so tierisch, das kannst du dir gar nicht vorstellen.«

»Aber du bist so komisch am Telefon. Ich hab Angst, dass du mich hier vergisst.«

»Hanna, du bist mein Kind. Mein Ein und Alles. Niemals in meinem ganzen Leben könnte ich dich vergessen. Du spinnst ja. Keines meiner Kinder würde ich je vergessen. Bitte denk so etwas nicht. Ich freue mich, dich zu sehen, und denke Tag und Nacht an dich. Und deine Geschwister freuen sich auch.«

»Okay, gut, dann will ich dir mal glauben«, sage ich und kann schon wieder etwas lächeln.

Erleichtert bin ich auch, aber die Angst ist noch nicht ganz weg. Und wieder bekomme ich Herzrasen, weil ich es kaum aushalten kann, noch länger zu warten. Es soll endlich so weit sein. Ich will sie endlich wiedersehen. Ich will. Ich will. Ich will.

17.08.2011 – 40,1 kg

Morgen ist es endlich so weit. Ja. Ja. Ja. Endlich. Endlich. Endlich. Nach acht langen Wochen hat das Warten ein Ende. Aber die Freude wird leider momentan wieder vom Essen überdeckt. Besser gesagt vom Nichtessen. Ich kann es kaum aushalten, immer mehr zu wiegen, und seit Kurzem esse ich mittags wieder weniger. Nicht einmal die Hälfte.

Mann, warum bin ich so dämlich? Ich habe es so gut geschafft die letzten Wochen und nur weil mein Gewicht ansteigt, fange ich schon wieder an, restriktiv zu essen. Ich könnte mich ohrfeigen. Egal. Erst mal nicht dran denken. Einfach nur an Mama denken, und dass sie morgen kommt.

18.08.2011 - 41,0 kg

Und da ist er, der Tag. Acht Wochen lang habe ich darauf gewartet. Ich freue mich so, ich freue mich so. Und dann plötzlich. Die Tür zur Station geht auf und da steht sie. Mama mit Maria und Robert. Ich komme auf sie zu gerannt und wir halten uns fünf Minuten lang im Arm und weinen beide. Es ist ein unglaubliches Gefühl. Jetzt merke ich wieder, wie sehr sie mir gefehlt hat die letzten Wochen. Dann merke ich, wie ihre Hand zu meinem Po wandert und ihn greift. Sofort steigt Panik in mir auf und es schwirren Gedanken durch meinen Kopf.

Zu dick.

Zu prall.

Zu viel.

Warum greift sie mir jetzt an den Po?

Sieht sie, dass es mehr ist?

Ist sie jetzt glücklich?

Das macht sie doch nur, weil er wieder da ist, der Po?

Ist es so auffällig, dass ich wieder Po habe?

Oh nein, das kann doch nicht sein.

Irgendeinen Grund muss es doch haben?

Ich versuche, die Gedanken zu verdrängen und mich auf etwas anderes zu konzentrieren. Vielleicht hat es gar keine bestimmte Bedeutung. Früher schon hat Mama mir immer in den Hintern gekniffen, warum sollte sie also plötzlich damit aufhören?

Weg mit den Gedanken. Wir setzen uns in mein Zimmer und erzählen uns gegenseitig ganz viel. Gott sei Dank sagt Mama nichts zu meiner Figur. Gott sei Dank. Davor hatte ich so eine Panik, dass sie mich sieht und mir sagt, dass ich schon viel besser aussähe. Aber sie sagt etwas anderes: »Ach Hanna, du siehst schon ganz anders aus im Gesicht.«

»Ja, dicker«, sage ich.

»Nein, das meine ich nicht. Deine Augen sehen anders aus. Sie strahlen viel mehr aus und sind nicht mehr so gelb.«

Puh, Glück gehabt, kein Kommentar zu meiner Figur.

Da draußen so wunderschönes Wetter ist, beschließen wir, an den See zu gehen. Also lasse ich mich vom Abendessen befreien und gehe mit den dreien an den See. Es ist so schön. Endlich mal wieder Normalität. Am Abend gehen wir alle gemeinsam zum Essen und ich bestelle mir einen großen Salat. Da ich ja mittags bereits warm gegessen habe und ich gut in meiner Gewichtskurve liege, darf ich mir das ruhig erlauben. Es ist ein wunderschöner Abend. So schön, dass ich erst mal prompt zu spät zur Klinik komme und vor verschlossenen Türen stehe. Mama bekommt direkt Panik und denkt, dass ich nicht mehr reingelassen werde, also klingele ich erst mal eine Weile, bis eine genervte Nachtschwester kommt und mir aufmacht.

»Entschuldigung, aber ich habe total die Zeit verplant, tut mir wirklich leid«, lüge ich und lächele lieb.

Das stimmt die Schwester wieder etwas freundlicher, sodass ich mit ihr mitgehe und mir von ihr meine Nachtmedikation geben lasse. Vorher sage ich aber noch Mama, Maria und Robert Gute Nacht.

Eine Viertelstunde später liege ich glücklich im Bett und kann kaum den nächsten Tag erwarten. Das kam schon lange nicht mehr vor, dass ich mich auf den nächsten Tag gefreut habe.

19.08.2011 – 41,1 kg

Heute Vormittag habe ich noch Programm, sodass ich nicht direkt in der Früh Mama sehen kann. Aber als ich fertig bin, gehe ich zum See und treffe mich dort mit ihr und meinen Geschwistern. Als Mama und ich uns begrüßen, wandert ihre Hand wieder an meinen Hintern. Irgendwie tut es mir gut, sie zu spüren, und früher fand ich es schön, aber jetzt kommen dann sofort wieder die schlechten Gedanken und so sage ich: »Mama, warum gehst du immer an meinen Po, ist der so rund geworden?«

»Ach nein, mein Schatz, entschuldige, das ist so in mir drin, das mache ich bei deinen Geschwistern auch. Aber ich kann es sehr gut verstehen, wenn du das nicht möchtest, ich lasse es sein.«

Es tut mir unglaublich leid, dass sie das sagt, denn eigentlich mag ich diese Berührungen, diese Normalität, dieses Einfach-mal-in-den-Hintern-Zwicken, ohne sich etwas dabei zu denken. Aber nein.

Ich denke sofort an meine Figur. Vielleicht ist es besser, wenn sie es wirklich erst mal sein lässt, und ich hoffe, dass irgendwann eine Zeit kommt, in der es mich nicht mehr stört.

Der restliche Tag am See ist total schön. Die Sonne scheint, es ist schön warm und ich gehe das erste Mal seit Langem wieder etwas schwimmen. Na ja, nicht wirklich schwimmen, eher planschen im See und Kopfsprung vom 1-Meter-Brett üben, aber es macht trotzdem Spaß. Das erste Mal seit Langem, dass ich wieder Spaß habe. Das wäre undenkbar gewesen vor einigen Wochen. Trotzdem fühle ich mich unwohl, so im Bikini. Ständig schaue ich mich um, ob auch ja niemand schaut. Eigentlich könnte ich stolz auf mich sein, dass ich mich traue, mich im Bikini zu zeigen, aber ehrlich gesagt, übersteigt die Scham dieses Gefühl. Jedes Mal, wenn ich aufstehe und zum See gehe, zupfe ich an meiner Bikinihose und drehe mich um oder halte meine Arme vor meinen Bauch.

Mein Bauch.

Mein Bauch.

Mein Bauch.

Jetzt sind die Gedanken weg vom Po und beim Bauch gelandet.

Das ist das Einzige, was ich die ganze Zeit denke. Ich fühle mich hässlich und dick am Bauch und habe das Gefühl, dass alle nur auf meinen Bauch starren. Es ist furchtbar.

Mama merkt sofort, dass etwas nicht stimmt.

»Ist alles in Ordnung, Hanna?«

»Jaja, alles gut«, lüge ich und merke, dass sie mir eh nicht glaubt. Wieso merkt sie das immer sofort?

Warum kann ich mich denn nicht einfach schön fühlen? Schön so, wie ich bin. Am besten noch denken: Hanna, du bist immer noch zu dünn. Du musst eh noch zunehmen. Aber das denke ich nicht. Ich denke nur an meinen Bauch und würde am liebsten heulen. Warum kann ich nicht einfach das Zusammensein mit meiner Familie genießen? Stattdessen denke ich an meinen scheiß Bauch und was wohl fremde Menschen über mich denken mögen. Das kotzt mich echt an. Die anderen Leute können mir doch scheißegal sein. Wichtig ist, was ich denke. Und plötzlich fange ich an zu weinen.

Sofort nimmt Mama mich in den Arm.

»Was ist denn los, mein Schatz, ich wusste, dass dich etwas bedrückt.«

»Ich hab solche Angst vorm Zunehmen, Angst vorm Normalgewicht und dass ich mich nicht wohlfühle, weil ich mich jetzt schon so unwohl fühle. Es ist einfach so schlimm. In mir kämpfen zwei Seiten. Die eine Seite will unbedingt gesund werden und die andere Seite will nicht weiter zunehmen, weißt du, was ich meine?«

»Und ob ich das weiß. Ich kann genau nachvollziehen, was du meinst. Aber das ist nun mal die Krankheit. Aber ich kann nicht verstehen, wie du so über dich denken kannst. Schau dir doch die ganzen Leute mal an. Du bist wunderschön und siehst es nicht. Zwar immer noch zu dünn, aber nicht mehr so gefährlich mager. Trotzdem bist du ein wunderschönes Mädchen. Findest du etwa die anderen Menschen hier schöner? Du musst es dir immer wieder sagen: »Ich bin schön. Ich bin schön. Ich bin schön.«

»Das kann ich aber nicht, weil ich es nicht denke.«

»Ach Hanna, du bist noch sehr, sehr krank.«

Eigentlich möchte ich ihr widersprechen, aber ich liege nur in ihrem Arm und weine.

Nach und nach merke ich, wie es mir besser geht und wie ich versuche, mir zu sagen: Hanna. Genieße den Tag.

Genieße den Besuch.

Lebe im Hier und Jetzt.

Das klappt dann auch einigermaßen, sodass der Abend dann noch richtig schön wird. Ohne Weinen. Ohne Gedanken. Einfach nur schön.

20.08.2011 – 41,3 kg

Endlich konnte ich mal ausschlafen. Bis jetzt bin ich jeden Tag um halb sieben aufgestanden. Heute haben wir es so geplant, dass ich erst mal ausschlafe, Mama mich abholt und wir in der Ferienwohnung zusammen frühstücken. Um halb zehn stehe ich dann draußen vor der Eingangstür und lasse mich von Mama abholen und zur Wohnung fahren. Wir frühstücken gemeinsam und erzählen uns viel.

Ich esse ein Brötchen, mit einer Hälfte Eiweiß und einer Hälfte Marmelade und viel Kaffee. Eigentlich könnte ich noch ein zweites essen, aber ich traue mich nicht, obwohl ich noch tierischen Hunger habe. Wieder könnte ich mich ohrfeigen. Warum esse ich nicht einfach? So wie meine Geschwister auch. Aber nein. Ich quäle mich wieder und saufe Kaffee gegen das Hungergefühl. Andererseits versuche ich, vielleicht ein bisschen stolz zu sein, wenigstens ein Brötchen gegessen zu haben, das wäre nämlich früher undenkbar gewesen. Also denke ich: Hanna, du hast zwar noch Hunger, aber es ist wenigstens gut, dass du ein Brötchen gegessen hast und nichts hast verschwinden lassen.

Davon geht der Hunger zwar nicht weg, aber wenigstens die nervigen Gedanken.

Den restlichen Tag verbringen wir wieder am See und gehen abends schön zum Essen. Diesmal esse ich keinen Salat, da ich ja mittags noch nicht warm gegessen habe. Alle vier bestellen wir uns das Zanderfilet.

Als ich an der Reihe bin, sage ich: »Ich hätte gerne das Zanderfilet, aber statt Kartoffeln lieber Gemüse.«

Da merke ich aus dem Augenwinkel, wie meine Mutter erstarrt und sagt: »Gemüse, das gibt es nicht.«

Die Kellnerin versteht es falsch und sagt: »Doch, doch, das gibt es schon, das können wir ruhig machen.«

Da antwortet Mama direkt: »Ja, das ist mir schon klar, dass Sie das machen können, aber ich finde, zum Essen gehören Kohlehydrate dazu.«

Mir tut es unendlich leid und ich sage: »Ja okay, machen Sie Kartoffeln, oder halbe-halbe.«

»Mach, was du willst«, sagt Mama.

»Ich bringe Ihnen einfach ein bisschen Gemüse und ein bisschen Kartoffeln, okay?«, fragt die Kellnerin.

»Ja, okay«, sage ich und schäme mich in Grund und Boden.

»Mama, es tut mir leid. Ich ärgere mich jetzt wieder über mich selber, dass ich das gemacht habe.«

»Ja, das mag sein, aber das zeigt mir, wie krank du eigentlich noch bist.«

Am liebsten würde ich jetzt etwas erwidern, weil ich merke, dass ich sauer werde, aber ich verkneife es mir.

Als der Fisch kommt, erschrecke ich erst mal über das Riesenstück Fisch, aber Gott sei Dank liegt als Beilage nur eine halbe Kartoffel dabei mit Gemüse. Die anderen haben kein Gemüse und dafür drei halbe Kartoffeln.

So, das werde ich jetzt aufessen. Ohne Wenn und Aber. Und so ist es auch. Es schmeckt köstlich und ich esse alles auf. Auch wenn ich mich ziemlich voll fühle danach, ist es noch ein wunderschöner Abend. Auch die Umbestellung ist schnell vergessen.

21.08.2011 - 41,4 kg

Heute ist es wieder tierisch heiß, sodass wir den ganzen Tag am See verbringen. Gegen Mittag schickt Mama mich los und ich hole zwei Kaffee. Als ich mit den Bechern zurück zu unserem Liegeplatz komme, telefoniert Mama einige Meter weiter mit meiner Oma. Ein paar Minuten später kommt sie mir strahlend entgegen und meint: »Ich habe eine Überraschung für dich.«

»Was denn?«, frage ich neugierig.

»Ich habe überlegt, dass wir verlängern. In unserem Zimmer, in dem wir jetzt untergebracht sind, klappt es leider nicht, aber ich habe etwas herumtelefoniert und noch woanders ein Zimmer bekommen können. Das Wetter ist so schön und zu Hause sind eh noch Ferien, also ist es das Beste, was wir machen können.«

»Oh wie geil«, rufe ich und falle ihr um den Hals.

Ich kann es kaum glauben. Ich freue mich so dermaßen, weil ich jetzt schon wieder Angst vor dem Abschied hatte. Der kommt jetzt aber erst in ein paar Tagen.

22.08.2011 - 41,5 kg

Als ich heute früh wieder auf der Waage stehe, bekomme ich Angst, denn ich komme meinem Gewicht, das ich im Kopf habe, immer näher. Ich habe mir vorgeenommen, bis zu den 42 kg zuzunehmen und das Gewicht dann zu halten. Jetzt habe ich allerdings Angst, dass ich nur noch zunehme und es kein Ende mehr nimmt. Ich kann es gar nicht begreifen. Langsam wird mir klar, dass ich schon über 10 kg zugenommen habe. 10 KG!!!

Das muss erst mal in meinen Kopf rein. Hinzu kommt, dass ich total nervös bin, weil ich heute mein erstes Familiengespräch habe, das heißt, ich habe ein Gespräch mit meinem Therapeuten und Mama zusammen. Ich hab auch Mama schon erzählt, dass ich unheimlich aufgeregt bin, und ihr geht es genauso.

Das Gespräch verläuft dann eigentlich ganz gut. Allerdings ist das Thema wieder: NORMALGEWICHT.

»Also Ihre Tochter hat bis jetzt schon sehr große Fortschritte gemacht und zugenommen. Unser Ziel ist es natürlich, dass Ihre Tochter das Normalgewicht erreicht, allerdings liegt es da an Ihrer Tochter, wie weit sie gehen will«, sagt mein Therapeut und schaut mich an.

Schweigen.

Langes Schweigen.

»Ach, wollen Sie jetzt eine Antwort von mir?«, frage ich und rede gleich weiter.

»Also ich weiß es nicht genau, ich habe halt so Angst vor dem Normalgewicht. Auf jeden Fall hab ich ein bestimmtes Gewicht im Kopf, das ich nie wieder unterschreiten möchte. Und ich möchte auch nicht, dass Mama weiß, was ich wiege, wenn ich entlassen werde. Ich möchte nicht mehr, dass sie irgendetwas damit zu tun hat, weil ich es alleine schaffen muss. Und auch diese Wiegerei: Ich finde nicht, dass das noch ihr Job sein sollte, das sollte nur noch ein Arzt übernehmen.«

»Ja, das muss auf jeden Fall ein Arzt übernehmen. Und du kommst erst nach Hause, wenn du komplett gesund bist«, fällt Mama sofort dazwischen und in ihren Augen steht schon wieder die Panik geschrieben.

»Also sagen wir es mal so«, sagt mein Therapeut, »Ihre Tochter wird nicht gesund sein, wenn sie entlassen wird. Es kommt halt auch darauf an, wie viel Gewicht sie bei der Entlassung haben wird. Klar ist: Je höher das Gewicht, desto niedriger ist das Risiko eines Rückfalls. Trotzdem wird Ihre Tochter noch sehr zu kämpfen haben. Ihre Tochter hat, glaube ich, auch die Angst, dass Sie denken, sie würde noch monatelang hier in der Klinik bleiben. Die Illusion muss ich Ihnen leider nehmen, das ist eigentlich eher nicht der Fall, da sonst das Risiko von Hospitalisierung besteht.«

Gott sei Dank hat er das gesagt. Mir wollte sie ja nicht glauben. Trotzdem ist in meinem Kopf dieses blöde Gewicht von 42 kg verankert, das ich irgendwie nicht unterschreiten, aber auch nicht überschreiten möchte, also sage ich: »Ich habe halt so Angst vorm Normalgewicht und weiß nicht, ob ich das erreichen kann.«

»Und ob du das erreichen kannst!«, fällt mir Mama sofort ins Wort. »Das musst du erreichen – eher kommst du nicht nach Hause.«

»Boah, Mama«, fange ich an zu meckern, werde aber von meinem Therapeuten unterbrochen.

Letztendlich lief das Familiengespräch dann aber doch noch sehr gut. Es wurde noch nichts Festes ausgemacht, aber mein Therapeut hat Mama klargemacht, dass ich nicht monatelang in der Klinik sein werde, sondern dass es gar nicht mehr so lange dauern wird, bis ich nach Hause komme.

23.08.2011 – 41,3 kg

Heute ist der Tag, den ich weit weg gesehnt habe. Heute fahren Mama, Maria und Robert wieder heim. Als ich morgens aufwache, denke ich direkt daran und könnte heulen. Gott sei Dank wollen sie erst gegen Mittag fahren, sodass wir noch ein paar Stunden am See verbringen können. Irgendwann meint Mama dann: »Es tut mir ja leid, Hanna, aber wir müssen so langsam losfahren.«

Am liebsten würde ich die Zeit anhalten, aber da das nun mal nicht geht, packen wir langsam die Sachen zusammen und gehen zum Auto. Wir fahren zur Klinik und verabschieden uns. Ganz lange liege ich in Mamas Armen und will sie gar nicht mehr loslassen. Als sie dann ins Auto steigen, ich ihnen hinterherwinke und sie um die Ecke biegen, halte ich es nicht mehr aus und fange tierisch an zu weinen. Gott sei Dank sind so viele liebe Mädchen auf der Station, die wissen, wie es mir geht, und mich trösten können.

01.09.2011 – 42,5 kg

Endlich ist wieder ein neuer Monat angebrochen. Jedes Mal, wenn ein neuer Monat anfängt, bin ich überglücklich, weil ich merke, dass die Zeit vergeht. Trotzdem geht es mir richtig beschissen. 42,5 kg. Ich bin bereits über dem Gewicht, das ich eigentlich erreichen wollte, und halte es kaum aus. Ich will nicht so viel wiegen. Allerdings muss ich sagen, dass es mir mit mehr Gewicht auch etwas besser geht. Ich kann wieder Freude empfinden und bin nicht mehr so antriebslos. Und ich bin wieder zwiegespalten. Ich weiß einfach nicht, was ich denken soll. Einerseits geht es mir besser, andererseits geht es mir schlechter. Ich denke, ich muss mich einfach damit abfinden und lernen, mit mehr Gewicht klarzukommen. Ich muss abwägen, was mir wichtiger ist: Leben oder Sterben. Normalgewichtig sein oder dünn sein. Freude oder Leid. Auch wenn ich viel zugenommen habe, weiß ich, dass es die richtige Entscheidung war, in die Klinik zu gehen.

05.09.2011 – 40,9 kg

Abgenommen. Wie soll ich das finden? Gut oder schlecht? Ich weiß es einfach nicht. In mir kämpfen wie immer zwei Persönlichkeiten. Zum Glück habe ich jetzt ein Einzelgespräch, in dem ich wie immer jammere, dass ich heim möchte, da sagt mein Therapeut plötzlich: »Vielleicht ist es wirklich ganz gut, wenn Sie erst mal nach Hause gehen und testen, wie es läuft.«

Ich glaub, ich höre nicht richtig. Hat er das wirklich gerade gesagt? Klar, wenn es nach mir ginge, könnte ich sofort nach Hause, aber ich wollte es aus dem Munde meines Therapeuten hören, damit ich mich sicherer fühle, wenn ich heimgehe. Da ich aber jetzt total baff bin, frage ich nur: »Wie jetzt?«

»Ja, ich finde, Sie sollten es ausprobieren. Vom Gewicht her sind Sie nicht mehr im lebensgefährlichen Bereich und zunehmen tun Sie ja auch nicht mehr. Wir können Sie nicht dazu zwingen. Ich finde, Sie sollten es ausprobieren, wie Sie mit dem Gewicht leben können und ob Sie noch sehr eingeschränkt sind.«

Ich bin überglücklich und kann es kaum glauben. Trotzdem habe ich Angst vor Mamas Reaktion und möchte gerne, dass mein Therapeut dabei ist, wenn ich ihr die neuesten Neuigkeiten erzähle. Also rufen wir sie gemeinsam an und ich erzähle ihr, dass ich am 14.09.

bereits entlassen werde. Das ist das Datum, das mein Therapeut und ich ausgemacht haben. Am anderen Ende ist Stille. Ich glaube, meine Mama ist geschockt. Ich bin voller Freude und sie voller Angst.

»Ich halte das nicht aus«, sagt sie. »Ich kann das nicht glauben. Du kannst doch noch nicht heim. Was hast du mir denn anzubieten? Woher weiß ich, dass es nicht genauso ist wie die letzten Male, als du heimkamst? Hanna, ich habe solche Angst.«

»Ich weiß, Mama, aber ich verspreche dir, ich werde nicht abnehmen. Ich werde zum Arzt gehen und mich wiegen lassen und sobald ich abnehme, gehe ich wieder in die Klinik. Aber ich werde nicht abnehmen. Ich will das Gewicht, das ich erreicht habe, halten.«

Da meldet sich mein Therapeut zu Wort: »Frau Blumroth, ich denke, dass es ein ganz guter Zeitpunkt ist für Ihre Tochter, nach Hause zu gehen. Meiner Meinung nach muss sie ins Leben zurück und ihre Erfahrungen machen, wie es ist, mit mehr Gewicht zu leben.«

Das besänftigt meine Mutter etwas und sie stimmt zu.

Am 14.09. werde ich endlich entlassen. Ich kann es kaum glauben. Ich bin endlos glücklich.

14.09.2011 – 40,4 kg

Endlich ist es so weit. Es ist der 14.09. Heute werde ich entlassen. Heute kann ich nach Hause. Heute sehe ich meine Mama wieder. Ich kann es kaum fassen. Da meine Mutter arbeiten muss, fährt mein Vater die vielen Kilometer, um mich abzuholen. Auch das Fernsehteam ist wieder vor Ort, um festzuhalten, wie ich entlassen werde. Wir verstauen all mein Zeug im Auto und fahren los. Für mich ist es immer noch unbegreiflich, dass ich die Klinik hinter mir lasse, ich weiß aber auch, dass es die beste Klinik war und sie mir das Leben gerettet hat.

Als ich zu Hause ankomme, ist das Kamerateam bereits da und hat alles aufgebaut, um die Begrüßung mit Mama zu filmen. Ich kann es kaum erwarten, je näher ich der Haustür komme. Ich klingele und dann sehe ich sie, wie sie den Flur entlangläuft und auf die Haustür zukommt. Mein Herz rast wie verrückt und dann geht die Tür auf. Wir sagen beide erst mal nichts, sondern liegen uns lange in den Armen. Dann knutschen wir uns ab und sagen uns richtig »Hallo«. Ich kann es kaum glauben. Ich bin wieder daheim. Es ist das eingetroffen, was ich monatelang nicht abwarten konnte. Ich bin überglücklich. Kurz darauf kommen auch meine Geschwister, die ich wirklich sehr vermisst habe. Als der größte Trubel dann vorbei ist, sitzen wir noch lange mit dem Kamerateam auf der Terrasse und quatschen. Kurze Zeit später kommt dann auch Matthias und umarmt mich. Es ist ganz komisch, weil ich, glaube ich, auch ihn etwas vermisst habe. Er ist total liebenswürdig und hat mir sogar Blumen mitgebracht.

Als wir das Kamerateam verabschiedet haben, gehe ich in mein Zimmer und kann es wieder kaum glauben. Ich bin wieder da. Ich bin wieder daheim. Mein Zimmer sieht aus wie vor drei Monaten. Unverändert. Und trotzdem muss ich mich erst wieder richtig einfinden. Doch irgendwie ist es so, als sei ich nie wirklich weg gewesen. Spätabends falle ich todmüde in mein Bett und schlafe sofort ein.

15.09.2011 – 40,4 kg

Meine erste Nacht in meinem eigenen Bett war traumhaft, und das erste Mal seit Langem kann ich mal wieder richtig ausschlafen. Mittlerweile ist es zwölf Uhr und ich tippele langsam die Treppe runter, um mir einen Kaffee zu machen. Irgendwie ist mir ganz komisch, aber ich weiß nicht wieso. Egal.

Ich setze mich an meinen Computer und checke erst mal meine E-Mails und meinen Facebook-Account. Anschließend mache ich mich fertig, als es plötzlich schon halb zwei ist. Mist. Um zwei Uhr kommt Mama und ich muss noch das Mittagessen vorbereiten. Also flitze ich runter und koche den Reis und schiebe den Fisch in den Ofen. Als Mama dann kommt, ist das Essen natürlich noch nicht fertig, und ich merke, dass sie darüber etwas genervt ist, sie lässt es sich aber nicht anmerken. Kurz darauf kommt dann auch Maria und der Fisch ist innen drin immer noch etwas kühl. Jetzt lässt Mama sich doch anmerken, dass sie darüber verärgert ist.

»Mensch Hanna, ich hab dir doch gesagt, dass der Fisch mindestens 40 Minuten braucht. Warum hast du ihn denn nicht rechtzeitig in den Ofen geschoben?«

»Oh ja, ist ja gut, ich hab ihn schon rechtzeitig hineingeschoben, das weiß ich doch nicht, warum er dann so lange braucht, vielleicht war der Ofen noch nicht heiß genug.«

Als das Essen dann endlich warm ist, verteilt Mama es auf Maria und Roberts Tellern und ich bekomme direkt Panik, bis sie dann aber sagt: »Du nimmst dir selber?«

»Ja, ich nehme mir selber, aber ich sage dir gleich, es wird nicht viel sein.«

»Es ist mir vollkommen wurscht, was und wie viel du isst, Hauptsache, du hältst dein Gewicht.«

Ich bin heilfroh, als das Mittagessen dann endlich um ist und ich mit Mama die obligatorische Tasse Kaffee trinke.

Am Nachmittag machen wir uns auf zu meiner neuen Therapeutin. Ich hab direkt für heute einen Termin bei ihr kriegen können und da ich sie noch nicht kenne, nur vom Telefon, bin ich ziemlich gespannt.

Als ich dann mit Mama bei ihr im Raum sitze, bin ich guten Mutes. Ich finde sie sehr nett und kompetent wirkt sie auch. Wir besprechen, wie es die nächsten Wochen weiter aussehen wird.

»Ich möchte dann aber auch, dass Hanna regelmäßig, also jede Woche, von Ihnen gewogen wird«, sagt Mama.

»Eigentlich mache ich das nicht bei mir, weil ich möchte, dass Hanna das Gefühl von Vertrauen bei mir hat und nicht, dass ich eine Kontrollfunktion übernehme. Wenn Hanna das natürlich möchte, würde ich wohl eine Waage besorgen und das machen. Wie sieht das mit Ihnen aus?«, fragt mich meine Therapeutin.

»Mir selbst ist es eigentlich egal, aber es war halt so abgemacht, dass ich regelmäßig gewogen werde, damit Mama das nicht mehr machen muss. Einmal die Woche bei Ihnen und alle zwei Wochen dann beim Arzt mit Ultraschall, damit ich nichts trinke. Im Gegensatz dazu möchte ich dann aber eben, dass Mama nichts dazu sagt, was und wie ich esse.«

»Ja gut, wenn das so ist, werde ich für das nächste Mal eine Waage besorgen und dann werde ich Sie wiegen. Allerdings wäre es mir ganz lieb, wenn wir das nach und nach ausschleichen lassen könnten, weil ich finde, dass sie auch eigenverantwortlicher werden müssen. Und es kann ja nicht sein, dass Sie Ihr restliches Leben lang gewogen werden.«

Da müssen Mama und ich dann beide zustimmen.

»Die Hauptsache ist eben, dass Sie sagen, dass Sie Ihr Gewicht halten wollen. Denn wenn Sie abnehmen wollen, dann nehmen Sie auch ab. Und dann bringt die Therapie und auch das Wiegen nichts. Es kommt auf Sie an«, fügt sie hinzu.

»Ich weiß, aber ich möchte mein Gewicht wirklich halten. Ich möchte es schaffen.«

Nach dem Gespräch sind Mama und ich guter Dinge, weil wir beide positiv überrascht sind von meiner neuen Therapeutin.

20. KAPITEL

Panik kommt auf

September 2011

Ich bin nun seit zwei Monaten wieder zu Hause und ich habe es bis jetzt geschafft, mein Gewicht zu halten.

Psychisch geht es mir allerdings sehr schlecht, aber körperlich auf jeden Fall besser als noch vor drei Monaten. Es war die richtige Entscheidung, in die Klinik zu gehen, und es war die beste Klinik, die ich kennengelernt habe. Auch wenn ich immer nur nach Hause wollte, haben sich alle die größte Mühe gegeben, mir zu helfen und mir den Aufenthalt so erträglich wie möglich zu gestalten. Außerdem hatte ich bei jedem Arzt und Therapeuten ein gutes Gefühl. Vielleicht wäre es besser gewesen, noch länger zu bleiben, aber das weiß ich nicht. Ohne die Klinik wäre ich jetzt wahrscheinlich tot.

Auch wenn es mir physisch besser geht, geht es mir psychisch schlechter als je zuvor, ich hab zwar zugenommen und überlebt, aber jetzt habe ich ein neues Problem, und das ist das Schlimmste, was ich je erlebt habe.

Ich habe Panikattacken. Ich wache morgens auf und habe das Gefühl, jeden Moment zu sterben. Ich kann es kaum beschreiben. Ich weiß nicht, was es ist, aber es ist schrecklich. Ich wache auf und bekomme keine Luft. Ich habe Herzrasen und fange an zu zittern, ich schwitze und friere gleichzeitig. Doch das Schlimmste ist das Herz. Einerseits rast es wie gesagt, doch es kitzelt auch ganz komisch. Es ist ein ekelhaftes Gefühl. Ich will mich am Herzen kratzen, was natürlich nicht geht, und hinzu kommt, dass ich das Gefühl habe zu sterben, und da das Gefühl so ekelhaft ist, würde ich in dem Moment auch am liebsten sterben.

Das Komische an der Sache ist, dass ich diese Wahnsinnspanik habe, aber nicht weiß wovor. Ich kann es nur vermuten. Ich habe, glaube ich, Angst vor dem Tag, der vor mir liegt. Angst, ihn nicht bewältigen zu können. Angst zu essen. Angst zuzunehmen. Angst vorm Leben. Aber am meisten Angst vor der Zukunft.

Diese scheiß Zukunft. Sie ist so ungewiss. Ich weiß nicht, was ich will. Ich habe mein Abitur gemacht, und nun? Was ist jetzt? Ich muss mein Gewicht halten und ich muss erwachsen werden. Was wird jetzt? Was kommt jetzt? Was wird aus mir? Wer bin ich? Das ist für mich die große Frage. Bin ich noch Hanna, die Magersüchtige? Wenn nicht, dann bin ich ein Nichts. Wenn ich nicht mehr Hanna, die Magersüchtige, bin, dann weiß ich nicht, wer ich sonst bin. Ich glaube, das macht meine Angst aus. Dass ich nicht weiß, wer ich bin und was aus mir wird. Ich bin einfach ein Nichts. Nein, das stimmt nicht. Ich bin jemand, der absolut nicht mit seinem Leben klarkommt. Was mir seit Langem klar geworden ist: In der Klinik habe ich zwar zugenommen, aber mein Selbstwertgefühl hat abgenommen.

Als ich so dünn war, habe ich mir immer gedacht: Hanna, du kannst nichts. Du bist nichts. Aber immerhin bist du dünn. Das war immer mein Trumpf im Ärmel, das war der Gedanke, der mich am Leben gehalten hat. Das war das, was mich ausgezeichnet hat. Das habe ich jetzt nicht mehr. Jetzt denke ich das Gleiche: Hanna, du kannst nichts, Hanna, du bist nichts und Punkt. Ich bin zwar immer noch im Untergewicht. Alle sagen mir, ich sei noch dünn. Aber ICH sehe das nicht. Ich muss mich korrigieren. Ich fühle mich nicht nur wie ein Nichts, ich fühle mich wie ein dickes Nichts. Es ist einfach unglaublich, wie unwohl ich mich fühle.

Ich stelle mich auf die Waage und habe einfach nur Panik. JETZT weiß ich es! Jetzt kenne ich meine Panik. Ich habe nicht nur Angst vorm Leben und Angst vor der Zukunft. Ich habe Angst, die Kontrolle verloren zu haben. Aber diesmal in die andere Richtung. Meine geliebte Kontrolle zu wissen, dass ich dünn bin. Zu wissen, nichts essen zu können. Meine geliebte Kontrolle ist weg. SIE IST WEG. Was mache ich jetzt? Ich wiege 40 kg. Ich bin nicht mehr dünn. Ich bin alles andere als dünn. Ich bin dick. Ich bin dick. Ich bin dick. Oh mein Gott. Da ist sie wieder, diese Panik. Oh mein Gott. Ich halte das nicht aus. Ich sterbe.

Lieber Gott, bitte hol mich zu dir. Bitte nicht wieder diese Panik. Ich bekomme keine Luft. Mein Herz. Ich halte das nicht aus. Keine Luft. Mein Herz. Es platzt gleich. Ich sterbe gleich. Bitte lass mein

Herz doch einfach platzen. Aber nicht dieses Gefühl. Ich halte das nicht aus. Bitte lass mich doch einfach wieder dünn sein. Nein, das will ich auch nicht, dann geht ja alles wieder von vorne los. Keine Luft. Mein Herz. Mein Herz. Keine Luft. Atmen, Hanna. Atmen. Du stirbst. Dein Herz platzt gleich. Du wirst sterben. Das kann doch nicht sein. Bitte, lieber Gott, lass mich doch endlich einen Weg daraus finden. Was kann ich? Was will ich? Was wird aus mir? ICH WILL ENDLICH WISSEN, WER ICH BIN!

21. KAPITEL

»Eine Tür geht zu, zwei gehen auf.«

September bis Oktober 2011

Die Panik geht weiter. Jeden beschissenen Morgen. Aber jetzt ändere ich was. Ich pack jetzt mein Leben an. So kann es doch nicht weitergehen. Ich brauche eine Aufgabe.

Das Schlimme ist, dass ich morgens aufwache und da ist ein großes Nichts. Da ist keine Schule mehr, die mir sagt, dass ich aufstehen muss. Da ist kein Job. Ich wache auf und es liegt ein neuer Tag vor mir. Ein Tag, vor dem ich einfach nur Angst hab. Ich hab Angst, dass mein Leben so weitergeht, mit diesem großen Nichts.

Aber so wird es nicht weitergehen. Ich suche mir jetzt eine Aufgabe. Doch erst muss meine Panik vorbeigehen.

Man kann sich gar nicht vorstellen, wie schlimm das ist. Ich setze mich auf meine Bettkante und atme tief durch. Immer und immer wieder. Doch ich merke, dass das nichts bringt. Aber jetzt weiß ich ja: Eine Aufgabe muss her. Also stehe ich auf und mache mich fertig. Ich ziehe mich an und schminke mich und höre immer wieder in mich rein. Und ich merke: Langsam wird es besser.

Als ich fertig bin, schnappe ich mir meine Jacke und mache mich auf den Weg in die Stadt. Und mein Trip geht los. Ich gehe einfach in jedes Geschäft.

»Guten Tag, suchen Sie vielleicht noch eine Aushilfe?«, frage ich.

»Nein, tut mir leid, leider nicht.«

Und so geht es weiter. Niemand braucht eine Aushilfe.

Als ich mich auf den Heimweg mache, fahre ich an einem leer stehenden Café vorbei und sehe die Erlösung. Ein Zettel, auf dem steht:

»Neueröffnung vom Café Bruno. Wir suchen noch Aushilfen und Festangestellte für unser Team. Wenn Sie Interesse haben, schicken Sie uns doch eine Bewerbung zu.«

Sofort zücke ich mein Handy und schreibe mir die Adresse auf. Eigentlich habe ich keine große Lust, eine Bewerbung zu schreiben, und auch nicht allzu große Hoffnung auf den Job, aber ich kann es ja mal probieren. Zu Hause angekommen, sind mittlerweile auch Maria, Robert und Mama aus der Schule wieder da.

»Ah, schön, dass du da bist, dann können wir ja jetzt Mittag essen«, zwitschert Mama.

Na toll. Ich hatte eigentlich gehofft, dass ich das Mittagessen verpasst habe, aber anscheinend war Mama heute später dran. Und sofort beginnt wieder Angst. Ich setze mich an den Tisch und nehme mir eine Mini-Mini-Portion von den Nudeln, dafür aber eine Riesenportion vom Gemüse, weil ich tierischen Hunger habe.

Da meckert Mama auch schon los.

»Hanna, jetzt reicht es aber, die anderen wollen auch noch was von dem Gemüse haben. Nimm lieber mal was von den Nudeln, das ist ja ein Witz.«

»Jaja, ist ja gut«, meckere ich zurück.

Oh Mann, ich hab einfach keinen Bock mehr auf diese scheiß Diskussionen. Um schnell das Thema zu wechseln, erzähle ich der Familie von meinem Vormittag. Anschließend stehe ich auf und setze mich an den PC, um die Bewerbung zu schreiben. Am gleichen Nachmittag schicke ich sie noch ab. Je später es ist, desto besser geht es mir, weil ich weiß, dass der Tag bald um ist. Ich liebe den Abend. Weil ich den ganzen Tag kaum was esse, freue ich mich immer auf den Abend, weil ich mir abends was erlaube. Außerdem sitzt abends immer die Familie zusammen und alles ist harmonisch.

Na ja, oder auch nicht.

Also entweder es ist harmonisch oder es gibt totalen Streit. Etwas dazwischen gibt es nicht. Streit gibt es meistens aus nichtigen Gründen. Ich könnte nicht mal einen Grund nennen. Doch. Zum Beispiel letzte Woche. Da hat Mama fast das Haus abgerissen. Und ratet mal wieso. Weil sie einen Löffel gesucht hat. Und ratet mal, wer wieder der Auslöser war. Genau – ich. Ich hab beim Abendessen wieder an einer halben Scheibe Brot rumgeschnöckelt und Mama war wieder total gereizt. Darauf folgte, dass Maria, Robert und Matthias auch genervt waren. Und dann ging's nach dem Abendessen los.

»Jetzt reicht's mir«, schreit auf einmal Mama los.

»MARIA, HANNA, ROBERT – SOFORT ANTANZEN.«

Wenn Mama so sauer ist, bekomme ich sofort panische Angst, weil ich denke, es sei wegen mir. Aber wie gesagt, ich bin nur der Auslöser für ihre gereizte Stimmung.

Als wir alle vor ihr stehen, meint sie: »Ich hab mir vor einer Woche neues Besteck gekauft. Da waren sechs Löffel drin. Wo zum Teufel ist der sechste Löffel? Hanna, hast du den mit runter in den Keller zu deinen scheiß Joghurts genommen und den irgendwo mit eingefroren?«

»Nein, Mann, ich bin nicht immer schuld«, meckere ich zurück. Das Problem ist, dass ich mir ganz und gar nicht sicher bin, ob ich den scheiß Löffel nicht doch aus Versehen mit runter in den Keller genommen habe. Sofort flitze ich runter und suche und suche, während Mama weiterhin ausflippt. Als nächstes Opfer ist Maria an der Reihe.

»Maria, wie dein Zimmer schon wieder aussieht! Wie bei einer Schlampe! Wo verdammt ist dieser Löffel?! Bestimmt liegt der irgendwo in deinem Chaos hier rum.«

Maria tut mir zwar leid, aber ich bin froh, dass sich Mamas Ärger verlagert hat. Auf einmal ruft Robert: »Ich glaube, ich weiß, wo der Löffel ist.«

Und wo war er? Im Kakao!

Danach hat sich Mama natürlich sofort bei uns allen entschuldigt und war wieder ruhig, aber irgendwo muss sie ja auch mal die Luft rauslassen.

Na ja, solche Abende mag ich dann nicht so, aber wenn es dann harmonisch ist, finde ich sie umso schöner. Ich bin so ein Familienmensch, das ist nicht mehr feierlich. Aber nun verrate ich, warum ich den Abend wirklich mag.

Ich habe tierischen Hunger und sobald ich in meinem Zimmer bin, geht meine nächtliche Fresserei wieder los. Ich kann es nur Fresserei nennen, weil es einfach so unnormal ist. Es beginnt mit meinen nächtlichen Gängen zum Kühlschrank. Salat. Tomaten. Gurke. Salat. Tomaten. Gurke. Anschließend futtere ich meine eingefrorenen Joghurts, die aus Obst, vermischt mit Wasser, vermischt mit Süßstoff, bestehen. Natürlich esse ich die heimlich, weil Mama mir diese verboten hat. Die Joghurts esse ich aber nicht einfach so. Einen Löffel davon esse ich mit Nutella, einen anderen Löffel mit Marmelade, einen mit Joghurt, einen mit Apfelmus, einen mit Quark, einen mit Honig usw.

Davon esse ich mehrere, bis ich einen kugelrunden Bauch habe. Satt bin ich dann trotzdem nicht. Mein Bauch ist zwar voll von Gemüse und Obst und Joghurt, aber das bekämpft nicht das Hungergefühl. Ganz im Gegenteil.

Dann kommt ein unglaublicher Appetit. Und was ich dann mache, ist genauso unnormal. Ich hab in meinem Zimmer ein Fach, in dem ich Süßigkeiten horte. Und wenn ich voll mit Salat und Obst und Joghurt bin, hocke ich mich wie ein Gnom vor mein Fach und knabbere an einer Praline, leg sie wieder weg, knabbere an der nächsten Praline, knabbere an einem Keks, leg ihn weg und knabbere an einem anderen Keks. Aber nicht zu viel. Das reicht dann auch.

Mein Appetit ist dadurch nicht gestillt, aber mehr kann ich auf keinen Fall essen. Ja, und so halte ich auf ziemlich essgestörte Weise mein Gewicht. Dann geht's mit einem riesigen Bauch und noch mehr Appetit ins Bett.

Schon jetzt hab ich wieder Angst vorm nächsten Morgen. Denn morgen ist Wochenende. Und Wochenende heißt Frühstück. Und Wochenende heißt früh aufstehen. Na ja, »früh«. Meistens ist es elf Uhr. Aber unter der Woche, wenn Mama arbeiten ist, schlafe ich oft bis 13 Uhr und frühstücken tue ich natürlich auch nicht.

Und der nächste Morgen ist einer der schlimmsten, die ich bis jetzt erlebt habe. Erstaunlicherweise wache ich schon um neun Uhr auf und habe direkt wieder meine altbekannte Panik.

Ich stehe sofort auf und gehe runter zu Mama und Matthias ins Schlafzimmer. Als ich in der Tür stehe, schaut Mama mich nur an und weiß sorfort, wie es mir geht.

Ich schau sie nur an und fange bitterlich an zu weinen.

»Mama, ich hab solche Panik, ich halt's kaum aus, ich glaube, ich sterbe. Mama, bitte hilf mir.«

»Komm, leg dich mal zu mir und schau fern. Ich mach dir einen Tee und du versuchst, dich zu beruhigen.«

Ich leg mich ins Bett und schau in den Fernseher und trinke Mamas Tee, doch es wird und wird nicht besser. Eher schlimmer. Ich fange wieder zu weinen an oder eher zu schreien.

»Mama, ich halt's nicht aus, bitte hilf mir, ich halt's nicht aus, ich kann nicht mehr, Mama, bitte. Mein Herz. Ich bekomme keine Luft.« Und dann springe ich aus dem Bett und schmeiße mich auf den Boden. Und dann schlage ich meinen Kopf auf den Boden und schlage mit den Fäusten auf den Boden und schreie und reiße mir an den Haaren. Es ist furchtbar. Ich habe solch eine Angst. So furchtbare Angst und ich kann nicht sagen wovor. Mama kommt zu mir gerannt.

»Hanna, du musst aufstehen, du musst was tun, beweg dich, steh auf. Los, steh auf. Wir gehen jetzt zusammen runter und decken den Frühstückstisch. Du musst was tun. Lass dich nicht in die Panik fallen. Lass dich nicht von ihr unterkriegen. Du schaffst das. Aber mach was. Los komm.«

Ich kann nicht aufstehen. Ich schlage weiter mit den Fäusten auf den Boden, bis Mama zu mir kommt und mich hochzerrt.

Also gehe ich mit ihr runter und decke den Frühstückstisch. Dabei weine ich die ganze Zeit. Dafür wird die Panik aber ein bisschen besser. Eine halbe Stunde später sitzen wir alle am Tisch und ich weine und weine und weine. Ich sitze vor meinem halben Brot und ich bekomme es nicht runter. Zusätzlich merke ich, wie Mama immer schwächer wirkt.

»Hanna, du darfst jetzt nicht aufgeben. Du darfst dich von der Panik nicht lenken lassen. Du darfst jetzt nicht weniger essen, nur weil du Panik hast. Du hast nichts gegessen. Iss wenigstens das halbe Brot. Iss nicht weniger als sonst, sonst lässt du dich in die Panik fallen.«

Aber ich kann nicht. Ich fange an zu schreien, springe vom Tisch auf und schmeiße mich auf den Boden und schreie und schreie. Mama kommt zu mir und zieht mich immer und immer wieder hoch, aber ich lasse mich hängen wie ein nasser Sack und schluchze. Und so sitzen Mama und ich fünf Minuten später auf der Couch und sie versucht, mich irgendwie zu beruhigen. Plötzlich klingelt mein Handy. Eigentlich fühle ich mich gar nicht in der Lage, ans Handy zu gehen, aber da ich die Nummer nicht kenne und neugierig bin, gehe ich ran.

»Hanna Blumroth? Ich bin der Inhaber vom Café Bruno und hab Ihre Bewerbung bekommen. Ich würde Sie gern zu einem Bewerbungsgespräch einladen. Morgen um 15 Uhr?«, sagt eine männliche Stimme.

»Ja, sehr gerne, vielen Dank«, antworte ich.

Mama hat das Gespräch mitbekommen. Sie lächelt mich ganz lieb an und meint: »Siehst du, Hanna. Eine Tür geht zu, zwei gehen auf.«

22. KAPITEL

Zusagen über Zusagen

Oktober 2011 bis Februar 2012

Das Bewerbungsgespräch verläuft super. Ich hab den Job. Ich bin so unglaublich froh darüber, endlich eine Aufgabe zu haben.

Doch das löst leider immer noch nicht mein Problem. Was ist mit meiner Zukunft? Ich meine, ich will ja jetzt nicht mein restliches Leben lang in einem Café jobben. Und zu allem Übel kommt hinzu, dass bald die Bewerbungsfristen anfangen und ich keinen Plan hab, was ich studieren soll. Mein größter Traum wäre, Schauspielerin oder Model zu werden. Model zu werden ist lächerlich. Dafür bin ich viel zu klein und ich bin ein viel zu kindlicher Typ. Außerdem hab ich nichts an mir, was besonders ist und was irgendjemand unbedingt braucht.

Davor, Schauspielerin zu werden, hab ich viel zu große Angst. Oh Mann, bin ich dämlich. Immer nur Angst, Angst, Angst. Das ist doch krank.

Na ja, jedenfalls hab ich viel zu große Angst, auf eine Schauspielschule zu gehen, weil es so unsicher ist. Ich brauche etwas Sicheres. Außerdem war kaum ein Schauspieler, den ich kenne, auf einer Schauspielschule. Meistens wurden sie aus Glück entdeckt. Warum sollte gerade ich dann eine erfolgreiche Schauspielerin werden. Und so träume ich weiter. Journalismus wäre auch noch etwas, was mich interessieren würde. Aber das gibt's entweder nur auf privaten Unis oder auf Journalistenschulen oder der Numerus clausus ist utopisch. Außerdem wird oft ein langes Praktikum oder eine freie Mitarbeit bei der Zeitung verlangt. Glaube ich zumindest. Hotelmanagement oder Medienmanagement oder Modemanagement? Wäre auch cool. Aber das gibt's auch nur an privaten Unis. Und wenn ich es dual mache?

Eigentlich habe ich schon viele Ideen, aber ich lege mir selber Steine in den Weg. Alles, was ich machen möchte, mache ich mir wieder kaputt, weil ich irgendwelche Gründe finde, dass es eh nicht klappen würde. Es mag komisch klingen, aber mir wäre es lieber, ich hätte Eltern, die mich zu einem Studium drängen würden. Die sagen würden: »Hanna, du studierst Medizin. Ohne Wenn und Aber.«

Ob das dann klappen würde, ist eine andere Geschichte, aber ich müsste mich wenigstens nicht entscheiden. Ich hasse Entscheidungen.

Ich kann mich nicht mal entscheiden, was ich morgens anziehe, geschweige denn, was ich studieren will.

Es ist hoffnungslos. Oder soll ich doch eine Ausbildung machen? Hotelfachfrau vielleicht oder Restaurantfachfrau? Aber ich hab doch nicht Abitur gemacht, um eine Ausbildung zu machen. Oder vielleicht doch? Oh, ich raste gleich aus. Am besten, ich probiere ein bisschen was aus. Ich kann ja Praktika machen. Ich überleg mal. Mhm. Also Hotelfachfrau oder Restaurantfachfrau? Dann mache ich ein Praktikum in einem richtig guten Restaurant. Ich hab da auch schon eine Idee. Wenn schon, denn schon. Und bei der Mediendesign-Agentur, dann hab ich noch etwas Kreatives. Und so mache ich mich auf und schreibe eine weitere Bewerbung für die Designagentur. Zum Restaurant fahre ich persönlich und gehe direkt zum Oberkellner, der mich bereits kennt, weil ich schon mal nach einem Praktikum gefragt habe.

»Guten Tag, Herr Roser. Ich habe ja im Sommer bereits gefragt, ob es möglich wäre, ein Praktikum hier zu machen. Wäre das jetzt möglich?«

»Sehr gerne. Wann könnten Sie?«

»Wie wäre es die nächsten zwei Wochen?«, frage ich.

»Montags und dienstags haben wir Ruhetag. Also dann am Mittwoch um elf Uhr?«

»Alles klar. Vielen Dank.«

Na, das wäre dann schon mal geklärt. Ist doch super.

Anschließend fahre ich wieder heim und sende meine Bewerbung für die Mediendesign-Agentur ab.

Die nächsten zwei Wochen sind ziemlich anstrengend. Ich bin immer von elf bis 15 Uhr und von 18 bis mindestens 24 Uhr im Restaurant. Vormittags ist meistens nicht so viel los. Abends darf ich dann Gäste bedienen, aber der Oberkellner ist ziemlich streng, weil das Restaurant so vornehm ist. Der Umgangston ist ziemlich harsch. Ganz ehrlich. Ich bin froh, als das Praktikum vorbei ist.

In der Zwischenzeit hat sich die Agentur gemeldet. Auch von ihr habe ich eine Zusage bekommen. Doch auch das Praktikum macht mir nicht allzu viel Spaß. Hinzu kommt, dass ich trotzdem jeden Morgen meine Panikattacken habe und mit Panik in die Agentur muss. Ich muss mich immer so zusammenreißen, nicht loszuheulen, während ich am Computer sitze und Bilder bearbeite.

Als die Praktika vorbei sind, beginnt auch schon die Arbeit im Café. Das erste Mal hab ich richtig Spaß. Schon komisch, an der Arbeit Spaß zu haben, aber hauptsächlich geht es darum, dass ich eine Aufgabe habe. Und das erste Mal sind die Panikattacken besser. Sie sind nicht weg, aber an manchen Morgen sind sie etwas schwächer. Aber wie gesagt, ich will ja nicht mein restliches Leben lang kellnern, sondern studieren. Und da die Bewerbungsfristen angefangen haben, muss ich mich ranhalten. Und so bewerbe ich mich, unglaublich, aber wahr – für BWL. Wer nichts wird, wird Wirt. Und wenn ich sonst nicht weiß, was ich machen will, dann studier ich halt BWL. Ich bewerbe mich überall, wo es nur geht.

Am liebsten wäre mir München. Denn wenn ich in München angenommen werde, könnte ich zugleich in die Wohngruppe für essgestörte Mädchen gehen. Die gibt es nämlich in München. Ich möchte eigentlich gar nicht wirklich dahin, aber so kann ich zwei Fliegen mit einer Klappe schlagen. Ich kann in München studieren und nebenher umsonst wohnen. Aber vielleicht werde ich ja sogar dort gesund. Da sind andere Mädchen, mit denen ich mich austauschen kann, und ich werde beim Essen unterstützt. Und so bewerbe ich mich auch noch für die Münchner Wohngruppe. Um in die Wohngruppe zu kommen, muss man sich mit dem Jugendamt zusammensetzen. Und so sitzen Mama und ich ein paar Tage später bei einer sehr netten Frau, um alles zu besprechen.

Ich hab allerdings Zweifel. Ich will nur in die Wohngruppe, wenn ich auch einen Studienplatz habe. Also habe ich einige Zeit ein großes Problem. Denn wiederum zwei Wochen später sitzt die für mich zuständige Jugendamtsbetreuerin bei uns in der Küche und überbringt mir eine gute Nachricht.

»Liebe Hanna. Es ist eigentlich unglaublich schwierig, einen Platz in dieser Wohngruppe zu bekommen, aber du kannst in zwei Wochen dort einziehen. Allerdings musst du mir jetzt zusagen, damit ich alles einstielen kann. Und du brauchst mindestens 40 kg. Es gibt keine Zeit zu verlieren.«

Mama springt sofort auf, weil sie sich unglaublich freut. Ich freue mich auch, allerdings nicht richtig, denn ich hab noch nichts von der Fachhochschule gehört, bei der ich mich beworben habe. Und das lasse ich auch die Betreuerin merken.

»Ich weiß es nicht. Ich würde schon gern nach München, aber ich möchte auch in München studieren. Das mit den 40 kg geht klar, die hab ich ja seit der Klinik.«

»Ja aber, Hanna, in erster Linie geht es doch darum, dass du gesund wirst. Und studieren kannst du ja danach immer noch. Und diese Wohngruppe ist wirklich gut. Und denk doch mal. München. Das ist eine superschöne Stadt.«

Ich überlege total lange hin und her, sodass meine Betreuerin so langsam ungeduldig wird, bis ich irgendwann sage: »Ja okay, ich mach's.«

»Ganz ehrlich?«, sagt meine Betreuerin. »Es muss wirklich ernst sein, denn dann rufe ich gleich noch heute an und sage zu.«

»Ja, es ist ernst«, antworte ich, bin mir aber alles andere als sicher.

Und wie kann es anders sein. Wieder habe ich Angst. Angst und unglaublich große Hoffnung. Hoffnung, dass diese Wohngruppe die Lösung ist. Vielleicht werd ich dann endlich gesund. Aber Hanna. Sei doch mal ehrlich. Um gesund zu werden, muss ich zunehmen. Und ich will alles andere als zunehmen. Will ich überhaupt gesund werden? Warum sollte eine Wohngruppe etwas daran ändern? Nur weil sie in München ist? Na ja, es sind ganz viele Menschen um mich herum, die sich um mich kümmern. Die mich beim Essen unterstützen. Aber trotzdem. Zunehmen will ich nicht. Jetzt gehe ich also nach München. So weit weg von zu Hause. Halte ich das überhaupt aus?

Oh mein Gott, was habe ich mir da eingebrockt. Ich hab auch immer Ideen. Ich hab gar nicht darüber nachgedacht, wie es ist, wirklich nach München zu gehen. Und jetzt ist es ernst geworden. Und was ist mit meinem Studium? Was mit meiner Zukunft?

Nur weil ich nach München gehe, heißt das doch nicht, dass ich erfolgreich bin.

Nach und nach trudeln immer mehr Briefe von den Universitäten ein. Und was steht drin: Zusagen. Zusagen über Zusagen. Nur von München ist noch nichts gekommen. Ich könnte heulen. Jetzt hab ich Studienplätze in ganz Deutschland. So viele Zusagen, dass ich damit mein Zimmer tapezieren könnte. Doch dann ist es endlich so weit.

Als ich an einem Nachmittag von der Arbeit nach Hause komme und in den Briefkasten schaue, bleibt mein Herz stehen. Ein Brief! Fachhochschule München! Mein Herz fängt an zu rasen. Meine Hände an zu zittern. Ganz langsam mache ich den Brief auf. Anstatt ihn einfach aufzureißen, quäle ich mich noch ein bisschen und zögere es hinaus.

Ich ziehe den Zettel heraus und lese langsam, was dort steht: »Sehr geehrte Frau Blumroth, wir freuen uns, Ihnen mitteilen zu können, dass Ihnen im Studiengang Betriebswirtschaft, Studiengruppe 1A an der Hochschule München die Zulassung im Sommersemester 2012 in Aussicht gestellt wird.«

Ich kann es kaum glauben: Endlich läuft mein Leben in geregelten Bahnen. Das ist der Wahnsinn. Ich kann in die Wohngruppe. Ich hab einen Studienplatz. Wow.

Ich könnte ausflippen vor Freude.

Doch am meisten freue ich mich, Mama davon zu erzählen. Als sie nach Hause kommt, sage ich noch nichts. Doch als sie am Herd steht und kocht, kann ich mich nicht mehr zurückhalten. Aber ich kann mich auch nicht zurückhalten, sie ein bisschen zu ärgern. Also setze ich ein trauriges Gesicht auf und gehe zu ihr.

»Mama, ich hab einen Brief aus München bekommen. Von der Hochschule.«

Ich versuche, mir ein bisschen Tränen in die Augen zu drücken. Oh Mann, Hanna, bist du gemein. Aber es muss sein. Ich mag diese kleinen Scherzereien.

Also fragt sie mich mit ängstlichem Blick: »Und?«

Ich breite die Arme aus und schreie: »ZUSAGE!«

Sofort ändert sich Mamas Gesichtsausdruck. Auch sie breitet die Arme aus, umarmt mich und dreht mich im Kreis.

»Das ist ja wundervoll, Hanna. Du bekommst ja eine Zusage nach der anderen. Mensch, Hanna, ich freu mich so für dich! Ich hab doch gesagt: Eine Tür geht zu, zwei gehen auf. Ich hab es gewusst. Komm, das müssen wir feiern. Lass uns ein Schlückchen Sekt trinken.«

Sofort denke ich an unnötige Kalorien und verneine.

Enttäuscht geht sie zum Kühlschrank und meint: »Dann muss ich wohl alleine auf dein Glück trinken.«

Ach Mensch, Hanna. Deine Mutter freut sich so sehr. Du freust dich. Und sofort ist meine Stimmung wieder im Keller, weil ich so eine Spaßbremse bin. Nachts hocke ich vor meinem Fach und dann kann ich nicht mal tagsüber einen Schluck Sekt trinken. Es ist hoffnungslos. Warum sollte das in München bloß besser werden?

Wenn ich ehrlich bin, hab ich wenig Hoffnung. Und wenn ich ganz ehrlich bin: Ich glaube nicht an die Wohngruppe. Es mag gemein klingen, weil andere Mädchen lange auf den Platz in der Wohngruppe warten und für ihre Gesundheit kämpfen, aber ich denke nur pragmatisch. Studieren in München. Nebenher Therapie. Aber gesund werden?

Nein.

Da glaube ich nicht dran. Oder doch? Ich meine, Hanna, du bist in München. Du hast Therapie. Ach Mensch. Ich weiß es einfach nicht. Aber ich schäme mich. Ich hab mich schon lange nicht mehr so geschämt. Ich habe mein Abitur gemacht. Ich habe damals den Platz in der Klinik bekommen. Ich habe jetzt den Platz in der Wohngruppe bekommen. Ich habe etliche Studienplätze bekommen. Und was tue ich? Nichts. Ich mache weiter wie bisher.

Aber vielleicht ist das jetzt die große Wende. Ein klitzekleines Fünkchen Hoffnung ist doch da. Aber was ich dabei verdränge, ist: Um gesund zu werden, muss ich es wollen. Ich muss hundertprozentig dahinterstehen. Ich muss kämpfen. Ich muss leben wollen. Und ich weiß nicht, ob ich es will. Wie gesagt: Wenn ich nicht mehr magersüchtig bin, bin ich nichts mehr.

23. KAPITEL

Neuer Lebensabschnitt

Februar bis April 2012

Und dann geht die Rödelei los. Das Gefühl, das ich empfinde, ist ganz komisch. Ich weiß nicht, was ich denken soll. Die letzten vier Jahre hab ich viermal meine Koffer packen müssen. Und immer war ich ein bisschen weiter weg von zu Hause.

Der Unterschied? Ich wusste, dass ich wieder heimkomme nach einer gewissen Zeit. Und was ist jetzt? Jetzt ziehe ich um. Besser gesagt, ich ziehe aus. Ich ziehe nach München und hab keine Ahnung, wann ich wieder heimkomme. Ich hab solche Angst. Angst, aber da ist auch Freude. Angst. Freude. Aber worauf freue ich mich eigentlich?

Auf die Wohngruppe ganz bestimmt nicht. Ich freue mich auf eine neue Stadt. Auf mein Studium. Auf ein neues Leben? Auf eine neue Zukunft?

Pah, lächerlich. Als ob ich mich auf meine Zukunft freue. Wenn ich an meine Zukunft denke, sehe ich ein großes Fragezeichen. Und eine riesengroße, neue, unbekannte Stadt. Weit weg von zu Hause. Weg von Maria und Robert, weg von Papa, weg von Matthias, aber am allerschlimmsten: weg von Mama und Oma.

Meine Familie ist das Einzige, was mich am Leben hält, und jetzt soll ich von ihr weg. Aber ich habe es selber gewählt. Ich bin auch eine dumme Nuss. Oder auch nicht. Immerhin bin ich jetzt 20 Jahre alt und irgendwann muss ich ja auch mal ausziehen. Ausziehen. Wie das klingt. So weit weg.

Aber nun zum Packen. Man sollte es nicht glauben, aber ich sitze seit einer Stunde in meinem Zimmer auf dem Boden vor leeren Koffern und weiß einfach nicht, wo ich anfangen soll. Wenigstens muss ich keine Möbel mitnehmen.

Und dann beginne ich langsam bei den Hosen, dann die T-Shirts, dann die Pullover. Anschließend rufe ich: »MAMA, ICH BRAUCHE NOCH EINEN KOFFER!«

Und so geht es weiter mit einem zweiten Koffer. Weitere Hosen, T-Shirts und Pullover folgen.

»MAMA, ICH BRAUCHE NOCH EINEN KOFFER!«

Und weiter geht's mit einem dritten Koffer. Es folgen Schuhe, Schmuck und Krimskrams. Und immer noch hab ich nicht alles eingepackt. Es ist schrecklich.

Als ich dann schließlich alles verstaut habe und auf gepackten Koffern sitze, habe ich immer noch nicht realisiert, dass ich ausziehe.

Langsam lasse ich meinen Blick durch mein Zimmer schweifen und denke, dass ich mein geliebtes Zimmer nun verlassen werde. Maria wird es übernehmen, was heißt, dass hier in Zukunft Chaos herrschen wird. Aber auch das realisiere ich nicht.

Warum eigentlich nicht?

Hanna, mach es dir mal bewusst: In ein paar Tagen ziehst du nach München. Es ist zu weit weg. Viel zu weit weg. Oh Mann. Wahrscheinlich wird es mir nicht mal bewusst sein, wenn ich in München mein neues Bett beziehe.

Apropos Bett. Ich brauche ja noch Bettzeug. Und so rufe ich wieder nach Mama und wir vakuumieren Bettdecke, Kopfkissen, Bettlaken, Bettbezug und Kopfkissenbezug. Jetzt müsste ich aber langsam mal alle sieben Sachen beieinander haben.

Ein paar Tage später ist es endlich so weit. Wieso endlich? Weil ich hoffe. Ich hoffe, dass jetzt ein neuer Lebensabschnitt beginnt. Und er wird beginnen. Die Frage ist nur, wie es jetzt weitergeht. Aber dazu später.

Um halb acht klingelt es an der Tür, vor der meine Betreuerin vom Jugendamt steht. Ein paar Meter weiter steht der Fahrer, der uns nach München bringen wird. Mama kann aus beruflichen Gründen nicht mitfahren, worüber ich unendlich traurig bin, aber sie kann mich ja auch nicht bei jedem Schritt, den ich tue, begleiten.

Schön wär's. Und wieder ist das Kamerateam von *stern TV* mit dabei, um meinen nächsten Schritt zu dokumentieren. Und dann ist er da. Der Moment, den ich weit weg gesehnt habe. Die Verabschiedung von Mama. Von Maria, Robert und Matthias hab ich mich bereits verabschiedet, doch jetzt ist Mama dran. Als ich die letzten Tage daran gedacht habe, dachte ich eigentlich, dass ich heulen würde wie ein Schlosshund. Doch ich kann nicht weinen. Ich kann's einfach nicht. Ich bin viel zu aufgeregt, um jetzt zu heulen. Also liegen wir uns nur lange in den Armen und sind ganz still.

Und dann steige ich ins Auto und wir fahren los. Ich blicke so lange nach hinten, bis ich Mama nicht mehr sehen kann. Und immer noch nicht habe ich realisiert, was hier gerade passiert. Ich bin soeben ausgezogen und ziehe in eine 600 km entfernte Stadt.

Hanna, geht das denn nicht in deinen Kopf rein?

Einige Stunden später fahren wir dann in München ein und dann dauert es nicht mehr lang, bis ich in der Wohngruppe ankomme. Es braucht einige Zeit, bis ich alle Sachen in den vierten Stock gebracht habe. Anschließend begrüßt mich der Chef ganz lieb und zeigt mir mein Zimmer. Es ist ziemlich klein und spärlich eingerichtet. Schrank. Bett. Regal. Als ich meine Zimmernachbarin kennenlerne, ist meine Stimmung vollends am Boden. Sie ist sehr zurückhaltend und überhaupt nicht auf meiner Wellenlänge. Als ich dann kurz auf meinem Bett sitze und meine Betreuerin ins Zimmer kommt, fange ich erst mal an zu weinen. Ich bin komplett überfordert mit der Situation.

Ich will einfach nur zu meiner Mama. Aber das geht nicht. Jetzt nicht, und in Zukunft auch nicht. Hinzu kommt, dass ich tierischen Hunger habe und eine riesengroße Angst, dass gleich jemand vom Wohngruppenteam kommt und mir sagt, ich müsse jetzt etwas essen. Oh Mann, Hanna. Was hast du dir da nur eingebrockt? Ich weiß es nicht. Und ich will es auch gar nicht wissen. Ich will gar nicht daran denken, was die nächsten Wochen auf mich zukommt.

Langsam ist es Abend und nun muss ich mich auch noch von meiner Betreuerin und vom Kamerateam verabschieden. Das heißt, ich werde gleich ganz allein sein. Als dann alle weg sind, hab ich mein erstes Gespräch mit meiner Sozialpädagogin. Es gibt mehrere davon in der Wohngruppe. Dazu kommen Ernährungstherapeutinnen und Psychologinnen. Der einzige Mann im Haus ist der Chef, der auch Psychologe ist. Aber den werde ich die nächsten Wochen auch nur ein paar Mal zu Gesicht bekommen.

Ich hab also jetzt mein erstes Gespräch mit meiner Sozialpädagogin. Ich finde sie unglaublich nett und liebenswürdig, was mir einige Angst nimmt. Doch dann kommt etwas, was ich lange verdrängt habe. Der Vertrag mit dem dazugehörigen Essensplan. Wie auch in der Klinik gibt es hier einen Essensvertrag und einen Essensplan. Demnach muss ich morgens und abends am begleiteten Essen teilnehmen. Morgens Müsli oder Brot mit Butter und Belag. Abends drei Brote, oder zwei Brote und einen Joghurt. Der Essensplan ändert sich jede Woche, aber die Mengen bleiben ungefähr gleich. Mittags muss sich jeder sein Essen selbst kochen. Irgendwie find ich das lächerlich.

Ich bin in einer Wohngruppe für essgestörte Mädchen und muss mittags selber kochen? Als ob ein magersüchtiges Mädchen sich mittags was kocht. Wie machen das denn die anderen Mädchen hier?

Ein paar hab ich schon kennengelernt und die sind eigentlich alle ganz nett. Meiner Meinung nach auch nicht sonderlich dünn. Schon schlank, aber nicht dünn. Und zwei sind sogar eher etwas dicker. Die haben bestimmt Bulimie. Aber die Magersüchtigen hier, kochen die sich etwa was mittags? Und essen die auch die Richtmengen?

Es ist so, dass man nur eine bestimmte Zeit im begleiteten Essen morgens und abends ist. Wenn es gut klappt und man die Richtmengen in der angegebenen Zeit isst, darf man aus dem begleiteten Essen raus und muss sich selber darum kümmern.

Ich frag mich wirklich, in was für einer Welt die hier alle leben. Mal ganz im Ernst. Für mich ist es utopisch, abends drei Scheiben Brot zu essen. Geschweige denn morgens. Ich weiß nicht mal, wann ich das letzte Mal überhaupt eine ganze Scheibe zum Frühstück gegessen habe. Aber wahrscheinlich sind die anderen Mädchen viel weiter als ich. Bestimmt sind die direkt aus der Klinik hierhergekommen und auch so lange in der Klinik gewesen, bis sie normalgewichtig waren. Also somit mit völlig anderen Voraussetzungen in die WG gekommen.

Na das kann ja heiter werden. Dann bin ja schon wieder ich diejenige, die aus der Reihe tanzt. Ich hab schon eine Sonderrolle, weil ich mit einem 15er-BMI in die WG kommen durfte. Normalerweise wird man nur aufgenommen, wenn man einen 16er-BMI hat.

Und somit zurück zum Vertrag. Wenn ich unter 40 kg wiege, habe ich nur drei Stunden Ausgang PRO WOCHE! Das muss ich erst mal in meinen Kopf bekommen, ich wiege gerade so 40 kg, rutsche aber ab und zu auch in die 39 und dann hab ich sofort eine Woche lang nur drei Stunden Ausgang. Da man hier nur einmal in der Woche gewogen wird, gilt das dann auch für die ganze Woche. Meine Stimmung ist auf dem Nullpunkt.

Und hinzu kommt, wie nicht anders erwartet, dass ich zunehmen muss. Außerdem steht im Vertrag, dass ich eine sechswöchige Probezeit zu bestehen habe und danach entschieden wird, ob ich bleiben kann oder nicht. Daran mag ich jetzt noch gar nicht denken und das ist ziemlich dumm von mir, denn mir ist jetzt schon klar, dass ich nicht zunehmen möchte.

Aber vielleicht macht es ja hier in der Wohngruppe plötzlich klick in meinem Kopf und alles ändert sich.

Nachdem ich dann auch gelesen hab, dass fettarme Produkte und Süßstoff verboten sind und es regelmäßig Kühlschrank-, Zimmer- und Essensfachkontrollen gibt, unterschreibe ich den Vertrag wie bereits alle Essensverträge zuvor mit dem Gedanken im Kopf, dass ich ihn eh nicht einhalten werde.

Und wieder macht sich ein schlechtes Gewissen breit. Als das Gespräch vorbei ist, sitze ich wieder mutterseelenallein auf meinem Bett und weiß nicht wohin mit mir. Meine Koffer habe ich bereits ausgepackt und somit mache ich, was ich immer tue, wenn ich einsam bin. Mama anrufen.

Geizig wie ich bin, lasse ich es natürlich nur bei ihr klingeln, damit sie mich zurückruft. Und ja. Auch das macht mir ein schlechtes

Gewissen. Ich stehle ihre Zeit und lasse mich dann auch noch auf ihre Kosten anrufen. Ich bin ein ganz schönes Arschloch.

Na ja. Zuverlässig wie Mama nun eben ist, ruft sie mich sofort zurück.

»Hallo, mein Schatz. Na, bist du gut angekommen?«

»Ja«, antworte ich mit zittriger Stimme.

»Hab auch schon meine Sachen in die Schränke geräumt. Das war gar nicht so eine leichte Angelegenheit, mein ganzes Zeug in diesem Mini-Schrank unterzubekommen.«

Da lacht sie laut und meint: »Ja, das glaub ich dir.«

Und dann kann ich mich aber nicht mehr zusammenreißen. Ich fange fürchterlich an zu weinen und klage Mama mein Leid.

»Mama, ich bin so einsam. Das Zimmer ist so weit okay. Die Mädels sind nett, aber ich bin einfach so einsam. Ich will heim.«

»Ach Hannachen«, seufzt sie.

»Hast du denn was anderes erwartet? Es ist völlig normal, dass du jetzt erst mal einsam bist, aber du musst dich auch erst mal einleben. Und wenn du die anderen Mädchen besser kennengelernt hast und die Stadt nicht mehr so fremd ist, dann wird das schon. Die Hauptsache ist, dass du erst mal gesund wirst.«

Gesund werden. Gesund werden. Immer dieses scheiß Gesundwerden. Ich kann es nicht mehr hören.

Was denken denn bitte alle? Dass ich nur, weil ich in München in so einer scheiß Wohngruppe bin, plötzlich drei Brote morgens und abends esse? Das ist lächerlich. Aber, mein Gott, was hab ich mir eigentlich dabei gedacht? Wenn ich ehrlich bin, hab ich genauso gedacht. Dass ich nach München komme und alles wird gut. Aber Hanna. Denk doch mal nach. Du bist seit vier Jahren magersüchtig. Schaffst es, dein Gewicht zu halten, indem du nachts vor Kühlschrank und Süßigkeitenfach hockst. Wie soll das denn bitte schön hier sein? Ich hab zwar auch ein Kühlschrankfach und ein Essensfach, aber ich kann ja schlecht den ganzen Tag nichts essen und mir abends die Wanne mit Salat vollhauen.

Und so verläuft der Abend, was das Essen angeht, wie immer.

Es ist mittlerweile sieben Uhr, das Gespräch mit Mama ist unter Tränen beendet und um halb acht gibt es das begleitete Abendbrot.

Langsam mache ich mich auf den Weg zur Küche.

Gott sei Dank hab ich von zu Hause ein bisschen was zu essen mitgebracht. Natürlich nur Dinge mit wenig Kalorien. Tomaten. Gurke. Salat. Babygläschen. Fettarmen Joghurt und Süßstoff. Und somit hat Hanna bereits die erste Regel des Vertrags gebrochen.

Den Süßstoff verstecke ich in meiner Wolldecke, die ich zu einer Wurst gerollt hab, um meine Bettkante zur Wand hin etwas gemütlicher zu gestalten.

Der fettarme Joghurt landet in meinem Essensfach, so, dass es keiner merkt. Die anderen Mädchen sind schon eifrig dabei, ihr Abendbrot zu richten.

Es ist so, dass man alles auf ein Tablett legen muss, was auf dem Essensplan steht. Hergerichtet werden die Brote dann, wenn man im begleiteten Essen sitzt, damit die Betreuer auch ja kontrollieren können, dass man sein Brot gescheit mit Butter beschmiert und mit Wurst oder Käse belegt.

Und wieder schweifen meine Gedanken ab. Wann hab ich eigentlich das letzte Mal Wurst oder Käse gegessen? Ich weiß es nicht. Heute steht auf dem Plan:

- 1 Butterbrezel
- 2 Brote mit Butter, Wurst und Käse
- 1 Glas Saft
- 1 Tomate

Wie nicht anders zu erwarten, landet was auf meinem Tablett?

Richtig.

Die Tomate.

Na ja, die können ja schlecht erwarten, dass ich am ersten Tag alles mitbringe, doch da Magersüchtige ja immer ganz schnell sind, was Essen anbieten angeht, bekomme ich gleich Hilfe. Für mich eher nervige Hilfe, die ich eigentlich nicht haben will, die aber natürlich nett gemeint ist. So meint ein Mädchen, das auch mit mir in der Essensbegleitung ist: »Du bist wahrscheinlich noch nicht dazu gekommen, einkaufen zu gehen. Soll ich dir was leihen?«

»Nein, danke«, antworte ich freundlich.

»Aber eigentlich muss man zum begleiteten Essen alles mitbringen, was auf dem Plan steht.«

»Ja, ich weiß, aber ich werde es eh nicht essen.«

»Aber mitbringen muss man es trotzdem und herrichten auch. Ich kann dir ja mal eine Brezel geben und etwas Belag und du schaust, wie viel du schaffst.«

»Okay, vielen Dank«, antworte ich und weiß jetzt schon, dass die Brezel auf meinem Tablett vergammeln wird.

Das Hauptproblem ist eigentlich, dass ich erst nächste Woche Dienstag gewogen werde.

Jetzt ist es Donnerstag. Das heißt, ich muss so wenig wie möglich essen, damit ich so wenig wie möglich wiege.

Ich will ein so niedriges Gewicht wie möglich haben, wie es auch schon bei den etlichen Kliniken vorher der Fall war. Und dann ist es halb acht und wir marschieren im Gänsemarsch mit unseren Tabletts den Flur entlang in die zweite Küche, in der das begleitete Essen stattfindet. Und es ist der Horror. Die Betreuerin lässt ihren Blick über alle Tabletts schweifen und schreibt auf, ob auch wirklich jeder alles mitgebracht hat.

»Wo sind Ihre Brote, Frau Blumroth?«, fragt sie mich.

»Ich bin heute erst gekommen, deswegen hab ich noch keine. Die Brezel hab ich mir auch nur geliehen«, antworte ich und bin jetzt schon genervt, aber die Betreuerin zeigt Verständnis und guckt mich eigentlich ganz lieb an.

Doch dann geht's los.

Ich sitze da, alle richten ihr Essen und ich warte einfach nur und gucke auf dem Tisch herum. Ich weiß gar nicht, wo ich hingucken soll, damit sich niemand beobachtet fühlt. Und damit ich wenigstens irgendetwas tue, schneide ich die Tomaten, ich hab nämlich zwei mitgenommen. Als ich damit fertig bin, meint die Betreuerin zu mir: »Richten Sie bitte auch Ihre Brezel mit der Butter?«

Ich wusste, dass das kommt, und weiß gar nicht, wie ich mich erklären soll. Ich fühle mich extrem unwohl und würde mich am liebsten in Luft auflösen.

Also antworte ich: »Ne, das würde nichts bringen, weil ich sie eh nicht esse.«

»Richten Sie sie bitte trotzdem und probieren auch davon zu essen? Denn wenn Sie die Brezel erst gar nicht herrichten, fällt es Ihnen noch schwerer, davon zu essen.«

»Das ist nur Verschwendung«, antworte ich genervt, »weil ich eh nicht vorhabe, davon zu probieren.«

Und so bleibt die Brezel unberührt auf meinem Teller liegen, genauso wie die geliehene Butter. Die anderen Mädchen gucken mich nur mit großen Augen an und fangen an zu essen.

Und dann passiert etwas, was mich total baff macht. Alle Mädchen, mit denen ich am Tisch sitze, essen brav, was auf dem Plan steht. Die Brezel, die Brote, die Butter und den Belag.

Ich esse meine Tomaten so langsam wie möglich, damit ich auch ja als Letzte fertig bin. Ich kann es nämlich nicht ertragen, wenn ich vor anderen mit dem Essen fertig bin.

Eine halbe Stunde haben wir Zeit und danach bin ich einfach nur froh, dass das Essen vorbei ist. Aber ich bin immer noch total verstört.

Ich dachte, ich wäre in einer Essgestörten-WG. Wieso können die essen, was auf dem Plan steht, und ich nicht?

Na ja, wenn ich ehrlich bin, bin ich auch unglaublich froh, dass die anderen Mädchen alles gegessen haben.

Das Gegenteil hätte ich nämlich nicht ausgehalten. Sofort hätte ich mich verglichen und mich mies gefühlt.

Als das Essen vorbei ist, hole ich sofort meine Tablette ab, damit ich schön früh schlafen gehen kann. In der anderen Küche angekommen, räumen alle ihre Sachen weg und ich schaue mir den

Essensplan an. Einerseits finde ich es gut, dass es jeden Tag variiert, zum Beispiel an einem Tag Müsli, am nächsten Tag Brot, aber abends ist es total unpraktisch. Mal gibt's Käse, am nächsten Tag Wurst, am nächsten Tag Lachs, dann Schinken usw. Das heißt, man kauft sich eine Packung Wurst und es kann sein, dass man die nur einmal in der Woche braucht, sodass man sehr viel wegschmeißen muss. Das bekomme gerade ich zu spüren. Ich kaufe mir das Zeug, weil man es ja zum Essen mitbringen muss, und das war es dann auch. So gammelt der Belag auf meinem Tablett rum und wird nicht angerührt, bis er schimmelig wird und ich ihn wegschmeiße.

Ja und so verlaufen die nächsten Wochen. Ich geh zum begleiteten Essen und mache meine Extrawurst.

Morgens trinke ich eine Tasse Tee. Wenn es Müsli gibt mit Obst und Joghurt, esse ich nur das Obst mit meinem fettarmen Joghurt.

Wie ich es schaffe, fettarmen Joghurt zu essen? Ich hab ihn einfach in einen Becher umgefüllt, auf dem »3,5 % Fett« steht.

Abends mache ich mir dann immer einen großen Salat und Gemüse, was ich in der Mikrowelle heiß mache. Und heiß ist noch untertrieben, es dampft geradezu. Salat in die Mikrowelle zu machen ist ja eigentlich schon eklig, oder? Aber mir schmeckt's. Schmeckt wie Kohlgemüse dann. Ist ja auch wurscht.

So wie beschrieben, verläuft das begleitete Essen eigentlich immer. Jetzt fragt ihr euch bestimmt, wie ich es dann schaffe, mein Gewicht zu halten. Na wie wohl. Ich hocke abends vor meinem Essensfach und esse Babygläschen. Keine ganzen natürlich. Sondern von dem einen einen Löffel voll, dann von der anderen Sorte, dann von der dritten Sorte. Einmal mit Sojasoße. Einmal ohne Sojasoße. Dann von jeder Sorte einen Löffel mit Essig und so weiter.

Anschließend stehen fettarmer Joghurt und eingefrorene Früchte auf dem Speiseplan.

Aber mal ganz ehrlich: Ich bin so dämlich. Anstatt, dass ich versuche, beim begleiteten Essen die Essensmengen zu steigern, esse ich heimlich. Warum eigentlich?

Ich kann es nur vermuten. Ich habe tierische Angst vor Kohlehydraten. Brot, Müsli, Nudeln, Kartoffeln, Reis etc. stehen ganz oben auf meiner Angstliste.

Klar. Die Babygläschen bestehen auch aus Kohlehydraten. Und klar esse ich auch Sorten mit Nudeln in Bolognesesoße zum Beispiel, aber das wiederum schmeckt mir.

Aber ich kann ums Verrecken kein Brot essen. Ich nenne das trockene Kalorien. Kalorien, die man halt zu sich nimmt, weil es ein Grundnahrungsmittel ist, aber nicht, weil es besonders ist.

Und so esse ich Tag für Tag beim begleiteten Essen fast nichts, um abends meine Babygläschen, meinen Joghurt und meine Früchte zu essen. Dadurch halte ich grob mein Gewicht. Als ich dann aber am Dienstag gewogen werde, wiege ich knapp unter 40 kg. Das heißt, ich hab nur drei Stunden Ausgang pro Woche.

Fürchterlich ätzend. Jeden Einkauf muss man genauestens planen, damit man ja nicht seine Zeit überschreitet.

Hinzu kommt, dass mir tierisch langweilig ist. Die Uni hat noch nicht begonnen. Ich stehe Tag für Tag auf und weiß nicht wofür. Am schlimmsten ist es morgens. Da muss ich um sieben frühstücken, aber danach lege ich mich meistens wieder ins Bett.

Was würd ich doch dafür geben, wieder ausschlafen zu können. Aber das war es jetzt wohl erst mal mit der Ausschlaferei.

Das einzig Spannende, was passiert, ist, wenn neue Mädchen in die Wohngruppe kommen. Zurzeit ist es so, dass ziemlich viele gehen und neue kommen. Und dann geschieht das, was ich einfach nur hasse. Es kommt ein Mädchen, eigentlich ganz nett. Aber was ist mit ihr? Sie ist dünn. Und somit meine Konkurrentin. Ich kann das einfach nicht aushalten, wenn andere Mädchen dünn sind. Sofort hab ich es irgendwie geschafft herauszubekommen, was für einen BMI sie hat, und sie hat den gleichen wie ich. Problem bei der Sache: Ich finde sie spindeldürr und mich superfett. Ich weiß ihren BMI ganz sicher und trotzdem glaube ich nicht, was ich sehe.

Sie ist dünn. Ich bin dick.

Egal ob wir den gleichen BMI haben oder nicht. Sie ist dünn. Ich bin dick. Und so kontrolliere ich mit Argusaugen, was sie isst. Und sie ist eine von den Kandidatinnen, die in die Wohngruppe kommen, und alles ist gut. Sie isst die Richtmenge. Sie kocht sich mittags was zu essen.

Und wie. Kaiserschmarrn, Reis, Nudeln. All die schönen Dinge mit viel schönen Kalorien. Ich glaub das einfach nicht. Und trotzdem ist sie so dünn. Ich versteh das einfach nicht. Ich esse ja nun wirklich nicht viel. Joghurt, Obst, Gemüse, Babygläschen.

Als sie dann vom Wiegen kommt und ihrer Freundin erzählt, dass sie abgenommen hat, gibt mir das einen Stich ins Herz. Das sind immer die Momente, in denen ich mich gerne ritzen oder mir die Haare ausreißen würde, weil ich mich und meinen Körper so unglaublich hasse.

Ich hasse ihn. Ich hasse ihn. Ich will auch essen wie ein Scheunendrescher und abnehmen. Warum ist mein Körper so anders? Ich will wieder meine 29 kg haben.

Ich will dünn sein. Als ich dünn war, war ich zufrieden. Warum bin ich jetzt nur so unglücklich?

Meine Laune ist abhängig von einem anderen Mädchen. Ein Mädchen, mit dem ich nichts zu tun habe, aber das mich unglaublich fertigmacht.

Schau doch mal dich an, Hanna, bleib bei dir. Orientier dich nicht immer an anderen. Das sag ich mir immer wieder. Doch als ich dann vom Wiegen komme und sehe, dass ich wieder im 40er-Bereich bin, könnte ich heulen.

Also gehe ich in mein Zimmer und beiße mich. Ich beiße mir in den Arm, weil ich meinen Körper so sehr verabscheue. Ich halt es einfach nicht aus. Ich spüre mich nicht. Das Einzige, was ich spüre, ist ein dicker Bauch, ein dicker Hintern, dicke Oberschenkel. Ich hatte schon lange nicht mehr ein so mieses Körpergefühl. Und das macht mich so traurig, weil ich mich so sehr nach meinem lebensgefährlichen Gewicht sehne.

Ich versuche, mir gut zuzureden, und aufzuhören, mir wehzutun, doch es tut so gut, seinen Körper mal auf andere Weise zu spüren.

Doch einen guten Punkt hat es, dass ich über 40 kg wiege: Ich darf zur Uni. Mit meinen drei Stunden Ausgang pro Woche hätte ich das schön knicken können. Aber auch das macht mich gerade nicht wirklich glücklicher.

Zwei Tage hab ich jetzt noch, bis die Uni anfängt, und ich bin einfach nur heilfroh.

Dann ist es endlich so weit. Donnerstagmorgen. Heute ist erst mal nur ein Kennenlern-Nachmittag. Ich bin total aufgeregt und weiß gar nicht, was ich anziehen soll. Auf dem Weg zur Uni hab ich ein ganz komisches Gefühl in mir.

Einerseits freue ich mich, dass endlich ein neuer Lebensabschnitt beginnt. Andererseits habe ich wieder meine altbekannte Angst.

Was ist, wenn es mir nicht gefällt? Was ist, wenn ich zu blöd bin? Wenn ich nicht verstehe, was da vorne geredet wird?

Hanna fährt zur Uni. Hanna studiert. Schon komisch. Aber irgendwie auch cool.

Weniger cool bin ich gerade, als ich aus der S-Bahn steige und zur Bushaltestelle laufe. Hier stehen bereits etliche Studenten und Studentinnen, ich kann aber nicht sagen, ob es überhaupt welche aus meiner Gruppe sind.

In der Uni angekommen, herrscht erst mal Chaos. Alle Studenten des ersten Semesters treffen sich im Auditorium.

Hier hält erst mal jemand aus der Fachschaft eine sehr nette Rede.

Anschließend werden wir herumgeführt und alles wird erklärt. Insgesamt gibt es vier Gruppen. 1A–D. Diese Gruppen werden dann zusammen ihre Vorlesungen haben.

Ich bin in Gruppe 1A. Als die Führung vorbei ist, sitzen alle zusammen in dem kleinen Café, das zur FH gehört. Ich setze mich an einen Tisch und lerne die ersten Kommilitonen kennen.

Alle sind sehr nett zu mir, aber es kommen natürlich noch keine tieferen Gespräche zustande.

Als ich nach diesem Nachmittag wieder in der Wohngruppe ankomme, lasse ich alles Revue passieren. Es ist ganz komisch. Ich habe das Gefühl, dass ich in zwei Welten lebe – in der Wohngruppe und in der Fachhochschule. Einmal bin ich die Magersüchtige. Einmal die Studentin. Jetzt ist die Frage, was mir mehr gibt. Nach einigen Tagen kann ich sagen: Ich bin Hanna, die Magersüchtige. Ich hatte jetzt einige Tage Uni und ich war noch nie so enttäuscht und frustriert. Es ist schrecklich. Die Vorlesungen machen mir überhaupt keinen Spaß. Und es ist so unglaublich schwer und kompliziert und ich blicke gar nichts. Ob das jetzt daran liegt, dass ich zu doof bin oder weil es mir einfach nicht gefällt, weiß ich nicht.

Ich könnte heulen. Ich hab mich so auf diese Zeit gefreut und jetzt wünschte ich, ich hätte niemals diesen Studiengang gewählt.

Mensch, Hanna, wie blöd bist du eigentlich? Ich hätte es doch eigentlich wissen müssen, dass BWL viel mit Zahlen zu tun hat und sehr theoretisch ist. Aber ich hatte einfach keine Ahnung, was ich studieren wollte, und somit dachte ich, BWL wäre das Richtige. Oh Mann. Warum kann in meinem scheiß Leben nicht einfach mal was so laufen, wie ich es will?

Und hinzu kommt, dass ich mit dem Konzept der Wohngruppe überhaupt nicht klarkomme. Jetzt ist die Kacke nämlich richtig am Dampfen. Die Wohngruppe macht mir Druck, dass ich endlich was ändern muss. Zusätzlich ist es so, dass die anderen Mädchen mittlerweile richtig genervt sind von mir und meinem Verhalten. Sie schließen mich aus, schneiden mich, geben genervte Antworten und lassen mich merken, dass ich fehl am Platz bin.

Und ganz ehrlich: Sie haben recht. Ich bin hier total falsch. Ich bin einfach noch zu essgestört für diese WG. In der wöchentlichen Gruppentherapie lässt ein Mädchen dann die Bombe platzen, als sie sagt: »Also wir haben in der Toilette Erbrochenes gefunden und wir denken, dass du das warst, Hanna.«

»Bitte? Wollt ihr mich verarschen? Was soll das denn bitte jetzt?«, antworte ich.

»Du hockst jeden Abend vor deinem Fach und isst irgendwas. Genauso hab ich immer zu Hause vorm Essen gehockt, als ich meine Fressanfälle hatte. Aber das ist nicht das Einzige. Wir sind mittlerweile alle genervt. Das ist nicht böse gemeint, Hanna, aber wir können einfach nicht verstehen, was du hier machst. Du isst nichts beim begleiteten Essen, du kochst dir mittags nichts. Wir verstehen alle nicht, warum Sie«, dabei schaut sie zur Therapeutin, »warum Sie das alles mitmachen und du immer noch hier bist. Wir denken, dass du besser aufgehoben wärst in einer Klinik, aber nicht in dieser Wohngruppe. Wir müssen alle kämpfen und haben es alle schwer, aber immerhin strengen wir uns an. Und du tanzt einfach aus der Reihe und die Wohngruppe lässt das alles mit sich machen. Der Ärger hat aber nichts mit dir zu tun, sondern eigentlich eher mit den Leuten, die das Ganze hier leiten, weil sie zuschauen, wie du genauso weitermachst wie bisher, und keiner kommt dir zu Hilfe.«

Ich kann es kaum glauben. Was soll das denn bitte jetzt. Ich kann nichts sagen, ich hab das Gefühl, dass mir der Boden unter den Füßen weggezogen wird. Wie soll ich mich denn jetzt rechtfertigen?

»Also, erst mal muss ich sagen, dass es mir leidtut, dass ich so bin, wie ich bin und wie ich mich verhalte, aber das ist Hanna, die Magersüchtige. Es gibt auch noch eine andere Hanna und das solltet ihr eigentlich alle wissen. Und dass ich breche, ist ein Witz. Ich hatte noch nie in meinem Leben einen Fressanfall und dass ich vor meinem Essensfach hocke, ist halt, weil ich da meine Babygläschen habe und immer wieder davon nasche.«

Während ich das erzähle, schaue ich in zweifelnde Gesichter, was mein Gefühl nicht gerade verbessert. Es fühlt sich einfach so ungerecht an, wenn andere etwas von einem glauben, was nicht stimmt. Und diese Gruppentherapie hat zur Folge, dass auch die Therapeuten nun anfangen zu handeln. Und so habe ich an einem Nachmittag einen Termin mit meiner Psychologin, meiner Betreuerin und der Ernährungstherapeutin.

»Also, Frau Blumroth«, meint meine Therapeutin, »so kann es nicht weitergehen. Wir haben jetzt einen Plan gemacht. Um Sie ein bisschen zu unterstützen. Sie essen nicht mehr im begleiteten Essen, sondern bekommen eine Eins-zu-eins-Betreuung. Das heißt, Sie gehen vor oder nach dem begleiteten Essen zur Aufsicht und essen in Begleitung. Morgens essen Sie Obst mit Joghurt und abends eine Scheibe Brot mit Belag. Außerdem möchten wir, dass Sie das Wiegen bei einem Arzt durchführen lassen, der einen Ultraschall macht, damit wir wissen, was Sie wirklich wiegen.«

Als ich das höre, fange ich sofort an zu weinen.

»Das wird nicht funktionieren. Ich kann morgens nichts essen, das geht einfach nicht. Auch nicht nur Obst mit Joghurt. Und abends eine Scheibe Brot, das schaffe ich nicht. Das geht einfach nicht.«

Das mit dem Wiegen beim Arzt ist mir wurscht, weil ich weiß, dass das, was ich beim Wiegen gewogen habe, ehrlich war. Bis auf einmal, da habe ich draufgetrunken.

Meine Therapeutin reicht mir Taschentücher und meint: »Versuchen Sie es wenigstens, sonst klappt es hier nicht weiter. Haben Sie mal überlegt, noch mal in eine Klinik zu gehen? Sie sind noch sehr am Anfang und so wie es zurzeit läuft, sieht es so aus, dass Sie die Probezeit nicht bestehen und die läuft in einer Woche aus.«

»Das können Sie doch nicht machen, wo soll ich denn hin? Ich hab grad erst ein Studium angefangen und wie soll ich jetzt in einer Woche eine Wohnung finden? Und dann auch noch in München?«

»Wir haben Ihnen jetzt diesen letzten Vorschlag gemacht, etwas zu ändern. Wenn das nicht klappt, können Sie hier nicht bleiben. Wir empfehlen Ihnen, noch mal in eine Klinik zu gehen.«

Heulend antworte ich: »Ich gehe nicht noch mal in eine Klinik. Und ich esse auch keine Scheibe Brot zum Abendessen und ich kann auch morgens nichts essen. Das geht einfach nicht. Und das mit dem Wiegen beim Arzt finde ich auch unter aller Sau. Wenn ich Sie verarschen würde, was das Wiegen betrifft, würde ich wohl kaum nach dem Wiegen so fertig sein und heulen.«

»Es ist nur zu Ihrer Unterstützung.«

»Was bitte soll mich daran unterstützen, dass morgens jemand neben mir sitzt und mir dabei zuschaut, wie ich eine Tasse Tee trinke? Das wird nicht funktionieren.«

»Dann werden Sie die Probezeit nicht bestehen, Frau Blumroth.«

Langsam steigt die Panik in mir.

»Das können Sie doch nicht machen, dann stehe ich auf der Straße. Wo soll ich denn hin? Ich weiß nicht, wo ich hin soll.«

Doch es lässt sich nichts machen. Die drei bleiben bei ihrem Plan.

Doch ich halte mich nicht daran. Am nächsten Morgen stehe ich auf und gehe zur Betreuerin mit einer Tasse Tee. Und so sitzen wir uns gegenüber und ich trinke meinen Tee.

Ich komme mir unglaublich dämlich vor. Und so gehe ich am Abend und am nächsten Morgen nicht mehr zur Betreuerin zum Essen.

Dann ist Wiegen angesagt. Bevor ich zur Uni gehe, gehe ich zu meiner Ärztin, um mich wiegen zu lassen. Natürlich trinke ich nichts, weil es nichts bringen würde, aber ich wiege meiner Meinung nach eh genug, um zur Uni gehen zu dürfen.

Als ich bei meiner Ärztin bin, macht sie einen Ultraschall und untersucht meine Blase und meinen Magen. Leer. Keine Flüssigkeit.

Anschließend stellt sie mich auf die Waage.

39,8 kg. Natürlich freue ich mich tierisch, dass ich abgenommen habe, aber diese 200 g bedeuten, dass ich nur drei Stunden Ausgang habe. Diese 200 g bedeuten, dass ich nicht zur Uni darf.

Aber wisst ihr was? Das ist mir egal. Und so gehe ich aus der Praxis und fahre wie selbstverständlich zur FH. Ein bisschen ein ungutes Gefühl habe ich schon, aber mal im Ernst: Die können mich doch nicht einfach aus der Wohngruppe schmeißen. Dann stehe ich ja auf der Straße.

Also gehe ich auch die darauffolgenden Tage zur FH. Und das bekommt natürlich auch das Team von der Wohngruppe mit und so folgt ein weiteres Gespräch, diesmal allerdings mit dem Chef der

Wohngruppe. Und was ich jetzt erfahre, hab ich weit weg gesehnt. Aber ich hätte es wissen müssen. Ich habe die Probezeit nicht bestanden. Und jetzt bin ich so was von am Arsch. In ein paar Tagen muss ich raus aus der Wohngruppe und ich weiß nicht wohin.

Die haben echt Ernst gemacht. Aber das können sie doch nicht machen. Scheiße, ey, wo soll ich denn hin? Ich kann doch jetzt nicht wieder nach Hause, ich hab doch grad erst mein Studium begonnen. Ich bekomm das nicht in meinen Kopf rein. Ich stehe in ein paar Tagen auf der Straße? Scheiße, Hanna, warum hast du dich nicht angestrengt?

Du hättest doch nur Obst mit Joghurt und eine Scheibe Brot essen müssen.

Was mache ich denn jetzt?

Sofort setze ich mich an den Computer und suche nach Wohnungen. Das ist doch lächerlich. Als ob ich in ein paar Tagen jetzt eine Wohnung finde. In München. Ah, ich könnte schreien vor Wut. Ich bin so wütend auf mich.

Doch jetzt habe ich wahrscheinlich das schlimmste Gespräch noch vor mir. Mama. Langsam nehme ich mein Handy und lasse wie immer nur durchklingeln. Sofort ruft sie mich zurück. Das Gespräch ist der Horror. Ich erzähle ihr, dass ich aus der WG geschmissen werde, und ich muss mir das Telefon vom Ohr halten, weil sie so sauer ist und mich anschreit.

»DU hast wieder alle verarscht. DU ziehst dein Ding durch auf Kosten deiner Familie und du hast gewusst, dass du mit der Wohngruppe spielst, und du hast es darauf angesetzt, rausgeschmissen zu werden. Sieh zu, wie du damit klarkommst, aber nach Hause kommst du nicht.«

Als das Gespräch vorbei ist, liege ich eine Stunde auf dem Bett und weine und weine und weine. Mein Leben ist im Arsch. Diese Wohngruppe war meine letzte Hoffnung und meine letzte Chance und ich hab sie wieder nicht ergriffen. Jetzt stehe ich in ein paar Tagen auf der Straße und ich bin selber schuld.

Die nächsten zwei Tage bestehen aus Uni und Wohnungssuche. Ich rufe bei etlichen WGs an. Und ich bin so glücklich, als ich zwei Besichtigungen habe. Doch mein Glück verfliegt schnell wieder. Denn ich werde bei keiner der zwei Wohnungen genommen. Ich stehe total unter Strom. Es ist Stress pur und immer wieder sage ich mir: Das können die doch nicht machen. Die können mich doch nicht einfach auf die Straße setzen.

Doch, können sie. Und das merke ich, als ich ein Gespräch mit meiner Betreuerin habe und sie mir einen Zettel mit Übernachtungsmöglichkeiten in die Hand drückt. Das ist jetzt ein Scherz, oder? Aber es ist kein Scherz. Es ist ernster als ernst. Und wie tief ich gesunken bin, merke ich, als ich bei diesen Übernachtungsmöglichkeiten anrufe, unter denen sich sogar Obdachlosenheime befinden. Aber es ist bei allen das Gleiche. Ich rufe an und tue so, als ob ich heulen würde, und leiere überall den gleichen Text runter.

»Guten Tag. Ich hab ein Problem. Ich habe bis jetzt in einer Wohngruppe für essgestörte Mädchen gewohnt und habe die Probezeit nicht bestanden, das heißt, ich stehe in zwei Tagen auf der Straße. Ich weiß einfach nicht, wo ich hin soll. Bitte helfen Sie mir.«

Aber es hilft nichts. Entweder es wird mir gesagt, dass das Jugendamt für mich zuständig ist, oder es heißt, dass sie mich nicht aufnehmen, weil ich in eine Klinik gehöre und sie die Verantwortung nicht übernehmen können.

Und so gilt mein nächstes Gespräch dem Jugendamt, welches auch schon über meine Situation Bescheid weiß. Ich hab allerdings eine neue Betreuerin, die für mich zuständig ist, weil meine versetzt wurde. Das heißt, ich rede mit einer mir völlig fremden Person. Trotzdem ist sie meine Rettung, denn sie hat eine Lösung für mich.

»Also wir haben zwei Lösungen für Sie. Entweder Sie kommen zurück nach Hamm, Sie wohnen auf Kosten des Jugendamtes in einem Hotel und wir suchen eine neue Wohngruppe für Sie, oder Sie gehen in eine andere WG in München, die sich auch auf Essstörungen spezialisiert hat.«

Ich bin total perplex. Andere WG in München?

Ich dachte, es gibt nur diese eine. Ich bin einfach nur heilfroh. Mein Leben ist gerettet.

Einen Tag später fahre ich in die neue Wohngruppe, weil ich eine Art Vorstellungsgespräch habe. Das Gespräch verläuft ganz gut, aber die Wohngruppe unterscheidet sich nicht sonderlich von der jetzigen. Eigentlich fühle ich mich total lächerlich, weil es irgendwie nichts bringen würde, jetzt in eine andere Wohngruppe zu gehen.

Na ja, trotzdem weiß ich jetzt noch nicht, ob ich in diese Wohngruppe gehen kann oder nicht, und so fahre ich wieder in die Wohngruppe mit der gleichen Angst wie vorher. Und ein weiterer Tag vergeht und ich weiß immer noch nicht, wo ich hin soll. Es ist furchtbar zu wissen, dass man aus seiner Bleibe raus muss und einfach keinen Plan hat, wo man hin soll.

Und so bin ich fast nur am Heulen und sitze stundenlang am PC, weil ich glaube, eventuell noch irgendwie eine Wohnung zu finden.

Aber der Gedanke ist utopisch.

Entweder die Wohnungen sind schon weg, viel zu teuer oder am Arsch der Welt. Das hätte ich echt nicht gedacht, dass sich das als so schwierig erweist. Wenn ich die letzten Wochen Revue passieren lasse, denke ich einfach nur: Mann, Hanna, wie dumm und naiv warst du eigentlich? Aber das rettet mich jetzt auch nicht.

Hinzu kommt, dass alle glauben, ich würde in allerletzter Minute noch sagen: Okay, ich gehe noch mal in die Klinik. Aber das können sich alle abschminken. Eher lebe ich in München unter der Brücke, als noch mal in die Klinik zu gehen. Wahrscheinlich denken sich alle, dass ich schon wieder am gleichen Punkt stehe wie vor ein paar Monaten. Und ich muss zugeben, dass ich ziemlich enttäuscht bin von mir selber, dass ich immer noch keinen Schritt weiter bin als vor ein paar Monaten oder sogar vor ein paar Jahren.

Also lasse ich mir jetzt noch mal alles durch den Kopf gehen.

Ich war in einer der besten Kliniken des Landes, wäre wahrscheinlich gestorben, wenn ich nicht so schnell einen Platz bekommen hätte, war daheim ein psychisches Wrack und hab eigentlich genauso gegessen wie immer, habe einen Platz in einer Wohngruppe in München bekommen und zusätzlich auch noch einen Studienplatz, alles zur richtigen Zeit. Mir wurde also das Glück zu Füßen gelegt, und jetzt? Jetzt stehe ich mit einem Bein auf der Straße.

Scheiße, ich bekomm es nicht in meinen Kopf rein. Und dann ist es so weit. Ich hab die Nacht kaum schlafen können. Ich weiß nicht, ob man das versteht, aber ich kann es nur noch mal sagen. Ich hab keine Ahnung, wo ich hin soll.

Der Tag der Tage ist gekommen und ich sitze sozusagen auf gepackten Koffern und hab keine Ahnung, wo ich heute Nacht schlafen werde. Und so gehe ich heulend zu meiner Betreuerin und klage ihr mein Leid.

»Eigentlich ist heute Ihr Auszugstermin, aber ich werde noch mal mit dem Chef reden, ob sich da irgendetwas machen lässt.«

Zwei Stunden voller Angst und Bangen später kommt sie zu mir und meint: »Also, Frau Blumroth, Sie können das Wochenende über jetzt noch hierbleiben, müssen allerdings aus dem Zimmer ausziehen, werden auch aus der Wohngruppe abgemeldet und haben heute Ihren offiziellen Auszugstermin und müssen in der unteren Etage im Gemeinschaftsraum schlafen.

Ich kann es kaum glauben.

Für zwei Tage ist mein Arsch gerettet. Aber mal ganz ehrlich. Mein Bett ist ungenutzt, es ist noch kein neues Mädchen da, die dort einzieht, und trotzdem muss ich aus dem Zimmer ausziehen und soll mich auch nicht mehr in der Wohngruppe blicken lassen.

Das verstehe ich nicht. Dann könnte ich doch dieses Wochenende auch noch in dem Zimmer schlafen.

Aber na ja, es wird schon seine Gründe haben. Und den Grund erfahre ich, als ich noch ab und zu in die obere Etage gehe, um an mein Essensfach zu gelangen. Die Mädchen, die mit mir zusammengewohnt haben, wollen mich nämlich nicht mehr da haben. Wie ich darauf komme? Wie gesagt, ich gehe durchs Treppenhaus in die obere Etage an mein Essensfach, um mir einen Kaffee zu machen, als eines der Mädchen fragt: »Ich dachte, du wohnst jetzt unten? Was machst du dann hier?«

»Ich mache mir einen Kaffee. Ich werde wohl kaum für zwei Tage jetzt mein Essensfach von hier nach unten schleppen.«

Zwei Minuten später steht eine Betreuerin neben mir und meint: »Frau Blumroth, ich muss Sie bitten zu gehen. Sie sind offiziell aus der Wohngruppe ausgezogen und haben hier nichts mehr zu suchen.«

Während sie das sagt, stehen fast alle Mädchen der Wohngruppe hinter ihr und nicken. Eine bläst sogar ins gleiche Horn und sagt: »Und den Kaffee kannst du dir ja auch unten machen.«

Da schaue ich sie böse an und keife: »Danke, aber es reicht, wenn mir das die Betreuerin sagt.«

Ich bin fassungslos. Und so schnappe ich mir mein Zeug aus dem Essensfach und verschwinde in die untere Etage. Ich fühle mich total mies. Mies und vor allem einsam.

Mittlerweile ist es dunkel geworden und ich hocke in einem riesengroßen Raum voll mit Tischen und Stühlen auf einem Klappbett und sonst ist um mich herum eine große Leere.

Wie gut, dass ich noch meinen Laptop habe. Meine Koffer habe ich oben im Zimmer gelassen. Das steht eh leer, also warum sollte ich jetzt für zwei Tage meine Koffer von der oberen in die untere Etage schleppen.

Zwei Tage später ist es dann wieder so weit. Ich wache morgens auf und habe wieder keine Ahnung, wo ich hin soll. Gott sei Dank hat sich das Fernsehteam wieder angemeldet, um meinen Umzug zu dokumentieren.

HA. Den Umzug wohin? Ich weiß es nicht. Plötzlich klingelt mein Handy und die Betreuerin vom Jugendamt ist dran und sie hat die rettende Lösung.

»Also, Frau Blumroth, ich hab mit der anderen Wohngruppe gesprochen und Sie können heute dorthin kommen.«

Ist das wahr oder ist das wahr?

Ich kann es kaum glauben, wieso wird immer wieder mein Arsch gerettet? Es ist der Hammer. Kurze Zeit später trifft das Fernsehteam ein, hilft mir, meine Koffer zum Taxi zu schleppen, und dokumentiert nebenbei meinen Umzug. Trotzdem lasse ich mich nicht lumpen und gehe noch mal eine Etage höher, um mich doch noch mal von allen zu verabschieden.

Es sind auch alle sehr nett und wünschen mir alles Gute. Ich wette, sie sind froh, dass ich endlich weg bin. Aber sie drücken mir noch einen Brief in die Hand.

Der Brief ist wirklich sehr schön und mitfühlend. Sie wünschen mir alles Gute und dass es Ihnen leidtut, wie alles gelaufen ist. Zusätzlich haben sie eine Adresse mit dazugelegt von einer Klinik und legen mir nahe, doch noch mal zu überlegen, dorthin zu gehen. Es ist lieb gemeint, aber es kommt für mich nicht infrage. Trotzdem freue ich mich so sehr wie schon lange nicht mehr. Ich hab mich mit den Mädchen immer wieder in die Haare bekommen, deswegen finde ich diesen Brief umso schöner. Aber ich bleibe auch dabei, dass bestimmt alle froh sind, dass ich weg bin.

Und so ziehe ich um in die nächste Wohngruppe.

Und es geht gleich wieder weiter. Der nächste Vertrag folgt. Diesmal habe ich vier Wochen Probezeit und muss 500 g in der Woche zunehmen.

Morgens gibt es Müsli oder Brot wie in der anderen Wohngruppe auch. Mittags gibt es Brotzeit und Rohkost und abends wird zusammen gekocht. Und wieder kann ich über den Vertrag nur lächeln. Als ob ich 500 g die Woche zunehme. Was glauben die eigentlich alle?

Na ja, ich finde jedenfalls nett, dass ich aufgenommen wurde. Und ich will auch versuchen, mir Mühe zu geben.

Und das geht gehörig nach hinten los. Ich kauf mir wieder meine eingefrorenen Früchte, die ich morgens esse. Und schon bekomm ich mich mit den Betreuern in die Haare.

»Nehmen Sie sich bitte die sieben Esslöffel Müsli?«

Ich murre wieder meinen Standardsatz, dass ich das Müsli eh nicht essen werde, nehme es mir aber trotzdem. Ich stochere aber in meinem Müsli rum und picke nur die Früchte raus und sofort heißt es: »Essen Sie bitte auch was von dem Müsli? Sie haben einen Vertrag unterschrieben, also halten Sie sich auch daran.«

»Dann breche ich eben den Vertrag, aber ich esse nichts von dem Müsli.«

Und wieder schauen mich die anderen Mädchen groß an.

Mir tut das ja auch leid, aber wenn es doch nicht geht? Ich kann morgens einfach nichts essen außer Obst, Eiweiß oder Joghurt. Ich bin einfach zu essgestört dafür.

Aber wird das denn nie besser?

Nein. Es wird nicht besser. Die nächsten Wochen laufen genauso wie in der ersten Wohngruppe auch. Ich erscheine zwar zum Essen. Ich esse auch mit, es sei denn, ich bin in der Uni, dann bin ich vom Essen befreit. In der Uni esse ich natürlich nichts. Wenn es abends ans Kochen geht, koche ich immer schön mit, esse aber nur das Gemüse oder den Salat. Wenn es kein Gemüse oder keinen Salat gibt, probiere ich kurz und esse dann nichts. Um neun Uhr gibt es dann noch eine Spätmahlzeit, zu der ich dann immer ganz viel gefrorene Früchte esse. Ich ernähre mich also zurzeit wieder nur von Obst und Gemüse und etwas Joghurt. Und mein Gewicht hält sich so um die 39 kg. In dieser Wohngruppe darf ich auch mit einem 15er-BMI in die Uni gehen. Wenigstens etwas.

Doch dann folgt das Horrorwochenende. Mein kleiner Bruder hat Konfirmation. Gott sei Dank habe ich von der Wohngruppe eine Erlaubnis bekommen, nach Hause zu fahren. Und dann ist es endlich so weit. Mama holt mich vom Bahnhof ab und ich falle ihr in die Arme. Ich bin so glücklich, sie endlich wiederzusehen. Wir verbringen zusammen den Abend und sind beide glücklich.

Warum Horrorwochenende? Weil nun die Konfirmation kommt. Und das heißt: Essen. Essen. Essen.

An besagtem Tag frühstücke ich wie immer natürlich nicht, doch nach der Kirche folgt das Mittagessen. Zuerst gibt es für alle eine Suppe, die ich auch bis auf die Knödel aufesse.

Darauf folgen auf großen Platten Schweinefilet, Kartoffelgratin, Kartoffeln, helle Soße, dunkle Soße und ganz viel Gemüse. Ich nehme mir Gemüse und Soße. Aber nicht nur einmal. Ganze drei Mal fülle ich meinen Teller mit Gemüse auf und esse und esse und esse, bis ich kugelrund bin. Und dann kommt der Nachtisch. Sorbet mit Erdbeeren. Das verputze ich dann auch noch. Ich fühle mich so unglaublich fett und hässlich. Außerdem habe ich ein enges Kleid an, sodass ich die ganze Zeit meinen Bauch einziehen muss. Und alle haben gesehen, wie viel ich gegessen habe. Am liebsten würde ich im Erdboden versinken. Die Erdbeeren von meinem Onkel hab ich auch noch verspeist. Und zu Hause geht es gleich weiter. Es gibt Erdbeerkuchen, Apfelkuchen, Käsekuchen und Tiramisu.

Zuerst bleibe ich sitzen und lasse erst mal die anderen vom Kuchen nehmen, doch ich halte es nicht aus. Obwohl ich so viel Gemüse gefuttert habe, habe ich unendlich großen Appetit auf Süßes. Als alle wieder sitzen, gehe ich ins Esszimmer, in dem die ganze Kuchenpracht aufgebaut ist.

Ich schneide mir von jedem Kuchen etwas ab, damit ich jeden probieren kann. Da ich von dem Tiramisu schlecht was abschneiden kann, schaue ich mich kurz um und lecke den Löffel ab. Und: Erwischt. Mit einem Mal steht Matthias neben mir und schaut mich angeekelt an und meint: »Hanna, was machst du da? Das ist ja total unappetitlich.«

Und wieder würde ich am liebsten im Erdboden versinken. Oh Gott, ist das peinlich. Aber anstatt mich zu entschuldigen, schnauze ich ihn nur an und tu noch so, als sei ich im Recht. Anschließend setze ich mich zu den anderen und esse meine Ministücke Kuchen. Mein Teller sieht aus wie ein Schlachtfeld.

Wieder peinlich. Als ich den Kuchen aufgegessen habe, fühle ich mich so schlecht wie schon lange nicht mehr. Und ich fasse einen

Plan. Ich schnappe mir die Cola light und trinke ein Glas. Und noch ein Glas und noch ein Glas. Dann stehe ich auf. Da sich alle angeregt unterhalten, fällt es nicht auf, wie ich nach oben verschwinde. Ich gehe eine Treppe hoch und noch eine Treppe, bis ich in meinem ehemaligen Zimmer angekommen bin.

Ich verschwinde im Bad. Schließe die Tür hinter mir und lehne mich über die Toilette. Ich stecke mir einen Finger in den Hals und versuche, mich zu übergeben. Doch es klappt nicht. Immer und immer wieder stecke ich mir den Finger in den Hals und leide Höllenqualen.

Irgendwann kommt dann etwas und ich stecke mir den Finger immer tiefer in den Hals. Es klappt nur sehr schleppend und deswegen fange ich an zu heulen. Aber nur ein bisschen, weil ich nicht riskieren kann, dass meine Schminke verläuft. Wieder trinke ich ganz viel Wasser und versuche es noch einmal. Doch wieder funktioniert es nur sehr schlecht. Als ich in den Spiegel schaue, sehe ich aus, wie ich eben aussehe, wenn ich gerade versucht habe zu kotzen.

Aber es ist mir egal. Ich mache mich etwas frisch und gehe wieder runter.

Natürlich merken Mama und Oma sofort, dass etwas nicht stimmt.

Ich gehe in die Küche und schaue einfach nur die Wand an, als plötzlich Oma von hinten kommt und mich fragt, was mit mir los sei. Sofort fange ich an zu heulen und sage: »Ich hab gekotzt.«

»Und jetzt schämst du dich?«, fragt sie.

»Ja«, antworte ich.

Während ich in ihrem Arm liege, versuche ich so unauffällig wie möglich zu weinen, denn nur einige Meter weiter im Wohnzimmer sitzen die Gäste.

Doch dass jetzt alles vorbei ist, ist nicht so. Wieder mache ich mich frisch und versuche, mich zu den anderen zu setzen und mich am Gespräch zu beteiligen. Ein, zwei Stunden später wird es langsam Abend und der Horror geht weiter.

Eine Käseplatte. Und wieder kann ich mich nicht zurückhalten und schneide mir von jedem Käse ein kleines Stück ab. Und es folgt das gleiche Spektakel. Ich fühle mich fett und hässlich, verschwinde im oberen Bad und stecke mir den Finger in den Hals. Diesmal klappt es etwas besser, doch es kommt wieder nur ein bisschen raus.

Als der Tag um ist und ich endlich schlafen gehe, bin ich heilfroh. Doch ich hab mich schon lange nicht mehr so unglaublich fett gefühlt.

Am nächsten Tag geht es mir wieder etwas besser, weil mein Bauch ein bisschen flacher geworden ist, aber er ist immer noch kugelrund.

Am Abend folgen dann die nächsten Tränen, weil Mama mich zum Bahnhof bringt, da ich wieder nach München muss.

In München angekommen, falle ich nur noch müde ins Bett und realisiere kaum, dass es jetzt wieder einige Zeit dauern wird, bis ich Mama wiedersehe.

Der Alltag der Wohngruppe folgt dann wieder ziemlich schnell.

Aber wieder bin ich ziemlich blauäugig. Denn wieder findet ein Gespräch statt, in dem es heißt, dass ich die Probezeit nicht bestanden habe.

Panik kommt in mir auf. Und ich hab nicht mal Internet, um nach einer Wohnung zu suchen. Abends hab ich eine halbe Stunde Zeit, um im Mitarbeiterbüro ins Internet zu gehen. Nicht genug Zeit, um eine Wohnung zu finden. Doch plötzlich finde ich etwas. Ein Zimmerchen, allerdings nur für ein paar Wochen. Scheißegal. Ich brauche eine Bleibe. Oh Mann. Ich hätte nicht gedacht, dass ich so oft in so eine scheiß Situation komme.

Das Zimmer wird von einem älteren Herrn angeboten, der sich ein bisschen was dazuverdienen will. Ich mache mich also auf den Weg zu der Adresse und komme mir vor wie in einem Vorstellungsgespräch. Und es klappt. Ich kann in das Zimmer einziehen, wenn ich aus der Wohngruppe raus muss. Und wieder hab ich ein Schweineglück.

Ich kann es kaum fassen. Ich freue mich richtig, dass ich endlich von diesen blöden Wohngruppen wegkomme. Ich hab da einfach keine Lust mehr drauf, weil ich genau weiß, dass es eh nichts bringt. Aber wie wird es sein, wenn ich alleine wohne?

Wird DANN alles anders?

Wird sich DANN irgendetwas ändern?

Ich glaube wenig daran. Aber ich werde es ja die nächsten Wochen sehen.

24. KAPITEL

Zukunft offen

April bis September 2012

Und so ziehe ich – wieder mit Fernsehteam im Schlepptau – in mein erstes Zimmerchen. Es ist ein unglaubliches Gefühl. Es ist zwar nicht mein eigenes Zimmer und ich weiß, dass es auch nicht für sehr lange sein wird, trotzdem fühlt es sich gut an, dass niemand hinter einem steht und mit erhobenem Zeigefinger an die Regeln erinnert.

Ich wohne jetzt seit einigen Tagen in meinem neuen Zimmer und gehe zur Uni. Doch seit ich hier wohne, hab ich nichts mehr gegessen. Ich esse nichts und ich habe auch nichts eingekauft. Ich teile mir den Kühlschrank mit dem älteren Herrn, nur von mir steht nichts drin.

Heute bin ich das erste Mal seit Langem wieder verabredet. Ich gehe mit drei Freundinnen ins Kino. Dass ich hier die Lösung für mein Wohnproblem finden werde, hätte ich nicht geahnt. Doch im Gespräch mit meiner Freundin erfahre ich, dass sie umzieht – ins Olympiadorf in München, in eine Wohnanlage extra für Studenten. Und weiterhin erfahre ich, dass die andere Freundin auch vorhat, dort einzuziehen. Ich bin gleich Feuer und Flamme und frage den beiden Löcher in den Bauch, bis Mareike plötzlich sagt: »Weißt du was? Wir gehen gleich morgen früh zusammen dorthin und fragen, ob noch was frei ist.«

Ich bin unglaublich glücklich darüber, rechne mir aber wenig Chancen aus, dass gerade ich dort noch ein Zimmer bekomme, denn in diesen Studentenwohnanlagen sind die Wohnungen schneller als schnell vergeben.

Am nächsten Morgen sitzen Mareike und ich also im Vorraum des Büros des Olympiadorfes. Ich bin total aufgeregt. Immerhin geht es um meine Existenz, denn bei dem älteren Herrn kann ich ja auch nicht ewig bleiben. Ich hab das Gefühl, die Schlange an wartenden Studenten wird gar nicht kürzer. Ich drehe Däumchen und habe Herzrasen. Wenn das klappen würde, das wäre der Burner!

Dann hätte ich mein eigenes, endlich mein eigenes Zimmerchen und wäre auch noch in der Nähe meiner Freundin.

Und dann ist es so weit. Ich betrete das Büro und versuche, ruhig zu bleiben. Vor mir steht ein netter junger Mann, der mich fragt, wie er mir helfen könne.

»Na ja, also ich hab gehört, dass hier ein paar Appartements frei sind. Meine Freundinnen waren schon hier und haben mir davon erzählt. Wäre denn noch eins davon zu haben?«

»Sind Sie denn Studentin?«

»Ja, bin ich«, antworte ich und mein Herz rast und rast.

»Ja, wir haben noch Appartements frei.«

»Auch noch im achten Stock? Da wohnt nämlich meine Freundin«, sage ich.

»Also im achten Stock nicht mehr. Ich kann den siebten und den neunten anbieten.«

Ich wähle den siebten. Das passt ja. Hausnummer 7, siebter Stock.

Und so unterschreibe ich meinen ersten Mietvertrag. Ich bin überglücklich. Das kann doch nicht wahr sein. Hey! Ich hab mein eigenes Zimmer in München! Ich glaub es nicht!

Ich gehe aus dem Büro raus und sage zu Mareike nur: »Ich hab ein Appartement.«

Und auch sie freut sich total mit mir.

Und dann rückt der große Tag immer näher. Es ist der 01.06. Und wieder dokumentiert das Fernsehteam von *stern TV* meinen Umzug.

Eigentlich ist es ja fast schon ein bisschen witzig, wie oft ich in dieser kurzen Zeit umgezogen bin. Aber das soll jetzt erst mal der letzte Umzug sein. Abends sitze ich in meinem ersten ganz eigenen Zimmer und bin überglücklich.

Einige Tage später ruft Mama an und sagt euphorisch: »Hanna, ich hab eine Überraschung für dich. Ich hab die Hypnotiseurin aus dem Fernsehen erreichen können und du kannst zu ihr kommen.«

»Echt? Wie toll.«

Und so bin ich ein paar Tage später auf dem Weg zu einer Hypnotiseurin. Wir reden ziemlich lange miteinander und sie meint, dass sie ungefähr zehn Sitzungen mit mir machen möchte. Dann lande ich auf der Couch. Sie macht mit mir eine Art Traumreise und ich kann mich richtig fallen lassen.

Am Ende fragt sie: »Wie lange, glauben Sie, dass Sie jetzt da lagen?«

»So 20 Minuten vielleicht?«

»Nein, es waren 45 Minuten. Daran sehen Sie, dass Sie dabei vollkommen das Zeitgefühl verlieren.«

Nach der Sitzung denke ich über die neue Erfahrung nach: Die Hypnose hat mir schon gut gefallen, aber ich glaube nicht, dass sie mich gesund machen kann.

Aber das ist ja die Frage der Fragen! Was macht mich gesund? Ich habe sie mir schon unzählige Male gestellt. Und ganz ehrlich: Ich glaube, ich muss es wollen. Ich muss es wirklich wollen, sonst kann mir nichts und niemand helfen. Und ich glaube, ich will es nicht. Sonst wäre ich doch schon längst gesund.

Die nächsten Tage und Wochen bestehen aus Uni und Praktikum. Ich habe mich in einigen Hotels als Hotelfachfrau beworben und direkt ein Schnupperpraktikum angeboten bekommen. Als ich es mache, weiß ich allerdings gleich: Nein, Hanna. DAS willst du nicht!

Und so bin ich jetzt dabei, mich für Psychologie zu bewerben. Das BWL-Studium möchte ich nicht fortsetzen, denn wenn ich ehrlich bin, ist es überhaupt nicht mein Ding.

Psychisch bin ich momentan sehr labil.

Es gibt Tage, an denen geht es mir gut. Das sind die Tage, an denen ich es schaffe, wenig zu essen. Aber genauso gibt es Tage, an denen ich zwar den ganzen Tag nichts esse, mir dafür aber abends wieder meinen Bauch mit Obst, Gemüse und Joghurt vollschlage. Hinzu kommt, dass ich danach oft noch größeren Appetit habe und Schokolade esse. Das sieht man am nächsten Tag sofort am Gewicht. Je nachdem, wie mein Gewicht ist, ist auch meine Laune. Ich bin also noch sehr essgestört. Ich würde sogar sagen, essgestörter als jemals zuvor. Und trotzdem geht es mir viel besser als in den Wohngruppen.

Auf meine Bewerbungen für ein Psychologiestudium habe ich nur Absagen bekommen, weil der Numerus clausus einfach utopisch ist. Jetzt sitze ich hier und habe keine Ahnung, welche Entscheidung ich treffen soll. Ich habe eine Zusage für Erziehungswissenschaften in Bielefeld bekommen und könnte vielleicht Psychologie als Nebenfach studieren. Außerdem habe ich überlegt, erst mal ins Ausland zu gehen, um meinen Weg zu finden.

Ich bin verzweifelt und zugleich auch froh, nicht mehr BWL machen zu müssen. Ich bin mal wieder zwiegespalten. Einerseits würde ich gern in München bleiben, weil zwei meiner besten Freundinnen hier wohnen, andererseits war ich dort auch sehr einsam und hab mich in die Krankheit gestürzt.

In den letzten Wochen in München ging es mir immer schlechter. Ich bin bulimisch geworden. Ich hab keine großen Fressanfälle gehabt, aber nach kurzer Zeit hatte ich keinen Würgereiz mehr, sodass ich mich nicht mehr erbrechen konnte. Es war der Horror. Ich war total einsam und depressiv. Ich hatte zwar meine zwei Freundinnen, die mir immer wieder aus meinem Loch geholfen haben, aber trotzdem hab ich mich den ganzen Tag nur mit Essen und Nichtessen beschäftigt. Aus Panik vor der Waage hab ich mich auch nicht mehr gewogen. Ich hatte einfach zu große Angst davor.

Inzwischen habe ich meine Wohnung in München gekündigt und bin wieder nach Hause gezogen. Seit ich wieder daheim bin, verfalle ich wieder in anorektisches Verhalten. Und jetzt bin ich zwar zu Hause, aber besser geht es mir auch nicht. Ich bin nicht mehr einsam, aber ich habe wieder ziemlich mit mir und meinem Körper zu kämpfen.

Seit dem Termin, den ich vor Kurzem bei meiner Ärztin hatte, hat sich sogar alles noch zugespitzt. Es sollte einfach mal wieder ein Rundum-Check sein. Inklusive Wiegen. Ich hatte mir eigentlich vorgenommen, nicht hinzuschauen, doch ich hab es trotzdem getan. Und es direkt bereut. Dort stand eine Zahl, die mich geschockt hat. Ich bin zusammengebrochen und hab nur noch geweint. Ich hab es einfach nicht ausgehalten.

Endlich habe ich mich entschieden, in Bielefeld Erziehungswissenschaften zu studieren. Ich war sehr lange hin und her gerissen, denn einerseits wollte ich nach Bielefeld, weil das nicht weit von Zuhause entfernt ist, andererseits finde ich die Stadt nicht besonders ansprechend. Seit einigen Wochen fahre ich jetzt täglich zur Uni, ich werde erst mal eine Zeit lang pendeln, bevor ich wirklich nach Bielefeld ziehe.

Mittlerweile geht es mir physisch zwar besser, psychisch ist es aber noch immer ein Auf und Ab. Ich merke jedoch, dass mir das neue Studium hilft, und ich hoffe, dass sich dadurch mein Leben etwas normalisiert. Mein Essverhalten ist immer noch sehr anorektisch. Aber mir ist einiges klar geworden. Es bringt nichts, in die Klinik zu gehen, wenn man es dort nicht so lange durchhält, bis man ein normales Essverhalten gelernt hat und sich nicht mehr ständig Gedanken um sein Gewicht macht. Man muss essen können und zufrieden sein. Ich war immer zu feige, mich ganz darauf einzulassen, obwohl ich Unterstützung hatte.

Trotzdem bin ich heute weiter. Es braucht viel Zeit zu lernen, sich seinen Ängsten zu stellen. Man ist nicht glücklicher, weil man dünner ist. Das ist nur Pseudoglück. Ich wünschte, ich hätte es einmal durchgezogen, denn wenn man sich normal ernährt, kann der Körper von allein ein normales Gewicht halten. Das hab ich bei den Mädchen gesehen, die in der Klinik normal bis viel gegessen haben und trotzdem schlank waren. Mein Stoffwechsel ist durch das ganze Hin und Her ziemlich im Eimer, was das Essen für mich noch schwieriger macht.

Wie meine Zukunft magersuchtstechnisch aussieht?

Ganz ehrlich? Ich weiß es nicht. Entweder ich nehme wieder ab oder ich halte mein Gewicht. Ich kann nur sagen, dass das eine scheiß Krankheit ist, aus der man ohne Hilfe nicht rauskommt. Und man muss es wollen. Sonst können einem weder Klinik noch Arzt helfen. Man muss es wollen und durchziehen, so früh wie möglich.

Ob ich es irgendwann zu 100 Prozent will, weiß ich nicht. Im Moment kann ich es mir nicht vorstellen, aber vielleicht bekommt mein Leben ja irgendwann einen anderen Sinn. Ich werde auf jeden Fall davon berichten. Auf jeden Fall möchte ich lernen, das Leben zu genießen und irgendwann zufrieden mit mir zu sein. Ich weiß nämlich, dass das Leben ohne Magersucht viel schöner ist.

An dieser Stelle möchte ich meiner Familie und meinen Freunden danken, dass sie immer zu mir gestanden haben. Es tut mir unendlich leid, was ich euch allen angetan habe, und ich hoffe, dass jetzt eine bessere Zeit folgt.

Danke.

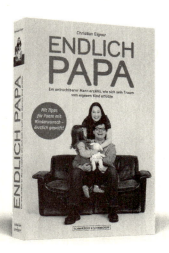

Danksagung

Ich möchte dieses Buch meiner über alles geliebten Familie widmen, die mir mehrmals das Leben rettete, viel mitgemacht hat und auch immer noch viel mitmacht. Im Besonderen gilt das meiner Mutter und meiner Oma. Ich danke euch! Außerdem bedanke ich mich hiermit bei meinen ganz tollen Freundinnen und Freunden, bei meiner Redakteurin, bei meiner Lektorin und bei meinen großartigen Ärzten und Therapeuten.

Eure Hanna-Charlotte

Hanna-Charlotte Blumroth vom Lehn
KONTROLLIERT AUSSER KONTROLLE
Das Tagebuch einer Magersüchtigen

ISBN 978-3-86265-199-3

2. Auflage November 2012

KATALOG
Wir senden Ihnen gern kostenlos unseren Katalog.
Schwarzkopf & Schwarzkopf Verlag GmbH
Kastanienallee 32, 10435 Berlin
Telefon: 030 – 44 33 63 00
Fax: 030 – 44 33 63 044

INTERNET | E-MAIL
www.schwarzkopf-schwarzkopf.de
info@schwarzkopf-schwarzkopf.de